Manfred van Doorn

Universal Man. Urmotive der menschlichen Biographie

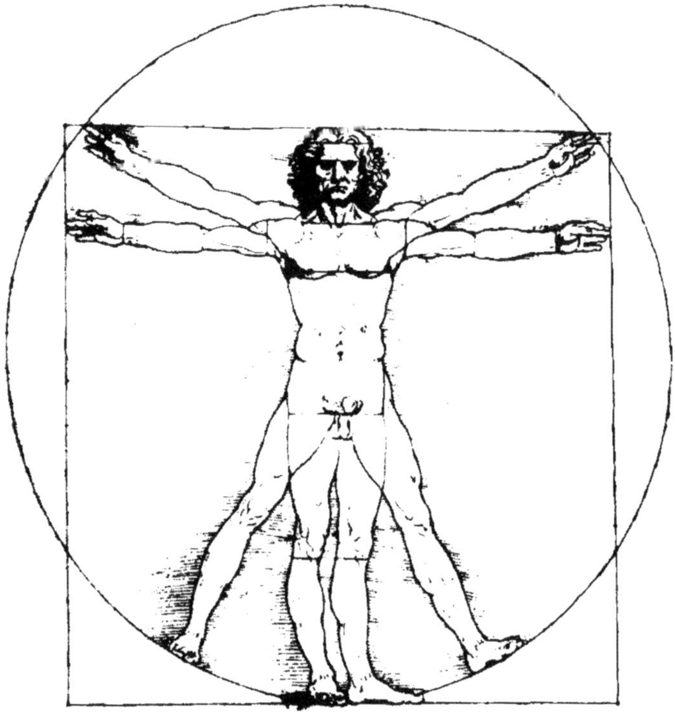

Manfred van Doorn

Universal Man

Urmotive der menschlichen Biographie

Aus dem Niederländischen von Marianne Holberg

Verlag Urachhaus

Bearbeitung: Roel J. den Dulk
Die niederländische Originalausgabe erschien unter dem Titel *Levensthema's. Individuele en universele wetmatigheden in de levensloop* bei Uitgeverij Vrij Geestesleven in Zeist.

ISBN 3-8251-7139-6

Erschienen 1998 im Verlag Urachhaus

Umschlagmotiv: Paul Giovanopoulos, Universal Man II; Courtesy Louis K. Meisel Gallery, New York
Umschlaggestaltung: Anette Stickel
Druck: WB-Druck, Rieden

Inhalt

Ich bin nicht ich

Ich bin nicht ich.
Ich bin jener, der an meiner Seite geht,
ohne dass ich ihn erblicke.
Den ich oft besuche und den ich oft vergesse.
jener, der ruhig schweigt, wenn ich spreche,
der sanftmütig verzeiht, wenn ich hasse,
der umherschweift, wo ich nicht bin,
der aufrecht bleiben wird, wenn ich sterbe.

Juan Ramón Jimenez

Der Weg zur Goldenen Stadt

Irgendwo auf dieser Welt lebt ein lernbegieriger Mann; stets ist er auf der Suche nach Weisheit und innerer Ruhe. Eines Tages begegnet er einem Mönch, der durch seine Milde und Weisheit großen Eindruck auf ihn macht. Es ist, als strahlte eine goldene Glut von ihm aus. Dieser Mönch erzählt ihm von einer Stadt am Rande der Welt. Dort wohnten Menschen, die das Innere der Dinge sehen könnten; sie hätten große Weisheit erworben und seien mit ihrem Schicksal zufrieden. Das genau will der Lernbegierige auch erreichen, und er beschließt, sein Leben fortan der Suche nach dieser Goldenen Stadt zu widmen.

Auf einer seiner Reisen begegnet er einem Zimmermann, der am Rand eines dunklen Waldes wohnt und ihm gastfreundlich Unterkunft gewährt. Die Weisheit dieses Handwerksmannes lässt ihn an den Mönch denken. Es scheint dieselbe Glut von ihm auszugehen, und auch er weiß um die Existenz der Goldenen Stadt. Der Zimmermann enthüllt dem Lernbegierigen, dass die Stadt auf der anderen Seite des Waldes läge, aber nur auf einem gewundenen und äußerst gefährlichen Pfad zu erreichen sei. Außerdem, so erklärt ihm der Zimmermann, käme er nur in die Stadt hinein, wenn er auf dem Wege dorthin einen großen Holzbalken auf seinem Rücken mit sich trüge, ohne ihn auf der Erde schleifen zu lassen. Der Lernbegierige antwortet, er sei zu allem bereit, und so bekommt er vom Zimmermann einen großen eichenen Balken.

Guten Mutes macht er sich auf. Handgriffe am Balken bieten ihm Halt, und ein Schaffell mildert den Druck des schweren Gewichts auf seinem Rücken. Auf der Hälfte seiner langen Wanderung jedoch wird er müde. Die Bedingung, den Balken ganz allein tragen zu sollen, erscheint ihm sinnlos, und er beschließt, ihn über den Boden schleifen zu lassen. Dieser schneidet daraufhin tiefe Furchen in den Erdboden und wird zugleich leichter, da er sich an der Unterseite abschleift. Nach sieben Tagen schwerer Plackerei er-

reicht der Wanderer eine Hügelspitze, von der aus er in der Ferne die Goldene Stadt liegen sieht. Mit letzter Kraft schleppt er sich und den Balken dorthin.

Doch direkt vor dem Eingangstor trennt eine tiefe Schlucht ihn von der Stadt. Nun versteht er, zu welchem Zweck er den Balken mitbringen musste, und er legt ihn als Brücke über die Kluft. Durch das Schleifen ist der Balken jedoch gerade etwas zu kurz geworden und fällt in den Abgrund.

Verzweifelt und wütend über das Misslingen spürt er das Bedürfnis, sich auch in die Schlucht zu stürzen. Aber als er den Blick nach unten wendet, sieht er zu seinem Erstaunen, dass sein Balken nicht der einzige ist, der in den Abgrund gefallen ist. Unzählige Balken liegen dort übereinander; im Laufe der Zeit werden sie eine feste Brücke bilden. Müde und erschüttert kehrt er zurück, aber er ist weiser geworden, und ein goldener leuchtender Glanz geht von ihm aus.

Zum Geleit

In den vergangenen zehn Jahren hielt Manfred van Doorn Hunderte von Vorträgen über verschiedene Themen aus der spirituellen Psychologie. Durch das stets wachsende allgemeine Interesse an diesen Vorträgen fehlte die Zeit, eine Fortsetzung seines so erfolgreichen Buches *Karma als Lebenskunst* zu Papier zu bringen. Um das Nützliche mit dem Angenehmen zu verbinden, habe ich angeboten, die Mitschrift dieser in der Amsterdamer Amstelkerk gehaltenen Vorlesungsreihe zu bearbeiten. Dies hätte jedoch ein umfangreiches Werk von über 500 Seiten ergeben; und so wurde in gemeinsamer Überlegung mit dem Autor beschlossen, die Vorträge schrittweise zu bearbeiten und zu publizieren.

Das Buch, das Sie jetzt in der Hand halten, ist ein würdiger Nachfolger des Buches *Karma als Lebenskunst*, da es wieder einen Schatz an praktisch anwendbarer spiritueller Psychologie enthält. Der Unterschied liegt darin, dass in diesem Buch versucht wurde, die Atmosphäre des Vortrags und die Komposition des gesprochenen Wortes so weit wie möglich zu erhalten. Zu jedem Thema wird eine Anzahl von Punkten angesprochen, die jeweils dazugehören: Ideale, die Grundbedürfnisse, Gebiete im menschlichen Körper, mythologische Bilder, Probleme während der Erziehung und die aus dem Thema entwickelten Tugenden. Der Sprecher geht sein Thema jedes Mal von einem anderen Gesichtspunkt aus an, so dass es sich nicht um das schematische Bearbeiten irgendeiner Schablone handelt. Wir waren der Meinung, dass wir diesen lebendigen Aspekt auch in der Buchform bewahren sollten. Im Anhang finden sich für diejenigen unter den Lesern, die eine geordnete Übersicht lieben, stichwortartige Zusammenfassungen des Ganzen.

Während der Vorträge wurden auch musikalische und visuelle Elemente verwendet. Diese lassen sich bei einer Umarbeitung in Buchform nicht ohne weiteres übernehmen. Nie wird der Leser erleben können, was das Publikum im Saal gehört oder gesehen hat. Doch wurde der Versuch gemacht – ohne dem Text damit Gewalt anzutun – etwas von dem zu erhalten, was der Vortragende sein Publikum erleben lassen wollte. So sind die Tafelzeichnungen, die während des Vortrags entstanden, größtenteils in den Text aufgenommen worden, während andere visuelle oder auditive Elemente in solcher Weise beschrieben sind, dass der Leser sich eine Vorstellung davon machen kann.

Die in dieses Buch aufgenommenen Gedichte und Prosatexte wurden während der Vorträge rezitiert, die Liedtexte stammen aus vorgeführten Stücken. Über die Bedeutung des Gebrauchs von Gedichten und anderen literarischen Texten sagt Manfred van Doorn: »Hierdurch wird man auf einer anderen Ebene als der des Verstandes berührt. Diese Texte argumentieren nicht, sondern geben uns ein Gefühl für den Sinn der Dinge.« Hiermit ist die Haltung des Autors im Kern wiedergegeben. Er will keine festen Vorstellungen im Denken verankern. Er will einen Bereich schaffen, der Halt gibt, der danach aber auch wieder losgelassen werden kann, damit ein eigener Raum gefunden werden kann. Mein Bemühen bei der Umarbeitung der Texte war es, diesen Prozess auch für den Leser nachvollziehbar zu machen.

Roel J. den Dulk

Einleitung

Problems are universal, solutions are individual
Nike

Obwohl wir es nicht sicher wissen, erscheint die Annahme plausibel, dass ein gerade geborenes Baby noch in einem kaleidoskopischen Ozean ineinander verschmolzener Sinneseindrücke schwimmt. Aber das dauert nicht lange. Es zeichnen sich Muster von Licht und Dunkelheit ab. Angenehme Erfahrungen von Ernährung, Streicheln und Wärme wechseln mit unangenehmen Erfahrungen von Hunger, Schmerz und Kälte ab. Schnell aber wird die Welt noch komplexer. Wohlschmeckende Nahrung kann zuviel werden, Wärme zu heiß, nicht gefüttert werden bedeutet Ruhe, und Kälte kann auch angenehme Abkühlung sein. Das Leben selbst scheint uns aufzufordern, einer großen Fülle verwirrender, überwältigender Erlebnisse immer aufs Neue die entsprechende Bedeutung zuzuerkennen.

Beobachten wir die jeweiligen Kulturen unterschiedlicher Menschengruppen genauer, so erkennen wir in ihrer Kunst, Mythologie und Religion, wie sehr der Lebenslauf des Menschen von einer Anzahl grundlegender Gesetzmäßigkeiten beherrscht wird. Jede kulturelle Gruppierung jedoch bildet Gewichtung und Rangfolge dieser Gesetzmäßigkeiten nach ihren eigenen Erkenntnissen und daher mit anderen Akzenten aus. Dabei sind einige Lebenstatsachen allgemeingültig und unabänderlich. Denn eine Frau muss befruchtet worden sein, ehe sie schwanger wird. Es muss eine Geburt stattgefunden haben, bevor das Kind gestillt wird. Das Kind muss erst eine gesprochene Sprache hören, bevor es selbst sprechen lernen kann und so weiter. Die Akzent*unterschiede* können in Folgendem liegen: Muss ein Kind erst stolpern, bevor es laufen lernt? Oder muss es laufen lernen, um stolpern zu können? Wesentliche Akzentunterschiede beziehen sich auch auf die Frage nach der tierischen oder der göttlichen Abstammung des Menschen. Doch auch das kann wiederum als ein nur scheinbarer Gegensatz betrachtet werden, weil nämlich die göttliche Kraft sich geradeso im Tierischen wie im Hochmoralischen manifestiert.

Ausgangspunkt dieses Buches ist der Gegensatz von Ganzheit und Zersplitterung. Das bedeutet, dass manchmal die Betonung auf einer geistigen Kraft liegt, die sich über alle Gegensätze erhebt, und dann wieder auf der Welt der Zersplitterung, wo Gott *im Gegensatz* zum Teufel, der Mensch *im Gegensatz* zur Natur und Geist *im Gegensatz* zum Leib steht. Das Spirituelle, das sich in diesem Buch ausdrücken will, ist wörtlich im Sinne von »atmend« zu verstehen. Dieses Atmen findet im Wechsel zwischen dem Erleben der Ganzheit und dem Erleben der Zersplitterung statt.

Das Besondere dabei ist, dass oft auch beides zur selben Zeit erlebt werden kann. Schauen wir beispielsweise nachts zum Sternenhimmel auf, so blicken wir auf etwas, das von manchen Menschen als kümmerliche Splitter des Urknalls bezeichnet wird. Einsame Feuerbälle, so weit von uns entfernt, dass sie vielleicht schon tot sind, ohne dass wir es merken. Denn das Licht reist oft so lange, dass sein Quell schon versiegt sein kann, während sein Strahl uns noch erreicht. Zugleich aber können wir eine tiefe Ehrfurcht vor der Größe und Vollkommenheit der Schöpfung erleben.

So auch die Menschheit. Diese wimmelnde, krepierende, lachende, johlende Menge erweckt manchmal unser Mitleid, oft unsere Liebe. Betrachten wir den Menschen in all seiner Zersplitterung, so sehen wir eine große Menge einsamer, dem Tode zustrebender Wesen – manchmal viel zu früh sterbend, manchmal viel zu spät. Wir brauchen unsere Einstellung jedoch nur um Weniges zu verändern und sehen dann unendliche Variationen desselben Themas: einen Gott, der sich in der Vielheit ausdrückt, der in uns glücklich sein will und immer wieder gefunden werden kann.

In meiner Arbeit als Psychotherapeut, ja eigentlich mein ganzes Leben war ich immer wieder fasziniert von der Spannung zwischen dem Einen und dem Vielen. Das hat mich dazu angeregt, in den vielen Lebensgeschichten, die ich in den vergangenen vierzehn Jahren kennenlernen durfte, nach Gesetzmäßigkeiten zu suchen. Ich muss gestehen, dass ich oft das Gefühl hatte, dass sich mir die

Gesetzmäßigkeiten aufgedrängt haben. Diese Gesetzmäßigkeiten können aus der Sicht unterschiedlicher Überlieferungen oder Ideenwelten beschrieben werden. Benutzt man die Bibel als Ausgangsidee, so gelangt man zu den verschiedenen Bildern von »Tugenden und Sünden«. Gehen wir von Freud aus, gelangen wir zu verschiedenen »Komplexen und Fixationen«. Bezieht man die Mythologie mit ein, entdeckt man die Übereinstimmungen in Schöpfungsmythen, in den Heldentaten, in den verschiedenen Arten des Sterbens und der diesem Sterben folgenden Auferstehung.

Um einen alles umfassenden Rahmen zu finden, habe ich nach einer menschlichen Erfahrung gesucht, in der das Zyklische des Lebens (die große Einheit) in Beziehung gesetzt werden kann zu dem Erleben der Einmaligkeit und der Zersplitterung bis ins Individuelle hinein. Das Geeignetste, was ich finden konnte, waren die Gesetzmäßigkeiten im Jahreslauf. Während wir nämlich im Durchschreiten unseres Lebensweges von der Geburt bis zum Tode unsere Einmaligkeit erfahren, entdecken wir in den wiederkehrenden Jahreszeiten und Monaten zyklische Gesetzmäßigkeiten, die größer sind als unser individuelles Erleben. Das Sprießen der Natur im Frühjahr, die Überschwänglichkeit und Sinnenfreudigkeit des Sommers gegenüber dem Sterbeprozess im Herbst und der Einkehr im Winter können durchaus als Urbild für unseren menschlichen Lebenslauf gelten. Wenn wir etwas Neues beginnen, gibt uns dies ein inneres Frühlingserlebnis; wenn wir einen Menschen verlieren, ist es, als verlösche das Licht, wir gehen in einen seelischen Winter. Überall in der Welt wird der Jahreslauf in einer Reihe von zwölf Bildern dargestellt. Um die Aufeinanderfolge der verschiedenen Lebensthemen ordnen zu können, benutze ich die Bilder, die aus der griechisch-ägyptischen und aus der arabischen Astrologie stammen: den Tierkreis. Auch habe ich mich darum bemüht, stets aufzuzeigen, in welcher Art diese Urbilder in den verschiedenen Phasen des Lebenslaufes als Lebensthemen mit einem eigenen Entwicklungsverlauf wiederzufinden sind.

Ich habe mich dafür entschieden, diese grundlegenden Gesetzmäßigkeiten immer in ihren jeweils polaren Beziehungen zu behandeln: Chaos gegenüber Ordnung, Kraft gegenüber Verletzbarkeit, Aufbau gegenüber Abbau, Zersplitterung gegenüber Einswerdung, Materie gegenüber Geist und Mittelpunkt gegenüber Umgebung. Diesen Ansatz habe ich gewählt, weil ich meine, dass gerade in der Spannung der Polaritäten die Möglichkeit entsteht, die einigende, heilende Kraft als das verborgene Dritte zu erfahren. Jenes Prinzip, das die Polaritäten lenkt und Polaritäten eint, können wir zwar nicht wirklich in Worte fassen. Wir können es aber als das eigene »Ich« erleben. In dem Maße, in dem wir lernen, in der Mitte des Kreises aller Polaritäten zu stehen, kann es ein stilles Tor zu Gott werden.

Um zu vermeiden, dass bei diesen Überlegungen die kosmischen Prinzipien nur als abstrakte Begriffe wie »Ordnung«, »Chaos«, »Mittelpunkt«, »Umgebung« auftauchen, habe ich mich für die Namen der Bilder des Tierkreises entschieden: »Fische«, »Widder«, »Stier« und so weiter. Der Vorteil ist, dass die Darstellung mit lebendigen Bildern verbunden bleibt, der Nachteil, dass allzu schnell die Erwartung geweckt wird, es handele sich hier um astrologisches Denken. Zum Teil ist dies tatsächlich zutreffend, weil vieles aus uralter Menschenweisheit in das astrologische Denksystem aufgenommen worden ist. Zugleich aber trifft es nicht zu, weil die Astrologie dazu neigt, Erklärungen zu geben, die sich vor allem auf den Geburtsmoment beziehen, in diesem Buch die Tierkreisbilder aber lediglich gebraucht werden, um menschliche Erfahrungen zu beschreiben. Ich liefere also keine Erklärungen, ich liefere Beschreibungen, die dazu dienen können, Wahrnehmung und Verständnis zu verbessern. Ich selber verstehe zu wenig von Horoskopen und allem, was damit zusammenhängt, um Studien zur Beziehung zwischen Astrologie und dominanten Lebensthemen anstellen zu können. Ich könnte mir allerdings gut vorstellen, dass diese Welt immer mehr zu uns sprechen kann, je mehr wir uns in diese Beziehung vertiefen. Nachdrücklich behaupte ich denn auch: Wenn Menschen sich in einem bestimmten Thema wiedererkennen, so muss das keineswegs ihr Geburts-Sonnenzeichen sein. Es geht um menschliche Erfahrungen, die sich überall und bei Menschen aller Geburtstierkreiszeichen manifestieren können. So freut es mich immer wieder, wenn Menschen mir nach einem Vortrag erklären: »Ich erkenne mich in allen Problemgebieten«. Oder eine andere oft gehörte Reaktion: »Ich erschrak während des Vortrages, denn es war, als würden Sie meinen eigenen Lebenslauf beschreiben.« Die universellen Seiten der menschlichen Lebensthemen nehmen der individuellen Art, in der wir mit ihnen umgehen, nichts von ihrem Wert.

Manfred van Doorn

I

Die Urmotive

Diesseitig bin ich gar nicht fassbar.
Denn ich wohne grad so gut bei den Toten wie
bei den Ungeborenen. Etwas näher
dem Herzen der Schöpfung als üblich.
Und noch lange nicht nahe genug.

Grabschrift Paul Klee

Chaos und Ordnung

Fische und Jungfrau

Die Beziehung zwischen den Tierkreiszeichen und bestimmten Bereichen des menschlichen Körpers

Dieses Buch über die Urmotive im menschlichen Lebenslauf beginnt und endet mit dem Fischezeichen. Aus mehreren Gründen wird diesem Urbild eine so große Bedeutung beigemessen. Der nächstliegende Grund ist, dass das Bild der Fische das Ur-Chaos repräsentiert, aus dem das Leben geboren ist, wie ja vermutlich alles Leben auf der Erde aus dem Wasser hervorgegangen ist. Auch der Mensch verbringt die ersten neun Monate seiner Existenz im Fische-Stadium; er schwimmt in der Flüssigkeit der Gebärmutter. Eine Flüssigkeit, die übrigens denselben Salzgehalt wie der Ur-Ozean hat, aus dem das Leben entstanden ist.

Aber es gibt noch einen weiteren wichtigen Grund dafür, dass diese Darstellung mit den Fischen beginnt, und dazu ist eine kurze, gewissermaßen technische Erklärung notwendig. Wie der Embryo von der Wand der Gebärmutter umgeben ist, so können wir die Erde als in einem Meer von Sternen treibend sehen. In allen Kulturen dieser Welt haben die Seher Bilder geschaut, die sich auf bestimmte Sternkonstellationen stützten. In der westlichen Kultur verwenden wir die Einteilungen, die uns die griechisch-arabische Weisheit geschenkt hat und kommen dann zu poetischen Benennungen wie Schlangenträger, Orion, Andromeda und so weiter.

Einer bestimmten Gruppe kommt besondere Bedeutung zu, weil sich die Sonne davor entlang bewegt. Da die Sonne von der Erde aus gesehen einen Kreis um die Erde beschreibt, liegen die

Bilder, vor denen sich die Sonne dreht, also auf einem Kreis. Auf dieser Bahn der Sonne liegen vor allem Tierbilder, und so spricht man von einem sogenannten »zoidiakos kyklos« – einem Tierkreis, dem *Zodiak*. Dieser Kreis umfasst 360 Grad und ist in zwölf gleiche Teile aufgeteilt. Das scheint alles einer streng im Voraus zu berechnenden Uhr zu gleichen. Die Wirklichkeit ist anders. Erstens sind nicht alle Bilder gleich groß. Die Sonne steht also in dem einen Bild länger als in dem anderen. Eine weitere Komplikation ergibt sich: Die Sonne macht selber eine Reise durch den Tierkreis. Die Bewegung der Sonne ist schwer messbar, denn die Erde dreht sich natürlich auch um sich selbst, und dadurch scheint sich die Sonne ohnehin zu bewegen. Man misst die Bewegung der Sonne ausgehend vom sogenannten *Frühlingspunkt,* und der verschiebt sich in 72 Jahren, also etwa während eines Menschenlebens, um einen Grad. Ein Zeichen erstreckt sich über rund 30° des Tierkreises, und daher sind also 30 x 72 = 2160 Jahre notwendig, um die Sonne in einem anderen Zeichen des Tierkreises aufgehen zu sehen. In 12 x 2160 Jahren = 25 920 Jahren hat der Frühlingspunkt seinen Rundgang durch den Tierkreis, die sogenannte Präzession, vollendet (übrigens in rückwärts verlaufender Reihenfolge). Dieser Zeitraum wird als *platonisches Weltenjahr* bezeichnet. Wir Menschen haben eine so kurze Geschichte, dass wir über die Gesetzmäßigkeiten eines solchen platonischen Weltenjahres nichts Sinnvolles sagen können. Aber zumindest können wir in etwa die Zeiträume überblicken, die den »Monat« eines solchen Jahres ausmachen, die schon genannten 2160 Jahre also.

In unserer Zeit liegt der Frühlingspunkt (wenn man den sogenannten siderischen Tierkreis zugrunde legt) im Fische-Zeichen. Dieser Zeitraum hat seinen Anfang etwa zu Beginn der westlichen Zeitrechnung. Mit anderen Worten: Das Erscheinen des Christus läutete das Fische-Zeitalter ein. Vor dieser Zeit hatte die Sonne ihren Frühlingspunkt im Widder. Der Übergang zu dem, was die Fische kennzeichnet, ist auch im Neuen Testament wiederzufinden. Christus war das Lamm Gottes, die Jünger waren Menschenfischer. Die ersten Christen trugen Fischezeichen, um einander erkennen zu können. Wir befinden uns also in der Spätzeit oder besser in der »Erntezeit« des Fische-Zeitalters. Diejenigen, die das Aquarius-, das Wassermannzeitalter ausrufen, sollten ihren Enthusiasmus lieber noch etwa 375 Jahre aufschieben.

Das Fische-Symbol

Das älteste Symbol, in dem wir Fische erkennen können, ist das Yin-Yang-Zeichen. Die Gegensätze, der weiße und der schwarze Fisch, ergänzen einander und durchdringen sich gegenseitig: der weiße Fisch hat ein schwarzes und der schwarze Fisch ein weißes Auge. Man beachte, dass der Kreis hier noch nicht durchbrochen ist. Da in vielen alten Kulturen die Toten sitzend oder in der embryonalen Haltung liegend begraben wurden, könnte das Yin-Yang-Zeichen daher auch als ein weißer und ein schwarzer Embryo angesehen werden, die einander ergänzen.

Tag folgt auf Nacht.
Leben folgt auf Tod.
Tod folgt auf Leben.

Man setzt den Anfang des Fische-Zeitalters etwa um die Zeit von Jesu Geburt. Im Neuen Testament taucht das Bild der Fische häufig auf: Es wird von Menschenfischern gesprochen, Fische werden ausgeteilt, Brot gebrochen und so weiter. Die ersten Christen hatten ein geheimes Erkennungszeichen: Sie trugen eine Kette mit dem Fische-Symbol. Das griechische Wort für Fisch ist ICHTHYS. Das wird als Abkürzung für IESUS CHRISTOS THEOU HYOS SOTER angesehen: Jesus Christus, Gottes Sohn, Retter.

Zwischen dem vorchristlichen Yin-Yang-Denken und dem nachchristlichen Fische-Denken besteht ein grundsätzlicher Unterschied. Im Taoismus, aber auch im Hinduismus und Buddhismus gibt es das zyklische Weltbild. Dem Leben folgt der Tod, der Schöpfung die Vernichtung und danach wieder eine neue Schöpfung. Der Kreis bleibt geschlossen. Im Yin-Yang-Zeichen schließen die Fische noch nahtlos aneinander an, aber in der christlichen

Symbolik entstehen Zwischenräume. Das weiße Yin und das schwarze Yang haben einander den Rücken zugekehrt. Der Kreis ist durchbrochen, es erscheint ein drittes Element:

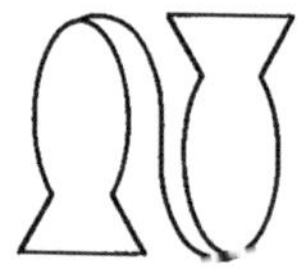

Diese beiden Fische entsprechen den beiden Teilen der Seele: ein Teil strebt nach dem *Geist* und ein Teil strebt nach der *Körperlichkeit.* Oft läuft im Fischezeichen auch ein Band von Maul zu Maul, wodurch beide Teile des Zeichens miteinander verbunden werden. Dieses verbindende Band heißt in der Alchemie auch »Al Risha«, das »silberne Band«.

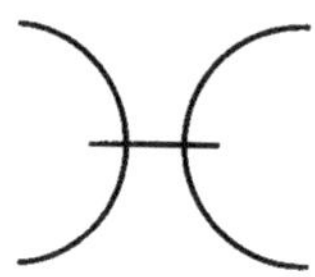

Das moderne Fische-Symbol ist noch stärker stilisiert. Das gewundene Silberband ist jetzt durch eine nüchterne gerade Linie ersetzt. Damit wird auf wunderbare Weise die Aufgabe des modernen Menschen aufgezeigt. Er soll, auf logisch-linearem Denken gründend, die zerstörte Einheit wieder herstellen. Die gerade Linie suggeriert Anfang und Ende, in einer nicht-zyklischen Dimension. In der christlichen Religion finden wir dies im apokalyptischen Bild vom »Ende der Zeiten wieder«. Mit anderen Worten: Die Schöpfung hat einen konkreten Anfang und ein deutliches Ende, sie ist kein Kreis, sondern eine Gerade. Oder: Im Westen, wo die Orientierung auf das Ich am stärksten ausgeprägt ist, erlebt sich der größte Teil der Menschen als einmalig und als abgeschlossen vom großen Weltall. Eine gerade Linie von der Geburt bis zum Tode, und danach nichts mehr. Wir sind losgelöst von Gott, losgelöst vom Absoluten. Die Gerade durchschneidet den zerbrochenen Kreis. Der grundlegende Unterschied zum alten Yin-Yang-Denken ist also, dass die Einheit zerbrochen ist.

Zugleich aber gibt es eine Hoffnung: die Gerade ist zugleich auch der verbindende Faktor.

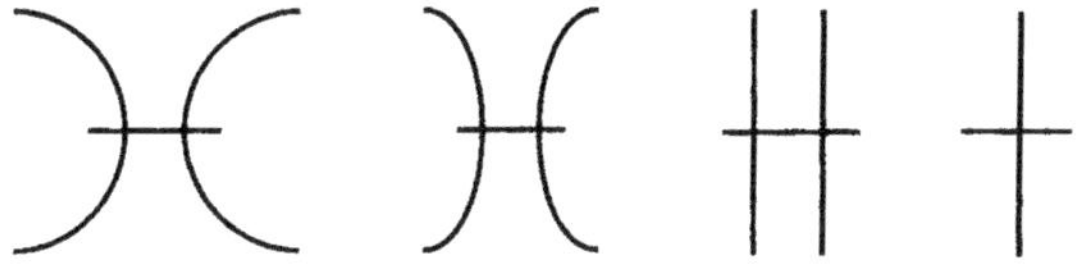

Wir können sogar soweit gehen, dass wir das Fische-Symbol in ein Kreuz verwandeln. Das Kreuz stellt das Extrem aller linearen Verbindungen dar. Vielleicht ist es bedeutungsvoll, dass für Sterben und Tod Christi auf Golgatha gerade ein Kreuz notwendig war. Und ist nicht das lineare Denken erst nach Christus entstanden?

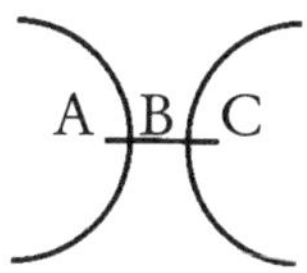

Andererseits kann man das Fische-Bild auch als Wiedergabe des menschlichen Lebenslaufes betrachten. In der obigen Abbildung sehen wir Folgendes: Wir kommen aus der Vollkommenheit (A) in die zeit-räumliche Welt hinein (B). Wenn unsere einmalige, gerade Linie abgearbeitet ist, sterben wir und werden wieder in den Kreis aufgenommen (C). Dieser Kreis erscheint als ein anderer als der bei A, was insofern denkbar wäre, als wir unsere Lebenserfahrungen mit in den Kreis hineinbringen. Aber wir können uns auch vorstellen, dass wir beide Bögen bis ins Unendliche weiterziehen, wo sie sich berühren und so zusammen einen Kreis bilden. Die beiden Bögen sind dann zwei Teilstücke *desselben* Kreises im Unendlichen. Wir haben es also nur mit einer *scheinbaren* Teilung zu tun.

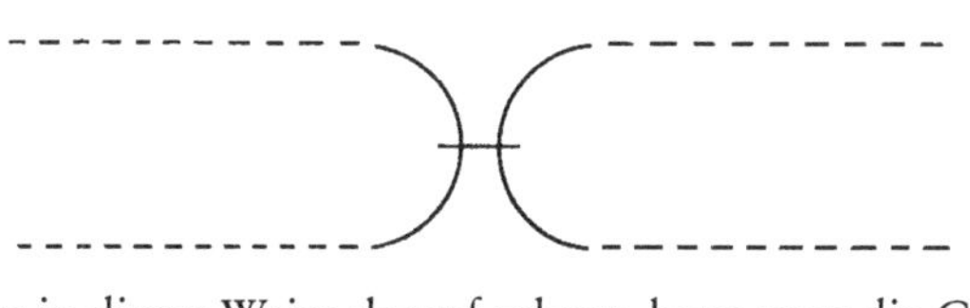

Wenn man in dieser Weise darauf schaut, kann man die Gerade als das irdische Leben betrachten, das danach wieder in das Ganze aufgenommen wird. So betrachtet, fallen das Anfangsstückchen A und das Endstückchen B der Verbindungslinie in den »unendlichen Kreis« und sind einerseits als das embryonale, andererseits als das postmortale Stadium anzusehen. In letzterem – aus einem Erleben der All-Ganzheit, in der unsere irdische Identität aber noch nachklingt – erfahren wir einen Rückblick, nehmen wir eine Nachbearbeitung unseres Lebens auf der Erde vor. Je mehr das Fische-Thema in uns wirksam ist, desto stärker fühlen wir uns dem vorgeburtlichen und dem nachtodlichen Leben verbunden. Wie der Lachs sich nach seinem Herkunftsort zurücksehnt, tragen wir eine Sehnsucht in uns, in den Zustand des Nichtgetrenntseins zurückzukehren. Bei Selbstmord durch Ertränken, um ein extremes Beispiel zu nennen, will die betreffende Person oft wirklich in ein Urwasser zurückkehren. Weniger dramatisch äußert sich das Fische-Thema in Form eines gleichsam rastlosen Unfriedens über Zustand oder Ort, in dem jemand sich befindet. In diesem Sinne ist die Fische-Thematik Quelle einer romantischen Lebenseinstellung: »Das Glück ist da, wo du nicht bist.«

Die Gerade wird durch die Halbkreise in drei Teile geteilt. Links die vorgeburtliche Periode, die wir in der Gebärmutter erleben, in der Mitte die Gerade B unseres Lebenslaufes und rechts die nachtodliche Periode. Je nach dem Standpunkt, den man einnimmt, kann man diese drei Formen des Lebens als *Zwischenstadien* betrachten. Die embryonale Periode als Leben zwischen dem Zustand, in dem man keinem Körper verbunden war und dem, in welchem man als eigenes Wesen in Erscheinung tritt; das Erdenleben als Zwischenperiode bis zu einer eigentlich geistigen Existenz; und die nachtodliche Verarbeitung eines Lebens als »Zwischenleben« zwischen zwei irdischen Inkarnationen. Immer handelt es sich um eine Überbrückungsperiode. Auf diese Weise kann man das Fische-Symbol insgesamt auch als das Bild einer Brücke ansehen.

Das embryonale »Zwischenleben« zwischen Himmel und Erde beginnt auch mit einer Art Fische-Tat: der Ausschüttung des Spermas. Die Spermazellen legen eine lange Strecke zurück. Das ist eine schwere Reise, bei der letztlich nur eine Samenzelle das Ziel des Strebens und Sterbens der übrigen Samen erreichen kann. Millionen winziger Samen durchqueren eine saure und ziemlich feindliche Umgebung und sterben. Über die »Leichen sterbender Fischchen« gelangt eine kleine Gruppe von Samenzellen zur Eizelle, wo sie eine Art kosmischen, ekstatischen Tanz beginnen, geradeso wie Lachse, welche die lange Wanderung überlebt haben. Die Samenzellen phosphoreszieren, und sie besitzen eine ätzende Flüssigkeit, mit der sie die etwa zweihundertmal größere Eizelle verletzen. Wenn die erste Samenzelle die Wand der Eizelle durchbrochen hat, schließt sich diese. Und dann beginnt jene erste Form einer Zwischenexistenz.

Während dieser Periode durchläuft der Mensch einen ganzen Lebenszyklus im Kleinen. Es beginnt mit dem Kopf einer Samenzelle, die durch eine Barriere hindurchbricht und endet mit einer Drehung und Hineinsenkung, wonach sich wieder ein Kopf durch eine Barriere hindurchkämpfen muss: durch den Geburtskanal. Unbewusst erlebt der Mensch in dieser Zwischenperiode alle Aspekte, die helfen, den Leib aufzubauen. Beim ersten Atemzug hat man schon ein ganzes Leben, einen ganzen Zyklus hinter sich.

Das Naturbild

Das Naturbild der Fische ist am deutlichsten beim Lachs zu beobachten, der in einem untiefen Bergbächlein geboren wird, stromabwärts zieht und sich weit in den Ozean hinein begibt, um schließlich im erwachsenen Stadium mit außergewöhnlicher Energie durch flache Bäche, über Kiesel und scharfe Felsen, gegen die Strömung ankämpfend zu seinem Geburtsgrund zurückzukehren, um dort zu laichen und zu sterben.

In ihrem Drang, zu ihrer Heimat zurückzukehren, reiben die Lachse im untiefen Wasser mit dem Bauch über die Steine, wodurch sie ihre Schutzschicht verlieren. Und als würde sie dies nur zum noch härteren Kämpfen stimulieren, verdoppeln sie ihre Anstrengungen beim Zurückschwimmen durch ein Gewässer, das oft nur einige Dezimeter, ja sogar nur einige Zentimeter tief ist. Wenn sie einmal in ihrem Geburtsgewässer angekommen sind, kann man beobachten, wie während des Laichens große rote Fische durcheinanderwimmeln. Einige sterben schon wenige Tage später durch Erschöpfung oder an ihren Verwundungen. Die anderen folgen nach ein oder zwei Wochen: ihre Abwehrkraft ist vermindert, sie werden von Pilzen befallen und sterben in großer Zahl. Ohnehin hat nur ein kleiner Teil der großen Gruppe, die den Zug mitgemacht hat, den Geburtsort erreicht.

Das Prinzip des Zyklischen ist im Ausschwärmen und in der Rückkehr zum Ort der Geburt ebenso zu erkennen wie in dem dramatischen Bild der sterbenden Lachse inmitten der befruchteten Eier, die ausgestoßen wurden – Tod und ungeborenes Leben ganz nah beieinander. Auch im Wasserelement selbst, in dem sie leben, lässt sich das Zyklische in dem Bild der verdunstenden Flüssigkeit, die Wolken bildet und über Berge und Land als Regen wieder herunterfällt, als Wasser durch Bäche und Flüsse wieder zum Mutterschoß, dem Meer, zurückkehrt, wo es wieder verdunstet.

Es gibt in diesem Naturbild noch etwas, was wir für die Thematik im menschlichen Bereich lernen können, nämlich: Fische kennen kaum eine Brutpflege. Sie können sich nicht an ihre Eltern binden, binden sich aber desto stärker an ihren Geburtsort. Diese Bindung an die Umgebung ist kennzeichnend für Fische, was bis in den Sprachgebrauch hinein reicht: Man fühlt sich »wie ein Fisch im Wasser«, oder gerade im Gegenteil »wie ein Fisch auf dem Trocknen«. Im zwischenmenschlichen Verkehr benutzen wir Bilder wie: »sich einen hübschen Mann angeln«, oder die befriedigte Feststellung, dass er »angebissen« habe, um den Anfang eines Bindungsprozesses zu beschreiben.

Das Fische-Sternbild und der entsprechende Bereich des menschlichen Körpers

Während unseres embryonalen Fische-Stadiums haben wir unser eigenes »Silberband«: die Nabelschnur. Je mehr das Kind in der Gebärmutter wächst, desto deutlicher macht es sich mit Händen und Füßen bemerkbar. Die ersten Lebenszeichen spürt die Mutter, wenn das Kind gegen die Gebärmutterwand stößt und tritt. Später, nach der Geburt, sind Hände und Füße die wichtigsten Kontaktorgane. Mit den Füßen greifen wir Platz auf der Erde, mit den Händen verbinden wir uns mit ihr. Wenn wir uns auf der Erde nicht recht heimisch fühlen, wenn wir nicht das Gefühl haben, in unserem Element zu sein, zieht sich die Wärme aus Händen und Füßen zurück. Bei Frauen wird die Gebärmutter, das heißt die »Brutstätte«, dann unzureichend durchlebt und kann in Formlosigkeit zurückfallen, sei es durch Zysten oder Schlimmeres.

Sich binden oder nicht: eine Frage, ob man willkommen ist

Ein wichtiger Faktor während der embryonalen Zeit ist die Frage, ob das Kind ein »Wunschkind« oder unerwünscht ist. Wieviele Menschen in der Generation der heute Dreißig-, Vierzig-, Fünfzigjährigen sind wirklich Wunschkinder? Meine Einschätzung ist – ich spreche hier über die Generationen vor der Pille – dass ein beträchtlicher Teil dieser Menschen als »Betriebsunfall« betrachtet werden kann. Vater und Mutter hatten eigentlich nicht die Absicht, es war so bald nach dem vorigen Kind, er hatte kein gutes Gehalt, sie war eigentlich so schrecklich müde, in Wirklichkeit war überhaupt kein Raum für ein Kind vorhanden. Und plötzlich blieb die Menstruation aus. Er war wieder einmal unvorsichtig gewesen, oder sie hatte nicht richtig gerechnet nach der vorigen Menstruation. Wir sehen, dass viele Menschen – auch heute noch – oft auf antipathische Weise gezeugt werden. Der mit heftiger Anziehungskraft verbundene Kampf zwischen Mann und Frau fordert dann seinen Zoll in Form einer unerwünschten oder nicht wirklich gewünschten Schwangerschaft. Von diesem Moment, dem Augenblick der Befruchtung an beginnt in Vater und Mutter ein Prozess, in dem sie sich – nach einer möglichen ersten Abwehr – darauf vorbereiten können, das Kind willkommen zu heißen. Wenn man davon ausgeht, dass das Kind sehr sensibel ist, dann erlebt es während des vorgeburtlichen, vor-sprachlichen, vorbewussten Stadiums schon eine dramatische Wendung mit. Dann spürt es die Abweisung der Eltern, und es fühlt auch die Wandlung der Eltern, die vielleicht gemeinsam seufzen und sagen: »Nun, wir machen das

Beste daraus.« Oder: »Ach ja, es ist doch eigentlich etwas ganz Schönes, so eine Schwangerschaft!«

Ob ein Kind sich wohlfühlt oder nicht, hängt in hohem Maße von den Gefühlen der Eltern während der Schwangerschaft und von der Wandlung ab, welche die Eltern während der Schwangerschaft und oft später während des Heranwachsens des Kindes, durchmachen. Eine solche Wandlung kann jedoch auch umgekehrt verlaufen. Bei Eltern, die ein wenig naiv in eine Schwangerschaft hineingehen, sinkt der Enthusiasmus, je dicker der Bauch wird. Manche Eltern täuschen sich darüber, wie schwer es ist, ein Kind zu bekommen; es können unerwartet Komplikationen auftreten, und das Kind bekommt zu spüren, dass es eine große Last ist. Die Frage ist dann, wieviel Freude, welches Maß an herzlicher Begrüßung dem dennoch gegenübersteht. Das kann so enttäuschend ausfallen, dass das Kind sich zu der Periode zurücksehnt, in der es noch willkommen geheißen wurde. Es kann sich sogar noch zu dem Augenblick vor der Empfängnis zurücksehnen, weil es das Gefühl hat, dass hier nicht sein richtiger Platz ist. Es wird nicht ausreichend willkommen geheißen und geht in seiner Erinnerung bis zu dem Moment zurück, da es sich wirklich aufgenommen fühlte. Der »Schoß der Götter« bleibt dann angenehmer als der Mutterschoß. Es fühlt sich in Wahrheit *nicht an die Erde gebunden.*

»Bindung« ist ein zentrales Fische-Thema. »Bindung« entsteht bereits als Bild, wenn sich die befruchtete Eizelle zuerst in die Wand der Gebärmutter einnistet, und sich sodann die Nabelschnur als unverbrüchliches Band zwischen Kind und Mutter bildet. Bei einer Mutter, die schon einmal ein Kind durch eine Fehlgeburt verloren hat, entsteht bei einer nächsten Schwangerschaft oft Angst bezüglich dieser »Bindung«: Wird es diesmal gelingen oder nicht? Wird die Plazenta halten? Muss ich mich emotional schon an dieses Kind »binden«? Und das bedeutet, dass eine Atmosphäre der Todesangst dieses Kind während der Schwangerschaftszeit umgibt. Ich bin der Ansicht, dass diese Art Vibrationen bei einem beträchtlichen Teil der Menschheit vorkommt und vom Ungeborenen daher unvermeidlich in den Aufbau seines Leibes mit aufgenommen wird.

Wenn während einer Therapie Bindungsprobleme sichtbar werden, stellt sich manchmal heraus, dass wirklich bei der Mutter die Todesangst da war: »Ich werde dies Kind wieder verlieren.« Meistens haben die Betreffenden davon keine Ahnung, aber wenn man der Sache nachgeht, stimmt es oft. Es kann auch viel ernster sein. Vielleicht sind misslungene Abtreibungsversuche unternommen worden, oder es gab einen Vater, der seinen Widerwillen gegen ein kommendes Kind gewaltsam zum Ausdruck brachte. Wir können uns vorstellen, dass ein Nachhall solcher Situationen sich durchs ganze Leben hindurchzieht. Es herrschte eine so grundsätzliche Ablehnung, dass man die Bindung zu einer anderen Welt beibehält: Man fühlt sich hier nicht am Platze.

Übrigens müssen wir uns davor hüten, allzu schnell ursächliche Zusammenhänge herzustellen. »Ich fühle mich nicht an die Erde gebunden, also wird meine Mutter mich wohl nicht gewollt haben«, ist eine allzu simple Erklärung. Oft fügen sich die verschiedenen Bilder in einen größeren Komplex ein. Bindungsprobleme sehen wir zur Zeit überall.

Getragen werden und Hilfe erfahren

Im Mutterleib waren wir noch schwerelos. Stellen wir uns das einmal konkret vor. Wir schwimmen in der Flüssigkeit der Gebärmutter und haben dabei das Gefühl, in einer Art gewichtslosem Zustand getragen zu werden. Im Wort Gebärmutter steckt das englische Wort »bear«, tragen. Ein Urgefühl gehört zum Gebärmutterzustand, das sich etwa so formulieren ließe: »Da war keine Schwere. Schwerelos trieb ich in einem Ozean.« Erst nach der Geburt lernen wir die Schwerkraft kennen, aber auch dann werden wir noch lange Zeit hindurch getragen. Das Bedürfnis nach einem eigenen Platz und das Bedürfnis nach einer Stütze und Hilfe sind dadurch unauflösbar miteinander verbunden.

Wenn ich in meiner psychotherapeutischen Praxis Menschen zu helfen versuche, die sich erschreckend weit von der Welt losgelöst haben, kann ich oft auf das allgemeinmenschliche Bedürfnis nach einer Stütze zurückgreifen. Wenn aus einem völlig abgedrifteten Gefühl heraus gesagt wird: »Ich habe niemanden nötig, für mich tut auch keiner was«, kann ich auf die Schwerkraft verweisen: »Zumindest ist hier schon einmal eine Bank, die dich trägt. Du versinkst nicht in den Boden (bis zur Mitte der Erde). Es gibt von Menschen hergestellte Dinge, die dich tragen.« Oft ist das auch ein Weg zur sozialen Einbindung, weil die Betroffenen auf dem Umweg über die Dinge wieder zurück zu den Menschen finden können. Denn es gibt ja Straßen, auf denen man geht, die von Mitmenschen gebaut wurden; Kleider, die für uns genäht wurden; es existiert eine Sprache, durch die wir mit einem ganzen Volk verbunden sind. Gerade das Bewusstsein dieser unsichtbaren Verbundenheit, dieses Getragenwerden von einer Kultur kann manchen Menschen dazu verhelfen, sich doch für dieses Leben zu entscheiden.

Wenn es jemandem gar nicht gelungen ist, sich an andere Menschen zu binden, stelle ich eine grundlegende Frage: »Gibt es etwas in deinem Leben – ein Ding, einen Gegenstand, woran du viel Trost gefunden hast?« Und dann ist es beispielsweise ein Baum in einem Park, dem Vertrauen geschenkt wurde, in dem sozusagen ein Teil der Seele begraben wurde, in der Erwartung sichererer Zeiten. Oder es gab eine Barbiepuppe, an der eine Art Idealwesen erlebt wurde. Hierdurch kann der Betreffende erkennen, dass durchaus so etwas wie »Bindung« existiert. Und das kann der erste Schritt auf dem Wege zu den Mitmenschen sein.

Das Thema Bindung finden wir intensiviert bei leiblichen Zwillingen wieder. Stellen wir uns einmal vor, wie es ist, während der ersten Phase bis zur Geburt den ohnehin schon knappen Raum mit einem andern teilen zu müssen, an den wir uns anpassen müssen, der uns weckt, wenn wir schlafen wollen. Das wirkt sich äußerst störend, aber zugleich auch äußerst verbindend aus. Eine solche Intimität, wie man sie mit der Zwillingsschwester oder mit dem Zwillingsbruder gehabt hat, erreicht man niemals wieder. Was man damals miteinander geteilt hat, ist derartig groß, dass es einen bis zu einem gewissen Grade immer wieder dorthin zieht. Da herrschte einerseits ein wortloses Erspüren, ein vollkommenes aufeinander Abgestimmtsein, und andererseits ein fundamentaler Kampf um

Eigenraum. Die Romantik des Zurücksehnens nach dieser äußerst intimen Periode geht daher unvermeidlich Hand in Hand mit einer sehr starken Ambivalenz, die sich als bleibendes Motiv im Beziehungsleben des Erwachsenen manifestiert

Der Mensch als Verbindung von Himmel und Erde

Das Thema des Sich-Lösens und der zerfallenden Fähigkeit zur Bindung manifestiert sich heute, im Fische-Zeitalter, sehr deutlich. Die Halbkreise des Fische-Symbols kehren sich sozusagen den Rücken zu. Die Fische schwimmen voneinander fort. Dasselbe sehen wir in der menschlichen Gesellschaft: Normen verblassen; kirchlichen Geboten wird keine Folge mehr geleistet; Familien bleiben nicht mehr selbstverständlich beieinander; Menschen trennen sich und gehen in unterschiedliche Richtungen. Und das ist auch gut so, denn zwischen den »Fischen« muss es Raum geben. Der Raum, der heute zwischen den Menschen untereinander und zugleich zwischen Himmel und Erde entsteht, bietet die Möglichkeit einer linearen Verbindung, die mit dem freien Willen zusammenhängt. Wir sind als Menschen gespalten, und wir sind als menschliche Gesellschaft gespalten. Und jedes Ganzwerden, jede Heilung, kann in dieser historischen Situation nur aus einem freien Willensimpuls heraus entstehen. Diese Chance, die die Gegenwart bietet, kann uns mit großer Freude erfüllen. Es besteht die Möglichkeit, aus eigener Kraft, aus eigener »Göttlichkeit« heraus die Verbindung herzustellen: horizontal *zwischen den Menschen* und vertikal *zwischen Himmel und Erde*.

Nehmen wir das traditionelle »liegende« Fischezeichen (s.S. 25) als Symbol für zweitausend Jahre Christentum, so kann man den linken Teil der Geraden, der noch innerhalb des Kreises liegt, als das frühe esoterische Christentum ansehen, in dem noch die mystische Einheit erlebt wurde. Der mittlere Teil der Geraden entfaltete seine größte Wirksamkeit, als die Kirche als Institution weltliche Macht auszuüben begann und zugleich andersgläubige Christen verfolgte. In den letzten hundert Jahren des Fische-Zeitalters betreten wir mit dem geradlinigen Denken wieder die Kreisform (Teil

C der Geraden). Auf dem Gebiet der Technik erkennen wir dieses Stadium in Erfindungen wie den Hologrammen und den Speichermedien für Computer, Klang- und Bildträger, die ihre Informationen nicht mehr linear, sondern in parallelen Kreisen speichern, die alle gleich direkt zu erreichen sind.

Auch auf der Ebene der menschlichen Psyche vollzieht sich seit dreißig Jahren eine Öffnung zum Geiste. Mit Macht begann dies in den sechziger Jahren in der humanistischen Psychologie und wurde von der New-Age- und der Hippiebewegung aufgegriffen. Wir sehen also, dass nach neuen Formen gesucht wird, in denen sowohl Raum ist für logisches Denken als auch für das Mythologisch-Mystische. In diesem Zusammenhang möchte ich noch einmal an die Möglichkeit erinnern, das liegende Fische-Symbol als Kreuz zu sehen. Auf den Verlust der ursprünglichen Verbindung mit der Ganzheit (d.h. die »Kreuzigung«) folgt heute die Auferstehung. Im Griechischen wird für den Querbalken wie für das Kreuz selbst das Wort »stauros« verwendet. Auffallend ist dabei, dass darin auch der Ursprung unseres Wortes »steuern« liegt. Mit anderen Worten: In den letzten hundert Jahren des Fische-Zeitalters wird uns die Möglichkeit geschenkt, wieder zum Erlebnis der Ganzheit zu kommen, und zwar unter Erhaltung der eigenen »bewussten Steuerkraft«. Der horizontale Balken ist in dieser Sicht ein Bild für die zwischenmenschliche Verbindungskraft, und das gedrehte, aufrecht stehende Fische-Zeichen ist ein Sinnbild für die Verantwortung des Menschen gegenüber Erde und Geist.

Wenn wir das Bild des Menschen als ein aufrecht stehendes Fische-Zeichen wiedergeben, kann man darin das Symbol des Menschen als Verbinder von Himmel und Erde sehen. Der Mensch muss Uranos, die Himmelsschale, mit der Erdenschale der Gaia verbinden, wodurch eine dritte Kraft entsteht: die Kraft der Mitte. Und der Mensch ist es, der diese Kraft, die Kraft der Verbindung, ausbildet.

Ein Beispiel für diesen verbindenden Impuls ist der aufgeklärte Despot Akbar (1556–1605), der über große Teile Indiens und Persiens herrschte. Obwohl er selber Moslem war, hat er sich darum bemüht, den Wert jeder Glaubensrichtung anzuerkennen und die Gemeinsamkeit der verschiedenen Strömungen zu betonen. Es sagt viel über ihn aus, dass er folgende Worte Jesu auf seine Grabplatte anbringen ließ: »Jesus – der Friede sei mit ihm – sagte: Die Welt ist eine Brücke, geh über sie hinweg, baue kein Haus darauf. Die Welt dauert nur eine Stunde. Verbringe sie in Hingabe. Den Rest beachte gar nicht.« Diese Äußerung lässt sich auf verschiedenen Ebenen verstehen. Das irdische Leben ist ein Durchgangshaus, ist Brücke von einem geistigen Dasein zu einem anderen. Die Brücke gilt aber auch als Bild für den individuellen menschlichen Körper. Dann lautet die Botschaft: Benutze das, was sich in deinem Körper befindet, um die eine Form des Geistigen, die Materie, gut mit der anderen, der nicht-materiellen, zu verbinden. Der Rat, kein Haus darauf zu bauen, lässt sich als Warnung vor zu starker Bindung verstehen; dazu gehört auch das Bestreben, zu lange jung bleiben zu wollen oder einen zu großen Besitz anzuhäufen.

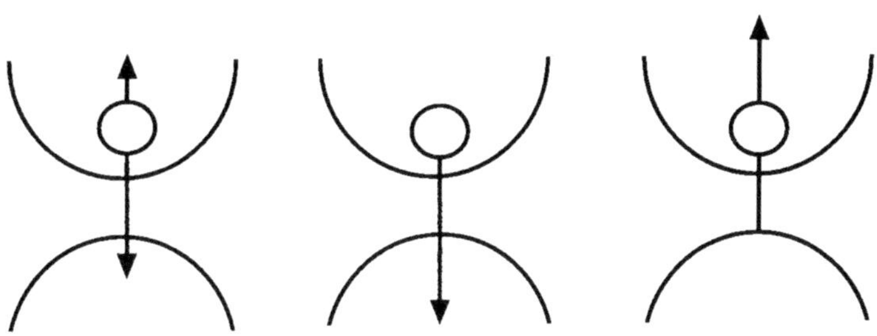

Der Mensch als Symbol der Verbindung von Himmel und Erde.

Der Mann neigt zu einer stärkeren Verbindung mit der Erde.

Die Frau ist mehr zum Himmel gewendet.

Auch am senkrecht stehenden Fische-Zeichen kann man den Unterschied zwischen Mann und Frau aufzeigen. Der Mann ist im wörtlichen und im übertragenen Sinne mehr auf die Erde hin orientiert, bis ins Physisch-Geschlechtliche hinein. Die Frau wendet sich mehr dem Himmel zu. Physisch spricht sich das in den runderen Körperformen aus und in der Tatsache, dass die Geschlechtsorgane zurückgehalten, verinnerlicht sind. Frauen stehen im Allgemeinen weniger unter dem Joch der irdischen, physischen Schwere; sie sind der Tenzenz nach leichter als Männer. Außerdem ist in ihnen auch die himmlische Liebe verankert, da sie in der Lage sind, ein anderes Wesen in sich zu beherbergen, und das wirkt natürlich bis tief hinein in die seelische Fähigkeit, einen anderen Menschen zu lieben und ein seelisches Leben zu kultivieren.

Diesen Unterschied kann ich in der Psychotherapie auch daran erkennen, dass Männer es oft viel schwerer damit haben, an ihre Emotionen heranzukommen. Dabei handelt es sich nicht nur um irgendeinen sozialen Mechanismus. Ein Mann steckt einfach fester in seinem Leib darin, er wird sich schwerer lösen und es fällt ihm daher auch schwerer, Gefühle zu verarbeiten. Er verlagert seine Emotionen rasch in die körperliche Ebene, will schneller etwas »tun«. Es ist tatsächlich für einen Mann oft auch schwieriger, Gefühle zu ertragen, weil er erlebt, dass seine Brust bei Emotionen derart massiv unter Spannung stehen kann, dass ihre Muskeln sie sozusagen zerreißen. Die Heftigkeit der Emotionen bei Männern muss daher auch besonders behutsam aufgefangen werden, da tatsächlich das Risiko physischer oder psychischer Verletzung besteht.

In den Händen und Füßen »wohnen« und auf der Erde wohnen

Das Thema »Bindung« drückt sich auch in der Art aus, wie man mit seinen beiden Füßen auf der Erde steht. Das spiegelt sich fast messbar darin wider, wie weit Menschen ihre Körperwärme bis in die Hände und Füße hineinbringen können. Für viele Menschen ist es schwierig, sich wirklich bis in die Gliedmaßen hinein zu inkarnieren. Sie haben schnell kalte Füße und kalte Hände. Dies kommt häufiger bei Frauen als bei Männern vor. Ein Gefühl der Sicherheit ist notwendig, man muss sich eingeladen fühlen, um ganz warm zu werden. Dieses Gefühl, willkommen zu sein, kann durch Spiel oder durch Massage hervorgerufen werden. Wenn wir die kalten Füße eines anderen Menschen hingebungsvoll streicheln, können diese innerhalb von drei, vier Minuten warm sein. Das kommt nicht nur durch das mechanische Streicheln, sondern auch dadurch, dass der andere sich in angenehmer Weise willkommen geheißen fühlt. Er zieht dann ganz in seinen Körper ein und wird warm. Bekommt er Angst, dann ist er sofort wieder »weg«, und er wird schnell wieder kalt.

Wie sehr Menschen jeweils mit der Erde verbunden sind kann man auch daran ablesen, in welcher Weise sie an einem Ort Wurzeln geschlagen haben. Manche haben eine solche Unruhe in sich, dass sie alle paar Jahre (oder sogar ein paarmal im Jahr) umziehen. Man kann dann beobachten, wie ihre Kinder alles daransetzen, um sich zu verwurzeln, ihren Lebensleib mit dem Lebensleib der Erde zu verbinden. Aber immer, wenn sie sich gerade akklimatisiert haben, wenn sie irgendwo Freundinnen und Freunde gefunden und ihre Umgebung kennengelernt haben, werden sie wie Pflanzen unsanft aus dem Boden gerissen und an einen anderen Ort versetzt, wo sie wieder neu Wurzeln schlagen müssen. Einige Kinder sind sehr zäh, sie ertragen einen solchen Prozess im Laufe der Kindheit eventuell fünf bis sechs Mal. Aber irgendwann sind sie plötzlich bindungslos. Dann bekommt man Kinder, von denen es heißt: »Sie können sich so wunderbar anpassen. Sie haben sofort Kontakt. Sie sind überhaupt nicht schwierig in der neuen Schule. Man sieht, dass es ihnen nicht schadet.« Das stimmt durchaus. Solche Kinder haben ihre Wurzeln durchgetrennt und damit eine Gefühlsschicht abgeschnitten, die mit der sich verwurzelnden Seite ihres Wesens zusammenhängt. Es sind »kosmopolitische« Menschen, sogenannte »Weltbürger« geworden. Das hat seine Vorteile: Es sind Menschen, die nicht unbedingt Wert auf ein gut eingerichtetes Haus legen, sie können auch ohne Probleme zwischen Apfelsinenkisten wohnen. Der Preis jedoch, den sie dafür bezahlen, liegt darin, dass sie sich auch nicht an Menschen binden oder sogar in Einsamkeitsängste geraten. Auch die Bindung an einen Partner kann dann zum Problem werden.

Ich habe soeben das Beispiel der häufigen Umzüge genannt, aber es gibt natürlich weitaus mehr Ursachen dafür, bindungslos zu werden: auseinandergehende Beziehungen, fehlende Traditionen, übergroße Betriebsamkeit und so weiter. Auch durch derartige

Einflüsse bindet sich ein Kind nicht so leicht, und es fällt ihm später schwer, eine Beziehung aufzubauen.

In Partnerschaften kann man beobachten, wie sich dieses Problem unter Umständen polarisiert. Der eine Partner sagt dann zum Beispiel: »Unsere Beziehung ist mir gleichgültig geworden.« Woraufhin der andere sagt: »Aber, ich häng' so an dir; ich liebe dich doch. Und wenn du dich nun auch wieder für mich entscheiden würdest, dann hätten wir keine Probleme.« Das ist jedoch eine Illusion. Denn in dem Moment, da der zurückweichende Partner sich wie durch einen Zauberschlag verändern und sagen würde: »Ich entscheide mich für dich«, bekommt es der andere unter Umständen mit der Angst zu tun. Der hat dann plötzlich Gründe zurückzuweichen und zu sagen: »Ich habe mich getäuscht. Ich habe so lange darum kämpfen müssen, dass du dich für mich entscheidest. Jetzt ist es zu spät.« Da haben wir also einen Positionswechsel, indem der andere das Problem der Bindung plötzlich an sich selber erlebt.

Dies kann man in vielen Partnerbeziehungen wahrnehmen. Es herrscht ein scheinbares Chaos mit verschiedenen Arten von Zyklen – mit und ohne Positionswechsel –, ohne dass sich wirklich grundlegend etwas änderte. Eine der großen Enttäuschungen im Bereich des Fische-Themas ist folglich auch das Gefühl: »Schon wieder habe ich einen Zyklus hinter mir. Ein Teil von mir ist gestorben, und ein Teil von mir macht einfach wieder dieselbe Wanderung und wird wieder da anlangen, von wo er herkam.« Es ist, als wäre man nie in den irdischen Strom hineingekommen. Aus einem solchen Erleben heraus ist es daher auch von sehr großer Bedeutung, auf die eine oder andere Art eben doch alt werden zu können. Viele Menschen, die mit diesem Bindungsthema kämpfen, merken plötzlich, dass sie schon fünfunddreißig oder vierzig Jahre alt sind. Sie versuchen dann Hals über Kopf, einen Partner zu finden, und sie möchten gern Kinder haben. Auf einmal spüren sie den heißen Atem der Zeit im Nacken, aber eh sie sich's versehen, sind sie schon wieder fünf Jahre älter, und nichts hat sich verändert. Das hängt damit zusammen, dass ein Teil ihrer Seele noch in dem zeitlosen »Gebärmutterzustand« lebt, wodurch sie nicht völlig zu Erdenbürgern werden. Das hat nicht nur Nachteile, sondern auch Vorteile, denn es bedeutet, dass sie sehr sensibel für die kosmische Ordnung sind, für Schönheit, Kunst und Religion.

»Ich bin unvollkommen, du bist unvollkommen, und das ist auch gut so«

Dieses Gefühl für kosmische Ordnung und Schönheit wird heutzutage stark angeregt. Es entstehen gleichsam zwei Welten: eine der Fernsehreklame mit ihren Glamour- und Kitschserien und eine mit den Bildern der erschütternden Hungersnöte, von Aidskranken, von Junkies, der Umweltverschmutzung und so weiter. Die Gefahr besteht, dass wir solche Glamourbilder für die eigentliche Wirklichkeit halten möchten, während die Wirklichkeit selber von uns als abstoßend erlebt wird. Wie können wir uns noch an einen Partner mit unangenehmen Angewohnheiten binden, der vielleicht Schweißfüße hat und ein nur mittelmäßiges Gehalt, wenn überall um uns herum die Suggestion geweckt wird, dass wir mit einem anderen vielleicht doch viel glücklicher sein könnten? Das Dilemma unserer Zeit ist, dass wir immer sehr gut wissen, wie alles sein könnte, dass wir es aber in der Praxis nicht »auf den Boden« bekommen. Das Beste, was wir da zunächst tun können, ist, zunächst einmal der Tatsache ins Auge zu sehen, dass wir *alle* mit dem Thema »Bindung« zu kämpfen haben.

Im Bereich des Haushalts gibt es das Problem der Wegwerfverpackung, im Bereich der Beziehungen das der austauschbaren Partner, im geistigen Bereich eine Inflation von Religionen und Gurus und zugleich deren gnadenlose Demaskierung. Wir sollten uns hier nicht verrückt machen lassen, sondern Einwegverpackungen weiterhin ablehnen und lernen, die Enttäuschungen über unseren Partner oder unsere Ideale als Motor unserer Handlungen und nicht als deren Bremse zu gebrauchen. Das alles hat etwas mit der Kunst des Akzeptierens zu tun, mit der Kunst, die Welt so zu nehmen, wie sie ist, den anderen Menschen, wie er ist und eigentlich damit auch sich selber, so wie man ist.

In den okkulten Traditionen geht es beim Fische-Thema um die

»Opferung des Willens«. Demnach kommt dieses Prinzip am Anfang der Schöpfung zum Tragen, da hohe Geistwesen ein Stück von sich geopfert haben, das in der Verdichtung zu Materie werden konnte. Ganz konkret begegnen wir diesem Motiv der Opferung des Willens in der Tat des Christus wieder, der sich opfert: »Dein Wille geschehe«. Als Thema im persönlichen Leben tritt die Opferung des Willens überall da auf, wo wir uns mit einer Sache verbinden, wenn wir uns sehr um etwas bemühen oder wenn wir versuchen, ein Ideal zu verwirklichen. Die Formulierung »Ich habe dir die besten Jahre meines Lebens gegeben«, kommt in die Nähe

---

One Art

The art of losing isn't hard to master;
so many things seem filled with the intent
to be lost that their loss is no disaster.

Lose something every day. Accept the fluster
of lost door keys, the hour badly spent.
The art of losing isn't hard to master.

Then practice losing farther, losing faster:
places, and names, and where it was you meant
to travel. None of these will bring disaster.

I lost my mother's watch. And look! my last, or
next-to-last, of three loved houses went.
The art of losing isn't hard to master.

I lost two cities, lovely ones. And, vaster,
some realms I owned, two rivers, a continent.
I miss them, but it wasn't a disaster.

– Even losing you (the joking voice, a gesture
I love) I shan't have lied. It's evident:
the art of losing's not too hard to master
though it may look like (Write it!) like disaster.

Elisabeth Bishop

dieser Opferung des Willens. In besonnenen Momenten erleben wir dann vielleicht, dass, wie ein inneres Gesetz, im Zuge des »Verdunstens« und Älterwerdens unseres Körpers der kleine göttliche Funke dem großen Lichtquell geopfert wird und wir im bewussten, bejahten Älterwerden auch unseren Willen in Freiheit opfern können.

Eine Kunst

Verlieren ist nicht schwer zu lernen.
So viele Dinge möchten offenbar verloren gehen,
dass ihr Verlust kein Unheil ist.

Verliere etwas jeden Tag.
Die Aufregung, die verlorene Schlüssel stiften,
nimm sie gelassen hin, die so vertane Stunde.
Verlieren ist nicht schwer zu lernen.

Dann übe und verliere weiter, schneller
aus dem Gedächtnis: Orte, Namen, Reiseziele.
Keins bringt dir Unglück, wären es auch viele.

Der Mutter Uhr verlor ich – und schau: mein letztes
oder vorletztes von drei geliebten Häusern ging dahin.
Verlieren ist nicht schwer zu lernen.

Zwei wundervolle Städte büßt' ich ein, und ferner
einige Reiche, mir zu eigen, zwei Flüsse, einen Kontinent.
Vermissen tu ich sie, ein Unglück aber war es nicht.

Selbst Dich verlieren (die lustige Stimme, eine Geste, die ich liebe)
Ich werde nicht zu viel versprochen haben; es ist ja offenbar:
Verlieren ist nicht allzu schwer zu lernen,
obwohl es ausseh'n mag (ja, schreib es nur!) wie Unheil.

(übersetzt von Frank Jentzsch)

Ordnung bei der Jungfrau

Die Jungfrau wird als Frau mit einer Getreidegarbe oder einer Blume in den Händen dargestellt. In der ägyptischen Mythologie wird sie als Isis abgebildet. Und in der Wandlung, die das Bild erlebt hat, ist es die Jungfrau Maria geworden. Auf solche Weise wird auch das heutige Jungfrau-Symbol erklärt:

♍

Das »M« steht für »Maria«, und daran hängt eine Art Haken der aus dem Buchstaben »V« von »Virgo« entstanden ist: »Maria Virgo«. Ich sehe jedoch in diesem Symbol auch etwas von jenem Raum schaffenden, Raum schenkenden Element, das zur Jungfrau gehört. Durch das verwandelnde »V« am »M« ist ein schöner Innenraum entstanden, der kennzeichnend für dieses Zeichen ist.

In der Bildsprache des Tierkreises ist die Jungfrau das einzige Zeichen, in dem ein vollständig bekleideter Mensch dargestellt wird. Die Zwillinge laufen nackt herum, und der Wassermann steht entblößt im Wasser, doch die Jungfrau hat Hüllen; sie ist der Außenwelt gegenüber nicht völlig offen. (Ich persönlich assoziiere dies u.a. mit der »abschließenden« anatomischen Gebärde des Jungfernhäutchens: Es werden Grenzen gesetzt.)

Während die Fische den Frühlingspunkt des Sonnenlaufs beherrschen und den Übergang vom Winter zum neuen Leben markieren, beherrscht die Jungfrau den Herbstpunkt. Im Herbst halten wir die Fenster geschlossen, es wird immer früher Nacht, die Gardinen werden eher zugezogen und die warmen Kleider hervorgeholt. Wir ziehen uns mehr in uns selber zurück. Jungfrau ist auch die Gebärde der Mutter, die dem Kinde Raum bietet. In christlichen Interpretationen der Astrologie macht die Jungfrau Maria eine Gebärde zum Christuskind hin, das sich im Kreis der Bilder ihr gegenüber in den Fischen befindet.

Die Frau mit der Getreidegarbe wird auch mit der Göttin Demeter in Verbindung gebracht, deren Tochter Persephone von dem

Gott der Unterwelt entführt wird. Demeter ist darüber so betrübt, dass fortan nichts mehr auf der Erde wächst. Durch Vermittlung der anderen Götter kommt ein Kompromiss zustande: in der einen Hälfte des Jahres lebt die Tochter bei der Mutter, in der anderen Hälfte bei dem Gott der Unterwelt. Das ist die mythologische Erklärung der Jahreszeiten. Wenn sich Demeter (Mutter Natur) darüber freut, dass ihre Tochter bei ihr ist, dann haben wir den Frühling und den Sommer, wenn sie trauert, weil sie nicht bei ihr ist, erleben wir den Herbst und Winter.

Die Jungfrau ist also ein »Mutterbild«. Es bietet einen inneren Raum, einen Ort, wo sich neues Leben bilden kann. Die Jungfrau ist nach astrologischer Tradition mit dem Unterleib verbunden, mit dem Gebiet, in dem sich die Gebärmutter, aber auch andere Hohlorgane, wie Blase, Magen und Darm befinden. Die Jungfrau herrscht also über ein Gebiet, in dem nur eine begrenzte Kontrolle möglich ist. Es ist ein halb schlafender Bereich. Und wenn wir ein Bewusstsein davon bekommen, ist oft etwas nicht in Ordnung: Wir haben dann Magenschmerzen oder Darmprobleme.

Die halbbewussten oder unbewussten Prozesse, die sich in diesen Organen abspielen, erfordern aber schließlich plötzlich doch unser Bewusstsein, weil wir die Prozesse, die am Ende der Verdauung auftreten, die Ausscheidungsvorgänge, beherrschen müssen. Die Blase als Hohlorgan füllt sich allmählich mit Urin. Davon merken wir nichts. Aber in einem bestimmten Augenblick wird so viel Druck auf sie ausgeübt, dass unser Bewusstsein geweckt wird. Und so ist es auch mit dem Darm. Dieses Bewusstsein stand uns nicht von Anfang an zur Verfügung. Als Baby und als Kleinkind ließen wir einfach alles laufen. Aber irgendwann zwischen anderthalb und fünf Jahren haben wir es gelernt, mit unseren Schließmuskeln richtig umzugehen. Bis zu dem Zeitpunkt lebten wir noch in den Nachwehen des zeitlosen Gefühls von vor der Geburt. Dies wird an der Tatsache des fehlenden Bewusstseins für unsere Körperfunktionen besonders sichtbar.

In der Form stecken bleiben

Was geschieht nun, wenn dieses Bewusstsein entsteht? Hier begegnen wir wiederum einer Polarität. Einerseits ist beim Kind ein spontaner Drang vorhanden, Blase und Darm zu entleeren, andererseits muss es lernen, diesem spontanen Drang eine Form zu geben und ihm Widerstand zu leisten, bis es auf dem Töpfchen sitzt. Und einer Sache Form verleihen, heißt zugleich, die Spontaneität verschwinden zu lassen. Das hat viel mit dem Jungfrau-Thema zu tun: Form geben, Formen zur Verfügung stellen, aber auch sich festfahren in der Form.

Ganz konkret betätigt sich diese Formkraft im Darm, in dem der Stuhlgang geknetet wird. Wenn zu wenig Formkraft vorhanden ist, entsteht Durchfall; ist zuviel Formkraft vorhanden, dann schmerzt der Stuhlgang durch seine Festigkeit.

Auf psychologischem Gebiet sehen wir den Wechsel zwischen Formlosigkeit und Verkrampftheit vor allem in jener Periode, die von Freud nicht zufällig die »anale« Phase genannt wird. Zunächst sind die Eltern über jedes »Bächlein« des Kindes begeistert. Und jedes Mal, wenn es auf dem Töpfchen sitzt und ein »Häufchen« gemacht hat, wird gejubelt. Es herrscht eine Haltung des sorglosen »Laufenlassens« (vergleiche unsere Darstellung der Fische-Dynamik). Aber sehr schnell kommt der Augenblick, da die Begeisterung abnimmt. Waren die Eltern im ersten Lebensjahr des Kindes froh, dass der Darm normal arbeitete, so werden die Gesichter während des zweiten Jahres immer verdrießlicher, wenn das Kind noch immer »Klein« und »Groß« in die Windel macht. Erledigt das Kind einmal sein großes Geschäft auf dem Töpfchen, haben sie bald keine Lust mehr, jedes Häufchen wieder zu bewundern und zu beschnüffeln. Und nun will es auf einmal kein Ende nehmen mit dem: »Ih, bähbäh!«. Und so ist es auch mit manchen anderen Entdeckungen, die das Kind macht. Alle Freude über die ersten eigenen Schritte verschwindet, wenn das Kind spontan über die Straße läuft. Dann heißt es: »Das darfst du nicht!« Es muss auch die Tassen auf dem Tisch in Ruhe lassen. Und Bücherregale wie Steckdosen sind plötzlich tabu. Das große »Nein« hält seinen Einzug.

Es ist also nicht verwunderlich, dass das Kind selber nun lernt, »Nein« zu sagen. Um sich gegenüber einer ganzen Reihe von Forderungen zu behaupten, die ihm von der Welt gestellt werden, muss es sich doch wehren. Im günstigen Fall entsteht eine Art Spiel zwischen Eltern und Kind, in dem nach einem Mittelweg gesucht wird: Wo ist noch Spontaneität möglich, wo bedarf es einer Führung? Das ist ein typisch menschliches Problem: Wie können wir einen spontanen Prozess so steuern, dass wir noch etwas von uns selber darin entdecken? Wie können wir eine Form finden, ohne dass wir letztlich in dieser Form stecken bleiben?

Ein Beispiel aus der therapeutischen Praxis: In der Stimmtherapie kann mit Spontaneität und Form gearbeitet werden. Der Therapeut versucht, eine feste Form aufzuweichen, indem er mehr Spontaneität stimuliert. Er sagt dann beispielsweise: »Bilde einen Ton.« Auf die Frage: »Was für einen Ton?«, antwortet er vielleicht: »Ist egal, bilde irgendeinen Ton!« Meist geben wir dann einen verkrampften Ton von uns, weil wir uns so gedrängt fühlen. Der Therapeut sagt dann vielleicht: »Nicht so verkrampft! Mach' einen spontanen Ton!« Das Paradoxe ist natürlich, dass schon allein durch die Tatsache, dass ein spontaner Ton verlangt wird, dieser Ton schon nicht mehr spontan ist. Erst wenn ich unter der Dusche stehe und anfange zu singen, entstehen spontane Töne. Was spontan getan werden soll, wird jedoch zum Problem. Und dies ist genau dasselbe Dilemma, in das ein Kind gezwungen wird. Es hat einen bestimmten spontanen Drang, darf ihm aber nicht nachgeben, denn es muss schnell zur Toilette gehen. Es muss Kontrolle über einen Prozess bekommen, der eigentlich spontan ist.

Zur Welt der Ge- und Verbote gehört natürlich auch der erhobene Zeigefinger. Leonardo da Vinci stellt in seinem »Abendmahl« den Apostel Thomas mit einem warnend erhobenen Zeigefinger dar. Wir haben gute Gründe, anzunehmen, dass er auch tatsächlich das Jungfrau-Symbol damit gemeint hat. Der wohlbekannte »Pfarrer« in uns entsteht aus demselben »Muss« heraus. Es lebt eine Hoffnung in uns, es möge eine festgelegte Form existieren, der wir nur zu folgen brauchen, um gute Menschen zu werden. Wenn wir einmal entdecken, dass dies nicht möglich ist, kann es sein, dass wir in einem neuen Spontaneitätsparadox versanden, indem wir nämlich jetzt von uns verlangen, nicht mehr immer etwas zu müssen. Wir geraten in das Muss des Nicht-Müssens.

So ist es mit vielen Aspekten des täglichen Lebens. Einerseits wollen wir soviel wie möglich unsere Spontaneität bewahren, andererseits verlangt die Wirklichkeit, dass wir unsere Impulse unter Kontrolle halten. Wenn wir uns selber mit dieser Kontrolle so an die Kandare genommen haben, dass wir mit Magen und mit Darmkrämpfen herumlaufen, gibt es keinen anderen Ausweg: Wir *müssen* wieder versuchen, die Impulse hochkommen zu lassen. Wir sind dann so lange mit Verboten umhergegangen, dass die Impulse an uns zu nagen beginnen, wodurch eventuell ein Magen- oder ein Darmgeschwür entstanden ist. Um davon geheilt zu werden, dürfen wir nicht länger an uns selber nagen. Der »Verdauungsprozess« darf nicht mehr auf den eigenen Körper angewendet werden.

CORRESPONDANCES

La Nature est un temple où de vivants piliers
Laissent parfois sortir de confuses paroles;
L'homme y passe à travers des forêts de symboles
Qui l'observent avec des regards familiers.

Comme de long échos qui de loin se confondent
Dans une ténébreuse et profonde unité,
Vaste comme la nuit et comme la clarté,
Les parfums, les couleurs et les sons se répondent.

Il est des parfums frais comme des chairs d'enfants,
Doux comme les hautbois, verts comme les prairies,
– Et d'autres, corrompus, riches et triomphants,

Ayant l'expansion des choses infinies,
Comme l'ambre, le musc, le benjoin et l'encens,
Qui chantent les transports de l'esprit et des sens.

Charles Baudelaire

Dieses Sich-Festfahren in der Form, manifestiert sich auch immer dort in einer Art Verkrampfung, wo es um Details geht. Alles wird dann derartig durchgeknetet, dass jede Einzelheit festgelegt wird. Nirgends gibt es noch Flexibilität und Spielraum, so dass schließlich alle Formen fest wie Beton sind. Diesen Vorgang können wir wiederum mit dem Verdauungsprozess in unserem Körper vergleichen. Auch in unserem Darm wird fortwährend am Stuhlgang geknetet; dieser wird gerade solange bearbeitet, bis er in eine Form gekommen ist. Aber wenn dieser Prozess übertrieben wird, ist der Stuhlgang schließlich so hart, dass man sich nicht mehr spontan erleichtern kann. Menschen, die hiermit zu kämpfen haben, klagen übrigens darüber, dass sie häufig unter dem Wechsel zwischen starker Verstopfung und Durchfall leiden. Ihre Eingeweide pendeln gleichsam zwischen einem Fische-Bild – einem Wasserbild – und einem Jungfrau-Bild – einem Erdenbild.

BEZOGENHEITEN

Es ist Natur ein Tempel, dessen Pfeiler leben
Und dann und wann ein Wort von dunkelm Sinn verwehen;
Drin muß der Mensch durch einen Wald von Bildern gehen,
Die aufmerksamen Augs ihm traute Blicke geben.

Wie langer Widerhall, der ferne sich vermenge
Und sich in tiefen Einklangs Dämmertone bricht
– Weit wie die Nächte sind und grundlos wie das Licht –
Antworten sich im Ruf die Düfte, Farben, Klänge.

Da gibt es Düfte, wie die Haut von Kindern frische,
Süß wie Oboen, grün wie eine junge Wiese
– Und andere, verderbt und reich, gebieterische,

Die wie Unendliches in letzte Gründe dringen;
So Amber, Moschus und der Weihrauch, alle diese,
Die unseres Fleisches und des Geists Entrückung singen.

(deutsche Nachdichtung von Carlo Schmid)

Gerüche und Innenwelt

Eine Brücke zwischen dem körperlichen Gebiet und dem der Moralität ist der *Geruch*. Wir können uns vorstellen, dass der Geruch beim Kinde eine große Rolle im Prozess des Kennenlernens des eigenen Körpers und seiner Funktionen spielt. Das Kind macht auch hier eine gewaltige Wandlung durch, nämlich die von der Faszination am Geruch des eigenen »Häufchens« und »Bächleins« und dem Widerwillen dagegen.

Dies ist nur ein Beispiel für die vielen Prozesse, in denen das Kind die Ambivalenz zwischen seinem Innenraum und dem Außenraum spürt. Und diese Ambivalenz bleibt. Viele Menschen sagen, dass sie den Geruch von einem Wind, den sie gelassen haben, selbst durchaus nicht eklig, sondern sogar angenehm finden. Oft ist es sogar praktisch, weil man riechen kann, wie es mit der eigenen Gesundheit aussieht, wie das auch beim eigenen Schweißgeruch der Fall sein kann. Zugleich genieren sie sich anderen gegenüber wegen dieses Gestanks, den sie produziert haben. In dem Augenblick, in dem diese Prozesse bei den Kindern entstehen, bildet sich ein »Innenkreis« von Intimität heraus, in dem nur sie selber sich wohlfühlen.

Es ist zugleich aber eine Kunst, sich der Welt der Gerüche nicht zu entfremden. Wer beispielsweise auf einem Bauernhof wohnt, lernt es, damit richtig umzugehen. Ein Bauer kann sofort am Mist riechen, ob eine Kuh gesund ist. Und sogar als Stadtmensch kann man den Unterschied riechen zwischen den Gerüchen auf einem Bauernhof, der rundum »normal« arbeitet, das heißt heutzutage mit viel Kunstmist und mit Tieren, die »Fabrikfutter« bekommen, und einem biologisch-dynamisch arbeitenden Betrieb.

Die Tatsache, dass wir uns hiervon immer mehr entfremden, bedeutet einen Verlust an Qualitätsbewusstsein. Wir schirmen uns vor den sogenannten schlechten Gerüchen immer mehr ab. Wir dürfen nicht mehr riechen, ob ein Mann oder eine Frau einen Eigengeruch hat, der uns angenehm oder unangenehm ist. Wir dürfen nicht mehr riechen, ob eine Frau an Weißfluss oder ein Mann an Schweißfüßen leidet. Der Geruch unserer Achseln muss von einem

Deodorant überdeckt werden. Dadurch berauben wir uns faktisch der Möglichkeit, die Geschichte zu verstehen, die uns diese Schweißgerüche zu erzählen hätten.

Doch gibt es Hinweise darauf, dass die Aufmerksamkeit für Gerüche wiederkehrt. Manche Menschen beginnen ein Auge – oder besser eine Nase – dafür zu bekommen. Sie wollen sich selber nicht mehr unter all den »unechten« Gerüchen verstecken. Sie wollen an diesem Wettbewerb, ohne eigenen Geruch durchs Leben zu gehen, nicht teilnehmen. Es ist kein Zufall, dass das spannende Buch »Das Parfum« von Patrick Süskind so eingeschlagen hat. Die Bedeutung des Geruchs kehrt in gewisser Hinsicht wieder, und das öffnet die Möglichkeit, wieder Qualitäten zu erkennen, so dass wir riechen können, wann jemand krank, gesund oder aufgeregt ist. In den Gerüchen drückt sich die Essenz des Wahrgenommenen aus. Im wahrsten Sinne des Wortes nehmen wir etwas von dem, was wir riechen, in uns hinein. Mit unseren Augen sehen wir die Außenseite der Dinge. Und diese Außenseite können wir auch fühlen. In Gerüchen aber werden die *inneren* Qualitäten ausgedrückt, die unseren Augen und unserem Tastsinn verborgen waren.

Bei Gerüchen (und dies gilt auch für Klänge) haben wir es also mit einem Phänomen zu tun, in dem eine bestimmte erhöhte Qualitätswahrnehmung entwickelt wird. Es wird uns etwas über die innere Formkraft mitgeteilt. Wir begegnen einer inneren Ästhetik, einer Ästhetik, die eine innere Geruchswahrnehmung ausstrahlt. Wir sprechen daher auch davon, dass eine Sache »stinkt«, wenn sie moralisch nicht in Ordnung ist. In Bezug auf unsere Motivation, gegen die Umweltverschmutzung vorzugehen, wird sehr viel von unserer Nase abhängen. Das größte Problem ist die Gewöhnung, weil man sich mit dem Geruchssinn schnell an die Umgebung anpasst. Auch da gibt es die Verbindung zur Moralität. Jemand sagte einmal: »Das Gewissen ist aus einem sehr flexiblen Stoff gemacht. Heute passt es noch nicht über einen Maulwurfshügel, morgen über einen ganzen Berg.«

Viele Menschen fechten einen Kampf aus mit dem Gefühl, immer alles zu »müssen«. Sie kämpfen mit dem Gefühl, dass sie etwas produzieren müssen, dem Gefühl, dass es niemals genug ist. Vom Standpunkt der Psychoanalyse aus sucht man dann nach Eltern, die zu viel Kontrolle über das Kind ausgeübt haben. Auch aus dem Karmagedanken heraus akzeptiert man diese Tatsache als Ausgangspunkt. Da wird es u.U. zwar auch als berechtigt und gut angesehen, wenn Menschen wütend auf die Eltern sind, von denen sie unterdrückt wurden, aber es wird nicht als Endstation betrachtet.

Das Umgehen mit der Form ist ein Menschheitsthema. In der Psychotherapie findet man das Steckenbleiben in der Form wieder. Häufig erscheint dies z.B. so, dass jemand unbedingt kontrollieren muss, ob er das Gas ausgemacht hat oder dass er unfähig ist, etwas wegzuwerfen. Krankhaft wird dies dann, wenn es uns in unseren täglichen Aktivitäten hemmt. In diesem Zusammenhang ist es vielsagend, wie Verhaltenstherapie und Psychoanalyse sich bei der Behandlung von Patienten verbinden, die eine krankhafte Furcht vor Ansteckung oder Beschmutzung haben. In ernsten Fällen müssen diese Menschen es unter Umständen sogar akzeptieren, dass sie mit ihren eigenen Exkrementen eingerieben werden. Schärfer lässt sich das Bild nicht zeichnen: die Jungfrau, die mit dem Dreck der Fische besudelt wird. Weniger drastisch äußert sich dieses Formthema, wenn jemand notorisch tüftelt oder sich in Details verrennt.

Das Bedürfnis, dem Leben Form zu geben, kann in Beziehungen bis zu Machtkämpfen führen. Jeder der Partner will die Kontrolle über alle Details haben. Ein Partner sagt beispielsweise immer wieder: »Sieh doch nur auf die große Linie«, während der andere immer nur antwortet: »Ja, aber dies. Ja, aber das. Ja, aber ...« Hierdurch sieht es so aus, als hätten die beiden Personen einen gegensätzlichen Charakter, aber auch hier kann sich die Polarität sehr leicht umkehren. Denn wenn der andere Partner plötzlich sagen würde: »Okay, wollen wir mal großzügig sein und das Ganze auf sich beruhen lassen!«, dann fängt der andere an: »Ja, aber dies. Ja, aber das …« In einer solchen Polarität sind gemeinsame Energien wie »gefangen«. Es ist die Polarität Fische–Jungfrau, über die sie sich nicht eins werden können: Die Fische im großen Ganzen und die Jungfrau in kleinen Details.

Fische und Jungfrau können einander jedoch auch befruchten, denn die Kunst besteht darin, in *beiden* Seelenbereichen zu wohnen. Zunächst einmal in dem eigenen geschlossenen Innenraum, in dem man stark formend tätig ist, wo man beispielsweise monatelang mit der Wahl der richtigen Gardinenfarbe beschäftigt sein kann, aber zugleich auch in der Außenwelt, in der man Teil großer Zyklen ist, innerhalb derer man sich zeitweilig auch dem gewaltigen, ohnmächtig machenden Chaos des Daseins hingeben muss – Themen also, die bei jedem Menschen eine Rolle spielen.

Die Kunst besteht darin, sich gegenseitig zu befruchten. Es geht darum, das Gleichgewicht zwischen einem zuviel und einem Sich-zu-wenig-Abschirmen von der Welt zu finden. Es ist die Kunst, immer wieder neu Bindungen mit Menschen und Dingen einzugehen, aber zugleich ist es die Kunst, bewusst Bindungen zu lösen, bewusst Abstand von Dingen zu nehmen. Das ist etwas anderes, als in angeborener Großzügigkeit alles wegzugeben. Ein bewusster Entschluß wird hier verlangt. Es geht hier um Läuterung durch den Schmerz, den man im Weggeben von etwas Geliebtem erfährt. Erst dann, wenn man diesen Schmerz empfinden kann, wenn man dafür durch ein Feuer hindurch muss, hat man die Wandlung (Transformation) erfahren.

Dasselbe gilt für denjenigen, der eine Läuterung am Gegenteil der Form durchgemacht hat: durch das Chaos. Wenn man aus der irdischen Formkraft heraus, die im schlimmsten Fall in eine Zwanghaftigkeit ausarten kann, bewusst in dieses Chaos, in den Verlust der Form zu gehen wagt, kehrt man mit neuer Substanz zurück. Dann ist das, was sich zunächst als leere Form, vielleicht auch als leerer Charme, zeigte, jetzt mit großer Wärme erfüllt. Es ist zu warmer Herzlichkeit geworden.

Der hier behandelte Wandlungsprozess der Jungfrau einerseits, der Fische auf der anderen Seite findet sich in jedem Menschenleben wieder, wo es um zentrale Themen der Gegenwart geht: Wann haben wir einen festen Standort? Wann haben wir eine Krise? Wann lösen wir uns, wann wagen wir wieder eine Bindung? Was sind dann unsere Ideale, und welche Enttäuschungen sind wir fähig zu erleiden? Können wir unserem Leben Form geben, während wir uns zugleich den großen Gesetzmäßigkeiten hingeben?

Stufen

Wie jede Blüte welkt und jede Jugend
Dem Alter weicht, blüht jede Lebensstufe,
Blüht jede Weisheit auch und jede Tugend
Zu ihrer Zeit und darf nicht ewig dauern.
Es muss das Herz bei jedem Lebensrufe
Bereit zum Abschied sein und Neubeginne,
Um sich in Tapferkeit und ohne Trauern
In andre, neue Bindungen zu geben.
Und jedem Anfang wohnt ein Zauber inne,
Der uns beschützt und der uns hilft, zu leben.

Wir sollen heiter Raum um Raum durchschreiten,
An keinem wie an einer Heimat hängen,
Der Weltgeist will nicht fesseln uns und engen,
Er will uns Stuf' um Stufe heben, weiten.
Kaum sind wir heimisch einem Lebenskreise
Und traulich eingewohnt, so droht Erschlaffen,
Nur wer bereit zu Aufbruch ist und Reise,
Mag lähmender Gewöhnung sich entraffen.

Es wird vielleicht auch noch die Todesstunde
Uns neuen Räumen jung entgegensenden,
Des Lebens Ruf an uns wird niemals enden …
Wohlan denn, Herz, nimm Abschied und gesunde!

Hermann Hesse

Kraft und Verletzbarkeit

Widder und Waage

Goethes Faust

Dem Eröffnungsmonolog des »Faust« hat Goethe den »Prolog im Himmel« vorangestellt. Er ist dem Anfang des Buches Hiob vergleichbar. In beiden geht es um ein Gespräch zwischen Gott und dem Teufel. Im Buch Hiob wird berichtet, wie gut es Hiob ginge, wie gottesfürchtig er sei und auch für seine Söhne Opfer bringe für den Fall, dass sie Fehler gemacht haben sollten. Danach lesen wir, dass Gott die Söhne Gottes empfängt, unter ihnen Satan. Und Satan sagt: »Es ist kein Wunder, dass Hiob so getreu ist, du lässt es ihn auch sehr gut gehen.« Worauf Gott antwortet: »Du täuschst dich, aber ich überlasse ihn dir. Er sei in deiner Gewalt.« Hiernach lässt der Teufel eine Reihe schlimmer Plagen über Hiob kommen.

Auch im »Prolog im Himmel« sind Gottes Söhne anwesend. Die Erzengel Raphael, Gabriel und Michael sprechen Gott, dem »Herrn« ihre tiefste Verehrung aus. Dann erscheint der Teufel, Mephistopheles, auf der Bildfläche und sagt, er könne Gott nicht derartig verehren. Gottes Schöpfung – vor allem die des Menschen – sei doch recht kläglich. Da nennt Gott Faust, seinen »Diener« als Vorbild, woraufhin Mephistopheles Gott herausfordert. Er solle ihm den Faust überlassen, so dass er eine Weile über ihn verfügen könne, dann würde er ihn schon auf den schlechten Weg bringen. Gott – so jedenfalls fasst es Mephisto auf – geht auf diese Wette ein und überlässt Mephistopheles den Faust. Die Geschichte verlagert sich jetzt vom Himmel zur Erde, und das eigentliche Drama beginnt. Wir referieren kurz die wichtigsten Stationen:

Die Geschichte spielt gegen Ende des Mittelalters. In der ersten Szene sehen wir ein schmales, gotisches Studierzimmer. Es herrscht eine drückende Atmosphäre. Es ist Nacht, und nur Kerzenlicht erhellt das Zimmer. Der Raum ist mit Pergamenten, Totenköpfen und Tierskeletten angefüllt. Und inmitten dieser toten Materie versucht Faust, tiefere Erkenntnisse zu erlangen.

Die erste Szene beschreibt sogleich, wie Faust sich gefangen fühlt. Das Zimmer wird ihm zu klein, und in seiner Verzweiflung kommt er zu seinen ersten Taten. In der Bildsprache des Tierkreises könnte man sagen, dass er von dem Fischezeichen zum Widder rückt: das Studierzimmer als die immer beengender werdende Gebärmutter, und das Ausbrechen daraus als Widder-Tat der Geburt.

Durch den Tatendrang, das Bedürfnis, die Dinge wirklich zu durchschauen, um so zu innerem Frieden mit dem Entwicklungsprozess der Menschheit zu kommen, wird Faust letztlich mitverantwortlich an Freveltaten und lädt große Schuld auf sich. Zunächst aber versucht er Erkenntnisse zu erlangen, indem er Kontakt zu Geistern sucht. Er ruft einen Geist, aber als dieser tatsächlich zum Vorschein kommt, ist er zu groß für ihn. Faust findet sich zu nichts mehr nütze, so dass er beschließt, Selbstmord zu begehen. Er setzt ein Fläschchen Gift an die Lippen, aber durch das Läuten der Osterglocken kommt er gerade noch rechtzeitig zur Besinnung.

Kurze Zeit darauf sind wir noch einmal Zeuge seines inneren Kampfes: des Kampfes um Erkenntnis, des Kampfes, einen Sinn in seinem Leben zu finden (»Zwei Seelen wohnen, ach! in meiner Brust«). Dieser Zwiespalt wird letztlich Anlass zur Begegnung mit Mephistopheles, der ihm Lebenserfahrung und Zugang zu aller Weisheit anbietet. Faust zeichnet den Vertrag mit dem Teufel mit seinem eigenen Blut und macht zur Bedingung, dass dieser Vertrag nur Gültigkeit habe, wenn es Mephistopheles gelingen sollte, ihn aller Unruhe und allen Tatendranges zu berauben. Der erste Schritt besteht darin, dass Mephistopheles Faust in der Hexenküche verjüngen lässt. Während dieses Prozesses sieht Faust in einem Zauberspiegel eine wunderschöne Frau, von deren Anblick er sich nicht losreißen kann. Und als er bald darauf das unschuldige Gretchen sieht, verliebt er sich in sie und verlangt er von Mephistopheles, dass er den Kontakt zu ihr herstelle. Faust imponiert dem viel jüngeren Mädchen, das sich ebenfalls auf den ersten Blick in ihn verliebt. Mit Hilfe von Mephistopheles, mit Betrug und List schafft es Faust, Gretchen zu treffen und bringt sie dazu, der Mutter heimlich ein Schlafmittel zu geben, so dass die beiden eine Nacht miteinander verbringen können. Dieser erste Geschlechtsakt bewirkt doppelte Schuld: die Mutter stirbt an der Überdosis des Schlafmittels, und Gretchen wird von Faust schwanger. Gretchens Bruder, der diese Schande rächen will, wird mit Hilfe der Zauberkraft des Mephistopheles von Faust getötet. Mit Schuld und Scham beladen verliert die junge Margarethe den Verstand und tötet das neugeborene Kind. Sie wird zum Tode verurteilt. Faust versucht noch, sie mit Hilfe von Mephistopheles zu befreien, aber in einem dramatischen Schlussdialog weigert sich das halb klare, halb wahnsinnige Gretchen, den Kerker zu verlassen. Sie harrt der irdischen Gerechtigkeit, währenddessen ertönt eine Stimme von oben und sagt, sie sei gerettet. Damit endet der erste Teil des »Faust«.

Im zweiten Teil des Dramas zeigt Faust ein immer größer werdendes Bedürfnis nach Erkenntnis. Die Folge davon ist, dass er immer mehr Verbrechen begeht. Durch sein Zutun sterben unschuldige Menschen. Als er nach einem Leben von hundert Jahren an sein Ende gekommen ist, will Mephistopheles ihn sich holen. Er meint, er habe jetzt Anspruch auf ihn, die Wette mit Gott habe er gewonnen und Faust stehe jetzt in seiner Schuld. Da aber streut ein Chor reizend aussehender Engel Rosenblüten (von reuigen Menschen) in die Richtung des immer lüsternen Mephistopheles, der beim Anblick der »appetitlichen Racker« in Verzückung gerät und einen Moment nicht aufpasst. Fausts Seele kann entweichen. Im Himmel wartet Gretchen auf ihn. Ihm wird Vergebung geschenkt: »Gerettet ist das edle Glied der Geisterwelt vom Bösen, wer immer strebend sich bemüht, den können wir erlösen.« Faust verdient also einen Platz im Himmel, weil er sein ganzes Leben hindurch ein Strebender war. Nicht das Resultat des Strebens, das Streben selber wird belohnt. Sein widderhafter Tatendrang ist an sein Ziel gekommen.

Wort und Tat

Nachdem Faust am Anfang des Dramas zum ersten Mal sein Studierzimmer verlassen hat, läuft ein schwarzer Pudel mit ihm nach Hause. Dieser Pudel entpuppt sich als Mephistopheles (»des Pudels Kern«). Unmittelbar, bevor der Pudel seinen »Kern« preisgibt, gibt es einen Augenblick, an dem Faust seine Kraft wiederfindet. Da beginnt er mit der Übersetzung des Johannesevangeliums. Goethe lässt Faust in einem so wichtigen Augenblick, unmittelbar, bevor der Teufel sich zu erkennen gibt – er ist schon in seiner Vermummung im Zimmer anwesend – jene zentralen Worte übersetzen: »Im Anfang war das Wort. Und das Wort war bei Gott.« Faust versucht eine bessere Übersetzung: »Im Anfang war der Sinn …« Schließlich hat er es gefunden: »Im Anfang war die *Tat.*« Hiermit sagt er letztlich, dass die wirkliche Schöpfung, die wirkliche Verbindung mit der Geisteskraft im menschlichen Bereich mit der Tat beginnt. Wir sehen hier eine Verbindung zwischen dem »Wort« und der »Tat«, zwischen Sprechen und Handeln.

Manche Interpreten weisen darauf hin, dass Faust zu dieser Schlussfolgerung unter dem Einfluss des bereits anwesenden Teufels kommt. Jedenfalls enthält diese Szene eine tiefe mystische Weisheit: Was zuerst als *Gedanke* im Göttlichen lebt, bekommt seine vollständige Kraft in dem Augenblick, an dem der Mensch eine *Tat* vollbringt.

Das Zeichen des Widders

Das Zeichen des Widders ist eine stilisierte Wiedergabe des Widderhorns:

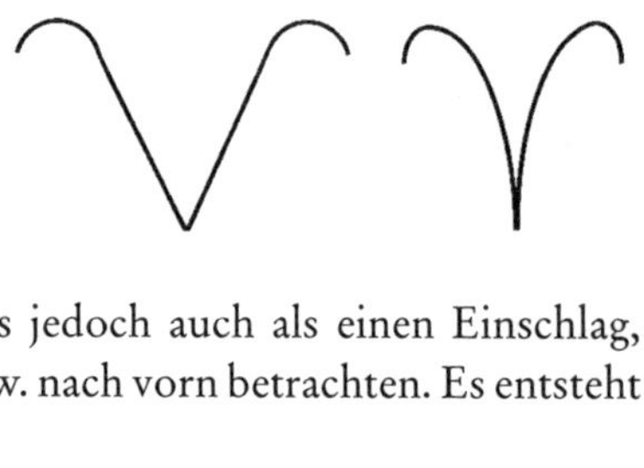

Wir können es jedoch auch als einen Einschlag, als Einstülpung nach unten bzw. nach vorn betrachten. Es entsteht eine Öffnung, in die Initiativkräfte einfließen können, bis sie einander begegnen. Und in dieser Begegnung, in diesem Zusammenkommen vertiefen und verstärken sich die Kräfte zu Impulsen, aus denen Taten entstehen können. Dieser Schwung sorgt dann für eine Bewegung zur andern Seite hinauf, so dass gleichsam eine Fontäne entsteht:

Menschen, die sich darum bemühen, mit dieser explosiven Energie richtig umzugehen, beschreiben während der Psychotherapie oft, dass sie so unter Druck stehen und so aufgeregt sind, dass es ihnen nicht gelingt, diese gestaute Kraft nach unten zu ziehen; daher können sie aus dieser Zusammenballung nicht in die Tat kommen. Sie beschreiben oft eine umgekehrte Gebärde, nämlich das Gefühl, dass eine Fontäne aus ihrem Haupt sprudelt. In der Psychotherapie fordere ich diese Menschen dazu auf, sich über den Kopf zu streicheln, um so symbolisch den Schädel zu schließen und ihnen dazu zu verhelfen, in die Tat zu kommen. Manchmal ist es, als wären bei ihnen die Fontanellen noch offen, wodurch sehr leicht geistige Kraft in den Schädel strömen kann.

Vielleicht ringt jemand, der hiermit zu kämpfen hat, mit seiner sexuellen Energie. Oft ruht ein so starkes Tabu auf sexuellen Impulsen, dass die sexuelle Energie sozusagen nach oben statt nach unten (nämlich in die Geschlechtsorgane) schießt. Dann kommt aus dem Körper heraus der Impuls, mit dem Kopf und den Fäusten gegen irgendetwas anzustoßen oder anzurennen. Und gerade deswegen, weil es sich bei dieser Art Fontänenerfahrung um das Auflösen von Grenzen handelt, verhelfe ich den Menschen dazu, Grenzen zu erfahren. Dazu bedarf es einer Gruppe, denn nur dann kann die überwältigende Kraft, die freikommt, begrenzt werden. In einer nächsten Phase kann diese Energie so tief in den Leib einsinken, dass jetzt das Bedürfnis entsteht, Impulse aus dem Becken zu geben. Auch dabei ist die Begrenzung der Energie sehr wichtig: Der Widder soll nicht durch alles hindurchbrechen.

In Abbildungen des Sternbildes Widder sehen wir oft einen Widder, der rückwärts blickt, dorthin, woher er kommt. Darin liegt die Weisheit verborgen, die auch zu diesem Thema gehört. Der Widder ist ein Tier mit enormer *Kraft,* mit der er normalerweise direkt vorwärts stößt. Die Widderenergie ist ihrem Wesen nach eine Energie, die Grenzen durchbrechen kann. Beim Menschen ist es die Energie, mit welcher die männliche Samenzelle in die weibliche Eizelle eindringt. Es ist die Kraft, durch die das Kind seinen Weg durch den Geburtskanal findet. Es ist die Kraft, die sich kontinuierlich und schubweise im Seelischen manifestiert, bis es schließlich zur Tat (auch zur Geschlechtstat) kommt. Die Aufgabe im Leben ist es, diese Kraft beherrschen zu lernen und, wenn nötig, zurückzuhalten. Das bedeutet, bewusst Momente zu erleben, in denen man auf die eigenen Taten zurückzublicken versucht und dabei bis zu einem gewissen Grade auch die eigenen Impulse zurückhält.

Viele Kulturen kennen den Widder als Symbol. Im ägyptischen Kultwesen gehört er zu den Ursymbolen, in vielen Tempeln begegnet man ihm. In der griechischen und in der ägyptischen Mythologie wird er häufig mit einem Gott in Beziehung gebracht, einer seiner Namen ist Amon-Ra. Amon-Ra wird auch als Sonnengott dargestellt; in dieser Funktion ist er der erste Beweger aller Dinge. Auch in diesem Bild spricht sich die Urkraft des aufsprengenden, durchdringenden Widderhornes aus.

Gegenpole: Widder und Waage

Die Tochter des Amon-Ra heißt Ma-at, Göttin der Weltordnung. Sie legt das Herz Verstorbener auf eine Waagschale und holt als Gegengewicht eine Pfauenfeder aus ihrem Schmuck. Dies ist verwandt mit dem alttestamentarischen Ausdruck: »Gewogen und zu leicht befunden«. Ma-at entscheidet an Hand dieses Wägens, ob die Seele eine nachtodliche Läuterung durchmachen muss oder sich sofort ausruhen kann.

Es gibt eine ägyptische Hieroglyphe für »Sonnenuntergang«. In diesem Bild wird ausgedrückt, dass die männliche Sonne im Gleichgewicht mit der weiblichen Erde ist. Das heutige Symbol der Waage weist Übereinstimmungen mit dieser Hieroglyphe auf; es ist eine stilisierte Wiedergabe der Sonne, die halb hinter dem Horizont verschwunden ist. Das hängt auch mit dem Herbstpunkt zusammen, dem Augenblick des Herbstes, in dem ein Gleichgewicht zwischen Tag und Nacht besteht: die Äquinoktien. Zu der Zeit, als diese Symbole entstanden, fanden die Frühlings- und Herbstäquinoktien auch wirklich im Widder und in der Waage statt.

Es gibt eine weitere auffällige Symbolik im Waagesymbol. Die Waage ist nämlich – dem äußerst vitalen Tier Widder genau gegenüberliegend – das einzige leblose Symbol im Tierkreis: ein bloßes Instrument. Eine Waage darf selber nichts in den Prozess des Wägens hineintragen.

Bis in die Bilder hinein begegnen wir einer Polarität. Das Brausen der *Tat* steht dem abwartenden Offenstehen für die *Erfahrung* gegenüber. Die Tat des Widders hängt mit der *Muskelkraft* und auch – wie Faust betont – mit dem *Wort* zusammen. Die Waage hängt dagegen mit der *Erfahrung* zusammen, mit dem Gegenpol der Kraft, der *Verwundbarkeit* und mit dem Gegensatz des Sprechens, dem *Lauschen, Zuhören.*

Die Polarität der Fische (in der Gebärmutter sein) und der Jungfrau (eine Gebärmutter haben) findet sich auf vergleichbare Weise wieder im Gegensatz Widder–Waage. Als Widder sind wir das Kind, das mit dem Kopf den Geburtskanal im Becken der Mutter weitet, als Waage sind wir die Mutter, deren Becken geweitet wird. Etwas weniger plastisch spielt sich dieses Bewegen und Bewegtwerden beim gesprochenen Wort ab: aus dem Widder heraus bewegen wir die Luft, die beim andern aus der Position der Waage heraus das Trommelfell erzittern lässt.

Der Widder hängt, wie oben ausgeführt, mit der Initiativkraft zusammen. Am Anfang unseres Lebenslaufes äußert sich diese Initiative in der Art, wie wir geboren werden, im Ungestüm der Geburt, im »timing«. Waren wir zu früh, waren wir zu spät? War es eine einfache Geburt, oder mussten wir viele Widerstände überwinden? Wurden wir mit Hilfe eines Kaiserschnitts geholt? Kinder, die auf diese Art geboren werden, haben kein so verformtes Köpfchen wie andere Babys, die sich aus der Gebärmutter »herausgekämpft« haben. Denn was da auf diese Köpfchen ausgeübt wird, kann man wirklich als Gewalt bezeichnen. Und so wird ein Kind auch erschöpft, »zerknautscht« und manchmal mit blauen Flecken geboren. Es hat sein ersten Gefecht geliefert. Beim Kaiserschnitt überspringt ein Kind dieses Gefecht und damit auch seinen ersten Triumph. Im weiteren Lebenslauf versucht so ein Kind dann, dies zu kompensieren, wie die Beobachtung zeigt: Wie sucht es nun andere Arten von Widerstand, wodurch es sozusagen nachträglich zerknautscht werden kann? Gelingt es dem Kind tatsächlich, diese irdischen Widerstände zu finden oder bleibt es ein davon unberührtes Halb-Engelchen?

Das Widderthema äußert sich bei jeder Art von Geburt: in einer neuen Phase, einem neugefassten Plan und vor allem darin, dass die Widerstände gegen diese Erneuerungen gebrochen werden. In der Jugend findet dieser Kampf oft zwischen Kindern und ihren Erziehern statt. Ein Kind wird sich bei jeder Initiative wieder entscheiden müssen, ob es diesen Kampf aufnehmen oder ihm aus dem Wege gehen will. Und es ist dann Sache der Eltern, zu beurteilen, in wieweit sie es darin freilassen. Darf das Kind sich selbst etwas ausdenken? Darf es Pläne ausführen? Wieviel darf es während des Essens sprechen? Wie stark darf es sich wehren? Von beiden, Eltern und Kind, muss tastend ein Weg gefunden werden. Wieviel Initiative ist dem Kind erlaubt? Und wieviel Wut? Darf es laut schreien? Darf es gegen uns anrennen? Darf es uns einen Stoß geben, uns schlagen? Wann verbieten wir etwas? Und wie verbieten wir etwas? All diese Fragen gehören zum Auffangen der Widder-Energie, nicht nur bei Kindern, die jenen ersten Kampf der Geburt übersprungen haben, sondern bei allen Kindern. Jeder muss lernen, mit seiner Widder-Energie umzugehen. Mit Hilfe eines Kaiserschnitts geboren zu werden, bedeutet nur, dass man dann noch einen Schritt zusätzlich setzen muss.

Die Körperregion des Widders

Die Körperregion, die zum Widder gehört, ist der Kopf. Bei Kindern mit großer Widderenergie manifestiert sich diese Kraft oft in der Stirn. Man kann oft beobachten, wie solche Kinder gern gegen etwas mit ihrem Kopf stoßen. Noch abends im Bett gebrauchen sie diese Kraft, wenn sie mit dem Kopf gegen uns oder auch gegen die Wand oder gegen die Stäbe ihres Kinderbettchens anboxen. Sie verwenden ihr Köpfchen buchstäblich wie einen mittelalterlichen Rammbock bei der Erstürmung einer Burg. Auf einem solchen Rammbock war übrigens meistens ein Widderkopf abgebildet. Bei den Römern hieß die ganze Vorrichtung »Widder«. Und auch die Türklopfer, die früher den Platz der heutigen Türklingeln einnahmen, hatten oft die Form eines Widderhorns oder waren sogar daraus angefertigt.

Ein anderes Körpergebiet, das deutlich vom Widder beherrscht wird, sind die Fäuste. Die Urkraft des Widders tritt hervor, wenn wir unsere Finger nach innen zusammenrollen und unsere Hände zu Instrumenten der geballten Wucht und Gewalt machen.

Wenn Kinder älter werden, findet allmählich eine Metamorphose statt. Wo zuerst noch buchstäblich ein Vor-den-Kopf-Stoßen stattfand, verlagert sich die Stoßkraft von der harten Vorderseite des Schädels in dessen weichere »Füllung«, ins Gehirn. Der Teil des Gehirns, in dem beim Menschen die *Initiativkraft* »geregelt« wird, heißt »frontaler Neo-Cortex«. Dort werden neue Verhaltensweisen initiiert, und von da aus gehen Impulse zum übrigen Gehirn.

Menschen, die durch einen Unfall eine Dysfunktion im frontalen Neo-Cortex haben, können im Prinzip durchaus richtig sprechen und gehen; ein Teil ihrer Initiativkraft ist jedoch abgestorben. Sie bleiben zum Beispiel häufiger auf einem Stuhl sitzen, sie träumen, es fällt ihnen schwerer, sich zu etwas aufzuraffen.

Menschen, die sich dagegen sozusagen zu stark in diesem

Gehirngebiet befinden, denken dauernd darüber nach, wie sie alles verändern können. Sie sind nie zufrieden mit dem, was erreicht ist. Sie haben einen permanenten Erneuerungsdrang. In ihnen lebt der Impuls, das gerade eben Aufgebaute schon wieder mit einem Rammbock zu bestürmen. Das Urbild des Pioniers, der Initiator, beispielsweise eines Betriebes, ist oft ein Mensch, der nicht längere Zeit gut mit anderen Menschen zusammenarbeiten kann. Er hat nicht die Kraft, das, was er angefangen hat, auch zu Ende zu bringen. Häufig ist es ein Mensch, der seine Kraft aus Spannungen, Konflikten speist, immer ist er auf der Suche nach neuen Initiativen. Oft sucht so ein Mensch nach einigen Jahren nach neuen Produkten für seinen Betrieb. Das kann natürlich förderlich sein, ist ebenso oft aber auch problematisch, weil in einem solchen Betrieb keine Konsolidierung stattfindet. In einem solchen Fall wird vielfach ein externer Organisationsberater eingeschaltet. Entweder kommt der Initiator durch ihn zur Einsicht bezüglich der Vorgehensweise im Betrieb oder er wird zur Assoziation eines Nebenbetriebes gewonnen, um dort wieder neue Projekte zu entwickeln. Oder aber man hilft ihm dabei, Abschied zu nehmen, da er sonst die Früchte seiner eigenen Initiative selbst wieder zunichte machen würde.

> Was ist erquickender als Licht? Das Gespräch!
> *Johann Wolfgang von Goethe*

Offensein und Lauschen in der Waage

Um das sechste, siebte Lebensjahr herum wollen die meisten Kinder Helden haben. Sie brauchen sie, um sich mit ihnen zu identifizieren. In dieser Phase kan man oft zu Recht von ihnen sagen: das Kind ist »ganz und gar Ohr«. Sehr leicht ist es zum Zuhören zu bringen, wenn man eine Heldengeschichte oder ein spannendes Ereignis erzählt. Das Kind ist wie ein trockner Schwamm; alles, was man ihm über die Wirklichkeit erzählt, nimmt es wie Wasser in sich auf. Es ist auch ein liebevoller Zuhörer, wenn man ihm von seinen Problemen erzählt. Diese Gebärde des Lauschens hat den Vorteil, dass Kinder außerordentlich lernbegierig und äußerst motiviert sind, die Welt um sich herum wahrzunehmen. Um gut zu lauschen, müssen wir uns durch die Geschichte des andern führen lassen. Das wache Bewusstsein weicht beim hingegebenen Lauschen einer schlafartigen Haltung. Man könnte sagen, dass der Widder zum Aufwachen und die Waage zum Einschlafen gehört. Darum erzählen wir unseren Kindern auch Geschichten, wenn wir ihnen helfen wollen einzuschlafen.

Ein Kind dieses Alters ist ein objektiver Spiegel der Gefühlswelt. Erzählen wir eine schaurige Geschichte, so können wir ihm sofort anmerken, dass es wirklich eine schaurige Geschichte ist. Und darin liegt auch häufig das Problem. Wir können nämlich unsere Kinder dazu gebrauchen, unseren eigenen Wünschen Ausdruck zu verleihen. Erzählen wir einem Kind nur recht oft, dass wir glauben, es würde genau wie Mama oder Papa, dann pflanzen wir ihm eine verborgene Kraft ein, die später als scheinbar eigener Impuls aufsteigt: »Ich will genau so werden wie meine Mama oder mein Papa!« Man prägt gleichsam diese elterlichen Wünsche in das Kind ein. Damit begibt man sich auf das Gebiet der moralischen Spannung, die zwischen Sprechen und Lauschen besteht. Denn wenn wir zu jemandem sprechen, hinterlassen wir bei ihm immer einen »Abdruck« unserer eigenen moralischen Entwicklung. Und da auch der Zuhörer eine eigene Moralität besitzt, wird er diesem Abdruck einen eigenen moralischen Wert zuerkennen. Gespräche führen uns zum Kern der Moralität. Kinder aber können noch nicht in derselben Art wie Erwachsene mit moralischen Gefühlen umgehen. Was sie hören – und ganz sicher, wenn es etwas ist, was sie selber angeht –, dringt als *absolute Wahrheit* in sie hinein. Es wird nicht an einer bereits gefestigten Moralität geprüft – es wird selbst Moralität.

Das Ohr ist ein Organ, das den ganzen Tag über offensteht. Unsere Augen können wir schließen. Wir können uns sogar die Nase für eine Weile zuhalten, um einen unangenehmen Geruch nicht riechen zu müssen. Unser Ohr aber ist ein sehr empfindliches, äußerst verletzliches Organ, das während des ganzen Tages allerlei gewaltsamen Einflüssen bloßgestellt ist. Wir müssen sehr unhöflich, fast sogar aggressiv sein, wenn wir jemandem nicht zuhören wollen. Sonst können wir die Geräusche eines andern nicht außen vor lassen. Sehr vieles, was an Gewalt zwischen Menschen spielt, findet während Gesprächen statt, wird aber oft nicht als solche erkannt.

Das Gespräch scheint eine sehr höfliche Art des Kommunizierens zu sein. Würde man die Menschen aber an eine Art Lügen- oder Gedankendetektor anschließen, so sähen wir, vermutlich, oft freundlich lächelnde Zuhörer, die denken: »O Gott, wie lange soll das noch dauern? Wie ist das langweilig! Ich kann es nicht mehr mit anhören.« So einer nickt weiterhin, als fände er es interessant, stirbt indessen aber tausend Tode.

Im psychotherapeutischen Rahmen besteht die Kunst darin, jemandem, der uns mit »leeren« Phrasen in den Ohren liegt, so nachdrücklich darauf aufmerksam zu machen, dass er es lernt, die Verantwortlichkeit für sein Sprechen, und das heißt auch: für seine Taten zu übernehmen. Sehr viel Aggression unter den Menschen wird auf *verborgene* Weise im Sprechen übermittelt. Beispielsweise hat jemand einen entsetzlich nörgeligen Ton an sich, wodurch wir permanent das Gefühl haben: »Da sägt einer, ich halte es nicht aus!« Allein der Ton schon malträtiert unsere Ohren. Oder einer spricht so, dass wir denken: »Ob da nicht zwischendurch gleich mal ein Komma kommt, damit ich ihm sagen kann, dass ich wegmuss? Der Mann kann alles so aneinanderketten, dass er immer im falschen Augenblick Atem holt, und ich verpasse dadurch immer die Gelegenheit, zu sagen, dass ich wegmuss!« Das ist Aggression. Sie findet in freundlichem Ton statt, aber als gute Beobachter können wir die Opfer einer solchen Art von Aggression sofort erkennen. Wir brauchen nur einmal auf einen Empfang zu gehen oder in eine Familie hineinzuschauen, um Menschen auf höfliche Art leiden zu sehen.

Wir haben hier eine der häufigsten Arten von Gewalt vor uns, die dann zu anderen Formen von Gewalt führen kann. Wer sich beispielsweise einen ganzen Abend lang gezwungen sah, in dieser Weise zuzuhören, lebt sich danach u.U so aus, dass er mit seinem Auto 120 Stundenkilometer fährt, wo nur 80 erlaubt sind. Es ist eine zwar gefährliche, aber zumindest deutliche Art des Abreagierens. Noch schlimmer ist es – und das geschieht leider nur allzu häufig –, wenn so ein Mensch sich im Anschluß daran zu Hause abreagiert und sagt: »Hör dir bloß mal an, was der mir erzählt hat!« Dann wird dem Nächsten der aggressive Impuls in die Ohren geblasen.

Dies tritt auch als moralisches Problem in der Psychotherapie auf. Hört z.B. ein Therapeut seinem Klienten derartig zu, dass er selber das nächste Glied in der Kette wird? Der Klient erzählt dem Psychotherapeuten, welche Leiden er bei seinem Vater durchzustehen hatte; dieser erzählt es seinem Supervisor weiter, woraufhin der Supervisor es seiner Frau erzählt.

Oder reicht der Psychotherapeut seinem Klienten eine »Angel« statt eines »Fisches«? Damit meine ich Folgendes: Wenn sich der Therapeut die Geschichte eines Menschen anhört – was manchmal durchaus notwendig ist, weil jemand etwas von seiner Spannung loswerden will oder das Bedürfnis nach Anerkennung hat –, so gibt er dem Klienten einen »Fisch«. Er stillt einen bestimmten Hunger. Sagt er aber: »Tu mir einen Gefallen: Ich interessiere mich eigentlich überhaupt nicht für deine Geschichte. Ich bin vielmehr daran interessiert, dir zu helfen, indem ich dafür sorge, dass du eine passende Antwort geben kannst, wenn wieder einmal einer so mit dir redet. Dann hast du mich auch nicht mehr nötig, um zu jammern, und wir fühlen uns alle beide wohl, denn dann lässt du das Leid bei der Person, die es bei dir loswerden wollte«. In dem Fall gibt man jemandem eine »Angel«. Und später, wenn die betreffende Person die »Angel« benutzen kann, kann der Therapeut sie lehren, Alternativen zur Benutzung der Angel zu entwickeln, so dass er nicht nur Fisch zu essen braucht. Man bringt ihm dann bei, selbst zu lernen. Dann wird die verborgene Aggression eher aufgedeckt.

Wenn man nun wirklich mit jemandem in eine solche Form der gemeinsamen Entwicklung kommt, bewegt man sich beim Sprechen und Lauschen in einer anderen Dimension, einer Dimension, in der *Frage* und *Antwort* beschlossen liegen. Dann kann dem andern im Sprechen eine Frage, aber auch eine (moralische) Antwort übermittelt werden. Und ebenso kann im Lauschen eine Frage und eine Antwort beschlossen liegen. Eine solche Antwort kann beispielsweise lauten: »Ich begrenze dich in deiner Kraft. Ich sehe die Widder-Kraft in dir, und ich sehe deine Begeisterung. Ich habe dir zehn Minuten lang zugehört, ich finde es nicht uninteressant, aber jetzt ist es für mich genug«. Eine solche Antwort kann ins Sprechen und auch ins Lauschen hineinverwoben werden.

Kraft und Verletzbarkeit

Ein anderer Aspekt kann auch darin liegen, dass man gemeinsam eine Frage unbeantwortet lässt und dabei im Gespräch zur Entdeckung kommt, dass das Leben mit einer Frage zum Schönsten gehört, was uns begegnen kann! In einem solchen Gespräch kann man dann gemeinsam still sein und eine rein lauschende Haltung einnehmen. Das hängt mit der Polarität von Sprechen und Lauschen zusammen, aber auch mit der von *Kraft* und *Verletzbarkeit*. Dazu einige Beispiele:

Man kann derartig verletzbar sein, dass man damit Zwang auf andere ausübt. Man zeigt sich dann immer als so empfindlich, dass die anderen dauernd auf diese Empfindlichkeit Rücksicht nehmen müssen. Diese einseitige Verletzbarkeit wird damit zum Machtmittel.

Andererseits kann man auch so einseitig in seiner eigenen Kraft gefangen sein, dass man dadurch schon wieder sehr verletzbar wird. Wenn nämlich nicht alles so geschieht, wie wir es aus unserer Kraft heraus befehlen, werden wir wütend und somit verletzbar. Die eigene Stärke wird dann so groß, dass sie auf unfreie Weise als Verletzbarkeit wieder auf uns zurückfällt. Je stärker wir aber die Fähigkeit in uns entwickeln, Wahrhaftigkeit als Ausgangspunkt zu nehmen, desto eher können Kraft und Verletzbarkeit nebeneinander bestehen. Auf der Basis einer *kraftvollen Verletzbarkeit* stellt man sich dann der Welt gegenüber.

Eine Polarisierung von Kraft und Verletzbarkeit beobachten wir in Beziehungen, in denen einer der beiden Partner den anderen misshandelt. Der Prozess der Misshandlung verhärtet sowohl den Täter als auch das Opfer derartig, dass sich beide gefangen fühlen.

Es kommt dann zu einer eigenartigen Wende in einer solchen menschlichen Beziehung. Der Täter ist so lange Täter und das Opfer so lange Opfer, bis eine bestimmte Energie zwischen beiden ausgetauscht ist. Dann ergreift irgendwann das Opfer die Initiative und sagt: »Jetzt ist Schluss damit, ich gehe weg von dir!«, wodurch der Täter plötzlich zum Opfer wird und weinend sagt: »Geh' nicht weg. Es tut mir leid. Bitte. Wenn du mich verlässt, ist mein Leben nichts mehr wert!« Das ursprüngliche Opfer bekommt dann Mitleid, hat Macht und kommt zurück. Bis alles wieder von vorne anfängt und die beiden wieder in einem krankhaften Kreislauf gefangen sind. Bis einer der beiden – und oft ist das, aus Schaden klug geworden, das Opfer – durchschaut, dass ein solcher Verlauf beide unfrei macht, für beide äußerst destruktiv ist, und dann wirklich die Beziehung beendet.

Die Verantwortung von Täter und Opfer

Sowohl beim Täter als auch beim Opfer stößt man auf die Frage, bei wem eigentlich die *Verantwortung* liegt. Im Englischen klingt das noch schöner: »What is your response-ability?« Wörtlich heißt das: »Welches ist deine Fähigkeit zur Antwort?« Welche Antwort wird kommen? Zu keinem Augenblick in unserem Leben können wir unschuldig ein Unrecht mit ansehen, können wir selber als Unschuldige ein Unrecht geschehen sehen. Denn in dem Moment, da wir ein Unrecht sehen und nicht eingreifen, sind wir mitschuldig. Wir werden dann Teilhaber der Tat.

Dies ist einer der verwirrendsten Bereiche des Lebens, und zwar deshalb, weil Verantwortung für einen Erwachsenen etwas ganz anders bedeutet als für ein Kind. Von welchem Augenblick an werden wir mitschuldig? Ein Kind hat noch keine Möglichkeit, auf Gewalt zu antworten. Der Täter jedoch, der sein Kind schlägt, hätte diese Möglichkeit, übernimmt aber die Verantwortung für sein Handeln nicht. Und das Merkwürdige ist, dass in solchem Falle ein Kind eine größere moralische Kraft hat und dadurch die Verantwortung übernimmt. Häufig geschieht es, dass der Täter – so seltsam das auch ist – sich weniger schuldig fühlt als sein Opfer, eben weil er keine Verantwortung übernimmt. Ein spiritueller Bereich liegt brach. Irgendwo liegt ein »Päckchen« Verantwortung, das von dem Täter nicht übernommen wird. Und da dies »Päckchen« dennoch von jemandem übernommen werden muss, tut es das Opfer. Das hat zum Teil etwas mit einem moralischen Impuls zu tun, den das Opfer in den meisten Fällen besser fühlen kann als der Täter, aber auch mit dem Impuls, das unter Kontrolle zu bekommen, was es als Opfer durchzumachen hat.

Man überlege einmal für sich selber, was geschähe, wenn man auf der Straße zusammengeschlagen würde. Dann würde man doch auch wissen wollen, warum das geschah. Kam es, weil man eine Pelzjacke trug, weil man Ausländer ist? Hätte man wissen können, dass man in dieser Gegend nicht mehr so spät auf der Straße herumlaufen kann? Man hofft, eine Antwort darauf zu finden, weil es einem die Kontrolle über den eigenen Umkreis gewährt. Kennt man die Ursache, so hat man das Gefühl, man könne jetzt oder in Zukunft etwas an der Situation ändern.

Das Tragische ist, dass die meisten Opfer absolut nicht für das verantwortlich sind, was ihnen geschieht, um aber Kontrolle über die Situation zu bekommen, gehen sie auf die Suche nach der eigenen Verantwortung, der eigenen Schuld. Dadurch entstehen schiefe Situationen, in denen das Opfer sagt: »Es war ja meine eigene Schuld.«

Wir können außerdem beobachten, dass sich im Umkreis des Opfers das Gleiche abspielt. Wenn beispielsweise eine Frau vergewaltigt wird, entsteht oft eine Art empörte Reaktion in ihrer Umgebung, wobei die Menschen sagen: »Sie wird es sicher herausgefordert haben.« Eine solche Reaktion hat meist etwas damit zu tun, dass die Mitmenschen es schwer haben, Ohnmacht zu ertragen. Es geschieht einem Menschen etwas ganz Schreckliches, und man erwartet von den Mitmenschen, dass sie sich in diese Person mitfühlend hineinversetzen können, dass sie Empathie mit ihr haben. Aber aus dem einen oder anderen Grund gelingt das oft nicht; und nun spielt sich eine merkwürdige Wiederholung der Gewaltanwendung ab, indem nämlich dem Opfer die Schuld zugeschoben wird. Ein extrem verletzbares Opfer fordert oft ein weiteres Mal

Gewalt heraus. Es ist, als wäre soviel Gewalt und Leid dagewesen, dass für die Menschen in der Umgebung des Opfers eine bestimmte Grenze überschritten wird: die Grenze zwischen »noch gerade« und »nicht mehr« Ertragen-Können von soviel Verletzbarkeit bei einem Mitmenschen. Und dadurch wirkt in ihnen eine polare Kraft, und sie stochern noch ein weiteres Mal in der Wunde – ein höchst mysteriöser Vorgang.

Eine andere Wahrnehmung ist, dass Opfer sehr häufig viel Einfluss auf ihre Umgebung ausüben. Zu einem Opfer fließt viel Kraft hin, sei es in Form von Wut oder von Empathie. Sehen wir jemanden »demonstrativ verletzt« in einer Ecke hocken, haben wir einerseits die Neigung zu denken: »Mensch, was stellst du dich an!« Andererseits aber fragen wir: »Was ist mit dir?« Man kann ihn nicht ignorieren. Dadurch dass er so verwundet dort sitzt, bekommt er Einfluss auf seine Umgebung. Das Opfer oder der ganz besonders empfindliche Mensch bekommt Macht.

Dabei können extreme Fälle eintreten, wie zum Beispiel der jener Frau, die einen solchen Waschzwang hat, dass sie ihren Partner – im Betrieb ein sehr rational denkender Mensch – dazu bringt, sich jeden Tag, wenn er von der Arbeit zurückkommt, im Flur auszuziehen, seine Kleider in eine Plastiktüte zu tun, so dass diese gleich in die Waschmaschine gesteckt werden können, daraufhin nichts anzurühren, denn das würde ihm seine Frau nicht erlauben, ins Bad zu gehen und zu duschen, die bereitliegenden sauberen Kleider anzuziehen und dann erst ins Zimmer zu kommen. Er darf seiner Frau keinen Kuss geben, denn darin könnten Bakterien sein. Und dauernd beschäftigt ihn die Frage: »Wie kann ich dafür sorgen, dass meine Frau keine Angstzustände bekommt?«

Widder als Täter und als Opfer

Übrigens können wir auch im Bild des Widders selber die Polarität zwischen Täter und Opfer erkennen, weil der Widder nicht nur Grenzen durchbricht, sondern sich auch als gefügiges Schaf zur Schlachtbank führen lässt: das Bild des Widderopfers. In vielen Mythologien symbolisiert der Widder diese Doppelfunktion, wie zum Beispiel in der Geschichte vom Widder mit dem goldenen Fell, der zuerst zwei Menschen rettet und letztlich zum Opfer wird, auf das Jason und die Argonauten Jagd machen. Sein Fell wird zum Goldenen Vlies. Auch das Lamm Gottes wird geopfert.

Diesem doppelten Aspekt des Widders begegnen wir auch bei Gewalttätern. Bei solchen Menschen besteht das Hauptproblem oft darin, dass die eigene Opferseite in einer unbewussten Schicht verborgen liegt, zugedeckt wie unter einem Betondeckel. Diese Seite des Täters wird nun auf das Opfer übertragen. Fast jeder Täter hat das unbewusste Verlangen nach Einheit und Heilung. Wenn dieser Betondeckel auf der eigenen, verborgenen Opferschicht festsitzt, kann keine Verbindung (keine Empathie) mit der eigenen Verletzbarkeit zustande kommen. Ein solcher Täter kann also keine Einheit in sich selber finden; dadurch wälzt er seine Kraft und seine Gewalt auf andere ab. Dann bekommen wir eine Situation, wie sie Alice Miller in ihrem Buch »Am Anfang war Erziehung« beschrieben hat: der Lustmörder, der so etwas wie Heilung, wie Ganzheit erlebt, wenn er Kindern Gewalt antut. Dieser Mörder hat selber in seiner Jugend bestialische Misshandlungen ausgestanden und kann für das Opfer in sich selber keine Empathie aufbringen. Er verdrängt das Kind in sich selbst und gibt ihm einen anderen Platz, indem er ein anderes Kind misshandelt und dieses zum Opfer macht. Dadurch ist ein Teil der Persönlichkeit abgespalten.

Hieraus erklärt sich auch, warum eine so merkwürdige Magie zwischen Täter und Opfer entstehen kann. Bei Geiselnahmen erlebt derjenige, der gefangen war, oftmals eine geradezu innige Verbundenheit mit dem Gewalttäter und dessen – zeitweiliger – Entscheidungsmacht über Leben und Tod. Oft kostet es große Mühe, eine solche Verbindung wieder auseinanderzureißen. Viele Menschen werden Wachs in den Händen desjenigen, in dessen Gewalt sie plötzlich geraten. In gewisser Weise öffnen sie sich – unter Umständen bis ins Sexuelle hinein – der Macht und Kraft des Gewalttäters. Oft kostet es langes Training, um nicht in diesen Gegenpol hineinzugeraten, sondern sich verteidigen zu können.

Für den Täter, der das Opfer in sich selber nicht kennt, gilt denn auch, dass man ihn so lange begrenzen muss – und das bedeutet in vielen Fällen auch wörtlich: hinter Gittern –, bis er einigermassen »mürbe« geworden ist. Dann kann er sich selber als Opfer erleben oder zumindest bis zu einem gewissen Grade einen Zugang zu seiner Opferschaft bekommen. Das ist sehr schwierig, weil es sich bei wirklichen Gewalttätern oft um eine Form von Psychopathie handelt. Das bedeutet, dass ein Teil der Seele tot ist. Der Teil in ihnen, der Opfer war, ist sozusagen in einem Sarg weggetragen worden. Denn manche Kinder müssen derartig massive Formen von Gewalt durchleiden, dass sie in ihrer Heftigkeit beinahe nicht zu verarbeiten sind. Und das bedeutet oft, dass der Teil, der Opfer ist, stirbt oder abgestoßen wird.

Ich lasse in Gruppen, mit denen ich arbeite, auch Menschen zu, von denen ich denke: »Ein Teil ihrer Seele ist gestorben«. Und die Kunst besteht dann darin, diesen »gestorbenen« Teil durch die Liebe, die man als Therapeut und als Mitglied der Gruppe für ihn aufbringt, wieder zum Leben zu erwecken. Dann fängt das mythische Bewusstsein an zu wirken: Wenn um einen gestorbenen Teil geweint wird, kann er wieder lebendig werden – ein häufig vorkommendes Mythenthema: Die Leiche des Osiris wird in Stücke zerhackt und kommt durch den Schmerz der Isis ganz allmählich wieder zum Leben. Es gibt viele solcher mythischer Geschichten und Märchen, in denen ein Toter wieder lebendig wird, weil um ihn geweint wird. In einer Therapiegruppe kann dies beispielsweise so ablaufen, dass jemand selbst ziemlich gefühllos sein kann, aber von einem andern berichtet, der sehr unter ihm leidet. Und auf dem Umwege über das Bild, das dieser andere vom Täter hat, kommt man der Opferseite des Täters selber auf die Spur. Wenn man diesen verletzbaren Teil beispielsweise in einem Kissen oder in einem Gruppenmitglied versinnbildlicht, das diese Rolle übernimmt, sagt der Täter oft: »Wirf meine verletzbare Seite ruhig aus dem Fenster!« Das heißt also: »Ich will diese Seite überhaupt nicht haben. Das ist ein so unangenehmer Aspekt an mir. Sie passt nicht in diese Welt, sie ist viel zu empfindlich.« Und dann besteht die Kunst darin, eine Situation zu schaffen, in der Mitmenschen dieses Bild »adoptieren«, indem sie sagen: Wir nehmen sehr wohl ernst, was mit dir geschehen ist. Es ist sehr schlimm. Solange du selbst es nicht ernst nimmst, nehmen wir es an deiner Stelle ernst.« Und das ist der Beginn eines Heilungsprozesses.

Ich habe mit einer Frau gearbeitet, die außergewöhnlich grausam behandelt worden war und den Kind-Teil in sich nicht akzeptieren konnte. Sie hatte Träume von einem Kind, das sie selber war; gellend schrie es, unaufhörlich, und zwar oben in dem Haus, in dem sie aufgewachsen war. In ihrem Traum ging sie dann hinauf, um das Kind zu trösten, und da zeigte sich, dass dieses Kind ganz und gar gehäutet war. Die Haut lag abgelöst um es herum, und es schrie vor Schmerz. Doch sie konnte es nicht trösten, denn sie wagte nicht, es zu berühren. Dieses Bild hat sehr lange nachgewirkt. Sie hat dann das Kind symbolisch bei mir im Therapiezimmer zurückgelassen. Das tat sie, weil sie das Gefühl hatte, dass sie nicht für den verletzlichen Teil in sich selbst sorgen konnte. Sie hatte die Ansichten ihrer Eltern übernommen und fand, dass dieses Kind in ihr ein verwöhntes Gör war. Ganz allmählich bekam das Kind in ihren Träumen wieder eine Haut. Während der Therapiezeiten saß das Kind immer auf einem Hocker dabei. Die Therapie war beendet, als sie es mit nach Hause nehmen konnte. Davor hatte sie bereits gelernt, für die beiden Katzen zu sorgen, die sie in der Zeit zu sich genommen hatte und die zunächst sehr unter ihr zu leiden gehabt hatten.

Zurück zur eigenen Verantwortlichkeit

Das Leben verlangt also von uns, dass wir als Täter, aber auch als Opfer, Verantwortung übernehmen. Wenn jemand nicht selber die Verantwortung für seine Täter-Seite übernimmt, kann man als Mitmensch lediglich sagen: »Ich ziehe die Konsequenz aus deinem Verhalten. Wenn du nicht selber die Verantwortung übernimmst, sperre ich dich ein.« Und das geschieht ja auch sehr oft in unserer Gesellschaft. Oder es kommt, um innerhalb des Bereichs der Partnerbeziehungen zu bleiben, zu folgender Äußerung: »Wenn du dich nicht änderst, lasse ich mich scheiden.« Eine andere Variante: »Wenn du nicht aufhörst mich zu schlagen, sorge ich dafür, dass du die Kinder nicht mehr zu sehen bekommst.« Dann entsteht ein Kriegszustand, weil ein Mensch, der keine Verantwortung für sein eigenes Verhalten übernimmt, gefährlich ist.

Das ist auch das Problem bei zwangsweise auferlegten psychotherapeutischen Behandlungen. Man kann nämlich so gut wie nichts bei jemandem erreichen, der es nicht selbst zumindest ein bisschen will. Ich persönlich wirke nicht an so einer zwangsweise auferlegten Behandlung mit, weil sie mir viel zu sehr auf Konfrontation aufgebaut ist. Einige Therapeuten, die damit Erfahrung haben, versuchen, bildlich gesprochen, ein Loch in den Betondeckel über der Opfer-Seite eines Täters zu schlagen. Permanent hämmern sie bei einem Psychopathen oder einem Mörder auf dem Bewusstsein für seine persönliche Verantwortung herum: »Vielleicht bist du so gestört, dass du denkst, du hättest es nicht getan, aber ich weiß, dass du es getan hast. Und ich vergesse es nicht. Jetzt unterhalten wir uns ganz nett, aber ich vergesse keine Sekunde lang, dass du auf die grauenhafteste Art ein Kind ermordet hast.« Es wird so lange zugeschlagen, bis der Betreffende sagt: »Hör auf, ich kann es nicht mehr mit anhören!« Dann endlich beginnt so etwas wie eine Lockerung der Opfer-Seite des Täters. Jetzt kann es sein, dass er ausruft: »Ich habe auch eine Scheißkindheit gehabt ...«, und damit entsteht eine Möglichkeit zur Empathie.

Sobald Empathie mit der eigenen Opferschaft entsteht, wird der Zwang, sich außerhalb ein Opfer zu suchen, vermindert. Bei dem Betreffenden entsteht eine Ganzheit, die er nun nicht mehr in der Umgebung zu suchen braucht. Für den Helfenden aber bedeutet es, dass er eine ziemlich dicke Haut und eine klare, harte Einstellung haben muss. Er muss als Therapeut dazu in der Lage sein, in aller Schärfe mit dem Klienten sprechen zu können, damit etwas von dessen Opferschaft erfahrbar wird. Ich sage beispielsweise durchaus gelegentlich zu jemandem: »Wenn ich mit Ihnen verheiratet wäre, hätte ich Sie schon lange rausgeworfen!«. Dann lernt der oder die Betreffende begreifen, dass er zumindest bei mir mit seinem Benehmen an Grenzen stößt. Gelegentlich äußere ich so etwas auch zu einem Klienten innerhalb einer Gruppe, aber dann muss es schon sehr weit gekommen sein: »Es gibt Grenzen des

Umgangs innerhalb dieser Gruppe. Nimm zur Kenntnis, dass dir gleich die rote Karte winkt!« Dann beginnt etwas zu vibrieren. Wenn dem Betreffenden die Gruppe etwas bedeutet, hat er Angst davor, hinausgesetzt zu werden. Und das kann der Anfang zur Einsicht in das eigene Verhalten, also auch der Opfer-Seite in sich, sein.

Andererseits kann man als Therapeut einem Menschen, der in seiner Opferschaft hängen bleibt, auch dazu verhelfen, selbst die Rolle der Täterschaft zu übernehmen. Oft ist das erst auf dem Umweg über die Phantasie möglich. Wenn man beispielsweise als Kind misshandelt worden ist, hat man eine Schicht in sich, die sich rächen will. Das bedeutet, dass man zu der Entdeckung kommen kann, dass man selber auch grausame Neigungen – oder Phantasien von solchen Neigungen – Kindern gegenüber hat. Wenn ein Opfer sehen kann, dass solche Neigungen oder deren Phantasien überhaupt vorhanden sind, besteht der nächste Schritt darin, darauf einzugehen und allen Ernstes zu fragen: »Und wie würdest du das machen?« – Das Opfer empfindet sich zunächst natürlich nicht als Täter. Als Therapeut kann man einen solchen Menschen aber sehen lassen, dass diese Seite durchaus in ihm ist. Das ist sehr schwierig, weil man als Therapeut dann das Opfer spielen muss, um den andern seine eigene Täterseite sehen zu lassen. Ein solcher Prozess verlangt beiden Beteiligten Einiges ab.

Ich begleite auch die Arbeit von Therapeuten, indem ich mit ihnen Videoaufzeichnungen ihrer Therapiesitzungen bespreche. An Hand eines solchen Videos stelle ich beispielsweise fest, wie manche Therapeuten mit ihren Klienten sehr stark mitfühlen, während der Supervision aber ihrem Ärger über diesen Klienten Ausdruck geben. Wenn ich sie dann frage, warum dies auf dem Band nicht zu sehen ist, reagieren sie etwa mit der Bemerkung: »Ach, sie ist noch so verwundet!« Ein Therapeut kann in solchen Augenblicken unter starken Druck geraten, bis dahin, dass er schließlich zu dem Klienten sagt: »Ich akzeptiere es nicht mehr, dass du denkst, nur du seist immer das Opfer. Ich möchte, dass du bemerkst, dass du auf mich durchaus auch stark wirkst.« Natürlich braucht das nicht mit harten Worten zu geschehen. Man kann sich z.B. so ausdrücken: »Deine Geschichte hat mich stark berührt.« Die Kunst besteht letztlich darin, den Klienten seine Täterseite fühlen zu lassen, ihm aber andererseits nicht ein unnötiges Schuldgefühl aufzuladen. Wenn man als Therapeut äußert: »Es hat mich doch sehr berührt, was du letztes Mal erzählt hast, und ich habe in der letzten Woche häufig daran denken müssen«, so kann das dem Klienten das Bewusstsein geben, dass er doch einen Einfluss auf andere hat. Es ist eine schwierige Aufgabe, jemandem dazu zu verhelfen, sich seiner Taten bewusst zu werden, dies aber nicht zugleich auch negativ zu befrachten; ihn erleben zu lassen, dass seine Taten vorhanden sein dürfen, ihn erleben zu lassen, dass er sich nicht selber wegzudenken braucht. Die Integration der eigenen Täterseite, das Einordnen der eigenen verborgenen aggressiven Impulse, ist ein langwieriger und schwieriger Prozess.

Diesem Aspekt in der Therapie mutig ins Auge zu blicken, ist dann besonders schwierig, wenn jemand Kinder hat. Denn wenn man begreift, was man an seine Kinder weitergegeben hat, verdoppelt sich die Hölle, in der man sich befindet. Es gab schon die Hölle der eigenen Kindheit, und jetzt kommt noch die Hölle der Fehler dazu, die man bei seinen eigenen Kindern gemacht hat. Und doch wirkt diese Verdoppelung oft läuternd. Sie erleichtert es einem Menschen, seinen Eltern zu vergeben, er wird gestärkt dadurch, dass er wahrnimmt, wie stark seine Möglichkeit des Einflusses ist, und es entsteht eine Verbundenheit mit der ganzen Menschheit – sowohl mit den Tätern als auch mit den Opfern. Wenn ein solcher Prozess günstig verläuft, braucht man sein eigenes Leiden nicht mehr unbedingt an die Kinder weiterzugeben, da man den eigenen Prozess ernst nimmt.

Die Körperregion der Hüfte

Um die Beziehung zwischen Kraft und Verletzbarkeit, zwischen Tat und Erfahrung der Tat weiter zu vertiefen, ist es sinnvoll, bei dem Körperteil zu verweilen, der von der Waage beherrscht wird: Becken und Hüfte. Den Aspekt des Gleichgewichts kann man bei Jongleuren, die etwas in der Luft balancieren, am deutlichsten beobachten. Sie jonglieren vom Becken aus. Auch bei guten Tänzern und Fechtern sieht man, dass sie ihre Impulse und ihr Gleichgewicht aus der untersten Bauchregion kommen lassen.

Der mehr rezeptive, passive Aspekt manifestiert sich in den verschiedenen Durchgangsfunktionen, die im Beckenbereich stattfinden. Wer je zu harten Stuhlgang hat herauspressen müssen, weiß, dass hier oft Schmerz und Gewalt erlebt werden. Noch stärker ist die Gewalt bei der Geburt, bei der sogar der Knorpel in diesem Gebiet aufgeweicht wird, damit das Becken bei der Gewalt des Pressens buchstäblich »aus den Fugen« gehen kann. Die Polarität Widder – Waage findet sich auch in der Sexualität bei jeder Penetration wieder, in ihrer extremen Form bei der sadomasochistischen Technik des sogenannten »fist-fuck«, wobei Scheide oder Anus mit der geballten Faust penetriert werden.

Und doch sind die Hüften nicht nur passiv-erlebend eingerichtet: auch mit dem Becken kann gestoßen werden. Das klassische Bild des sexuellen Aktes ist das des Mannes, der in die Frau hineinstößt. Fühlt eine Frau aber eine wirklich sichere Atmosphäre um sich herum und in sich selbst, kann das Schwingen ihrer Hüften das des Mannes übertreffen. Dabei fällt auf, dass dann oft eine Umkehrung des klassischen Bildes entsteht, wir den Mann also verhältnismäßig passiv unten und die Frau ziemlich aktiv oben sehen. In der körperorientierten Gruppentherapie, in der dieses Thema bisweilen angegangen wird, sind dann mehrere Mitglieder der Gruppe nötig, um diese Kraft aufzufangen.

Gewalttätig schweigen

Das Muster des Sprechens und Lauschens, wie es zu Widder und Waage gehört, kann sich auch zum Extrem von Sprechen und hartnäckigem Schweigen steigern. Es gibt Eltern, die drei Tage lang nicht mit ihrem Kinde sprechen, wenn es böse oder unfolgsam war. In diesem Boykott jeder Interaktion, in diesem Boykott des Sprechens, liegt versteckte Gewalt.

Aber nicht nur ein Täter, auch das Opfer kann durch Schweigen Wut und Gewalt hervorrufen. Wir bemerken dann die eigenartige

Wirkung, die langes Schweigen auf Menschen ausüben kann. Wenn ein Opfer schweigt, tritt das Phänomen der »Spaltung des Schweigens« auf, wo der oder die Betreffende einerseits schweigt, weil er sich verletzt fühlt, zugleich aber auch deshalb, weil er als Verletzter dadurch Macht bekommt.

In der Psychotherapie, die ich in Gruppen gebe, sorge ich in solchen Situationen immer dafür, dass nun auch eine Spaltung in der *Reaktion* auf dieses Schweigen stattfindet, und zwar in einerseits die gewalttätige, andererseits die empathische Reaktion. Wenn jemand in einem seelischen Krampf gefangen sitzt und kein Wort herausbringt, kann es beispielsweise sein, dass man sagt: »Also los, dies ist deine Therapiestunde, du darfst also sagen, was du nötig hast.« Und dann folgt eine ganze Weile Stillschweigen. Nach einiger Zeit probiere ich es noch einmal und frage: »Wie geht es dir?« Da zeigt es sich dann, dass mit dieser Frage die Antwort, die jetzt auf die Frage von vor einer halben Stunde beinahe erfolgt wäre, gestört wurde. Dadurch entsteht eine Art von Spannung, und sowohl Therapeut als auch Mitglieder der Gruppe empfinden beispielsweise: »Also sag mal, wann antwortest du endlich?« Und die Spannung, die nun in der Luft liegt, wird natürlich auch vom schweigenden »Opfer« wahrgenommen. Dieses empfindet: »Oje, ich mache es schon wieder falsch!« Hierdurch verkrampft es sich noch mehr, und es sagt etwas völlig Unsinniges oder etwas, bei dem man gern näher nachfragen würde. Aber das tut man doch nicht, weil man dann wieder eine halbe Stunde warten müsste. Allmählich wird die Spannung innerhalb der Gruppe bedrohlich.

Das Beste, was man dann als Therapeut tun kann, ist es, die Stimmung zu spalten, und zwar innerhalb der Gruppe und auch in sich selber. Die eine Reaktion ist die der Liebe: »Was ist nur mit dir geschehen, dass du so schweigst?«, die andere die der Irritation: »Ich ärgere mich grün und blau über dein Schweigen!« In solchen Fällen schlage ich vor, dass jemand aus der Gruppe die Funktion dessen übernimmt, der weiterhin liebevoll bleibt und Interesse für die schweigende Person zeigt, unabhängig davon, was weiterhin geschieht und wie lange diese weiterhin schweigt. Meist setzt sich derjenige dann zum andern und sagt höchstens einmal: »Ich spüre, wie schwer du es hast.« Und einen anderen lasse ich demonstrieren, welchen Einfluss das Schweigen auf ihn ausübt. Indem sich ein Gruppenmitglied als Schweigeopfer darstellt, verströmt die aggressive Komponente des Schweigens und wird zur Interaktion. Dadurch wird auch die leidende Seite eher zugänglich. So kommt der Prozess wieder in Bewegung. Dadurch, dass der Schweiger sich innerhalb der Gruppe auch liebevoll unterstützt weiß, eröffnet sich eine neue Möglichkeit zu einer Antwort. Die Stauung wird behoben, jene Stauung, die hieß: »Mir ist soviel Unrecht angetan worden, ich halte einfach meinen Mund. Niemand will mir zuhören, niemand gibt mir Anerkennung, ich mache nicht mehr mit«. Erst in dem Moment, wenn ein anderer sich demonstrativ als Opfer des Schweigens darstellt, fängt wieder etwas an zu strömen.

Es hat einen Vorteil, wenn man als Therapeut, Begleiter oder Partner eines Opfers akzeptiert, dass diese Opferschaft auch einen Wut-Aspekt enthält. Man kann sich vorstellen, wie es einen Menschen verletzt, der während seiner ganzen Jugend und meist auch noch später in einer Partnerbeziehung dauernd zu hören bekommt, wieviel er falsch gemacht hat. Unterschwellig aber entsteht natürlich auch eine brennende Wut, das Bedürfnis, auf das Unrecht aufmerksam zu machen, es unwirksam zu machen. Aber da kommt es dann zu einem Zusammenstoß zwischen Ideal und Wirklichkeit. Ein Mensch, der selbst Opfer von schreienden Eltern ist, wird das Ideal haben, nicht auch ein solcher Despot zu werden. Die Wut schlägt nach innen, manchmal buchstäblich; dann schlägt sich so ein Mensch mit den Fäusten an den Kopf. Meist aber ist die Sache verborgener. Man kann beobachten, dass ein solcher Mensch sich immer mehr Schwierigkeiten auflädt oder aber sich völlig verschließt, wodurch er aufs Neue Aggression an sich zieht. Indem er sich vor seiner Umgebung verschließt, setzt er diese Umgebung unter Druck. Wir sehen dann das Paradox: »Achtet gar nicht auf mich!« Und das gerade funktioniert nicht, denn immer lenkt man just alle Aufmerksamkeit auf sich, wenn man auffallend unauffällig sein will. Es ist, als säße die betreffende Person in einem Spinnennetz: Sobald sich einer irgendwo in den Fäden dieses Netzes bewegt, schießt die Spinne des Bewusstseins darauf zu. Und wenn jemand in diesem Spinnennetz: »Achtet nicht auf mich!« sagt, ist das eine Vibration, die das menschliche Bewusstsein zu sich heranzieht. Oft ist es auch genau das, was der Betreffende will: Er will, dass man ihn in seinem Netz beachtet und etwas unternimmt, um ihn da herauszuholen. Man kann es also nicht vermeiden, irgendetwas zu tun, wenn jemand sich in seinem Netz eingesponnen hat. Aber derjenige, der sich derart verschließt, muss lernen einzusehen, dass auch er, indem er sich abschließt, in einer Weise handelt, die für sein eigenes Leben und für seinen gesamten sozialen Umkreis Folgen hat.

Wenn die Fäden durchgeschnitten werden ...

Erst, wenn jemand die Fäden seines Netzes selber durchschneidet, will er aussteigen. In der Psychotherapie heißt dies das »präsuizidale Syndrom«; es ist das Vorzeichen eines ernsthaften Selbstmordversuches. Der Betreffende nimmt überall Abschied und zieht sich ganz zurück. Er sagt nicht: »Achtet nicht auf mich«, sondern rundet die Kontakte ab. Er achtet genau darauf, ob es Menschen gibt, die seinen Plan wahrnehmen. Und sobald die nicht mehr da sind, wird – mit der unvermeidlich dazugehörigen Gewalt – dem Leben ein Ende gemacht. Oft liest man dann in Abschiedsbriefen: »Ich will niemandem mehr zur Last sein«, oder: »Es gibt Seiten in mir selber oder in meinem Leben, mit denen ich nicht mehr weiterleben will.«

Ein solcher Mensch zieht sich in der Hoffnung oder in der Annahme zurück, dass es niemandem etwas ausmache. Mit seiner Tat will er der Gewalt aus dem Weg gehen. Das Paradoxe dabei ist jedoch, dass die Gewalt, mit der die Tat letztendlich ausgeführt wird, eine Zusammenballung all der vielen Gelegenheiten ist, wo Gewalt hätte ausgeübt werden können, dies aber nicht gelang. Ein Selbstmord bedeutet immer eine große Tragik. Es ist die Tragik eines Menschen, der – obwohl er primär Opfer ist – äußerste Anstrengungen unternimmt, um niemandem mehr zur Last zu fallen. Es ist aber die Frage, ob das überhaupt möglich ist. Denn: Gibt es Selbstmorde, die keine Rückwirkung auf das soziale Leben der anderen haben? Das Opfer wird zum Täter. Wir, als die Überlebenden, lernen daraus, dass wir es nicht vermeiden können, Einfluss auf die Welt zu nehmen – nicht einmal dann, wenn wir glauben, dass uns niemand vermissen wird.

Sich selber ernst nehmen

Klares, tatkräftiges Handeln hat auch immer etwas mit Selbstbehauptung zu tun. Wir können beispielsweise zu jemandem sagen: »Entschuldige, ich merke, dass es mir lästig wird, was du tust. Ich finde dich sehr nett, aber was du mir jetzt sagst, hast du mir schon viermal erzählt.« Wenn wir etwas Derartiges sagen, ruft das in Sekundenschnelle Gewalt auf den Plan: »Meine Güte, du bist aber unsympathisch! Nun erzähle ich dir ganz begeistert etwas, und dann wendest du gleich bei mir psychologische Tricks an ...« Eine solche gewalttätige Reaktion ist vorhersehbar, obwohl man doch wirklich keinen Streit wollte. Bevor man dem andern das aber klarmachen kann, geht es schon weiter: »Naja, dir werde ich nie wieder etwas erzählen. Ich kann also niemals ich selber sein. Und was ist denn schon dabei, wenn ich gelegentlich zweimal dasselbe sage. Ich darf doch begeistert sein? Oder etwa nicht ...« Und dann tönt mir die (verbale) Gewalt noch lauter in den Ohren.

Es ist die Frage, ob wir danach noch den Mut haben, zu sagen: »Es geht mir wirklich nicht darum, den Kontakt zu dir abzubrechen. Und ich wollte dich auch nicht verletzen, aber ich will mich einfach selber schützen ...« Denn unter Garantie bekommt man eine Antwort wie die folgende: »Du bist sicher ein Psychologe oder etwas ähnliches. Hat dein Therapeut dir das gesagt?« Und dann liegt es sehr nahe, dass man selber in Gewalt verfällt und versucht, auf den andern Zwang auszuüben.

Und doch müssen wir es lernen, einander deutlich zu machen, wo die jeweiligen Grenzen liegen. Gemeinsam lernen wir, dass unser Ohr ein außerordentlich empfindliches Organ ist, das die kleinste Schwingung der Luft und die kleinste Veränderung in der Stimme des anderen wahrnehmen kann. Um es im Bilde auszudrücken: Das Goldene Vlies des Widders ist unser Trommelfell. Und dieses Organ verdient Respekt. In unserer Kultur hat das

Auge die Führungsrolle über die Sinnesorgane übernommen: beim Lesen, Fernsehen, Autofahren. Ich bin überzeugt davon, dass soziale Änderungen in unserer Kultur auftreten würden, wenn es gelänge, unser Hörorgan ernstzunehmen. Wir würden dann besser heraushören, was der andere wirklich sagt und meint. Die Äußerlichkeit der Augen würde bereichert durch die Innerlichkeit des Tones. Es ist daher auch nicht zufällig, dass viele große Helden am Ende ihres Lebens blind werden: Teiresias, Ödipus und auch Faust. Das Besondere bei Letzerem ist, dass er nicht merkt, dass er blind ist, weil ein so helles Licht in seinem Innern zu leuchten beginnt.

Je mehr es uns gelänge, unsere Ohren ernstzunehmen, desto stärker würden wir uns vor übermäßigem Lärmreiz, vor Geräuschmissbrauch und auch vor Worten, die uns schmerzen, zu schützen wissen. Wenn wir das ernstnehmen, erlangen wir ein Gleichgewicht zwischen unserer Kraft und unserer Verletzbarkeit und brauchen der Kraft, der Gewalt des anderen nicht selber Gewalt entgegenzusetzen. Der Moment, in dem wir uns selber ernst nehmen, ist der Augenblick, in dem wir unsere eigene Verletzbarkeit als Kraft benutzen!

Für mich ist dies das Hauptmerkmal all jener Lehrer, die mich in meinem Leben echt inspiriert haben: Sie lassen sich innerlich berühren durch das, was geschieht. Ich weiß noch, dass ich einer Journalistin einmal dazu riet, einen Artikel über Albert Pesso zu schreiben. Sie begleitete ihn eine Zeitlang durch die Niederlande und war bei etwa fünf Vorträgen anwesend. Als ich sie wieder sprach, sagte sie: »Er hat sich einen guten Trick ausgedacht. Jeden Vortrag beginnt er damit, dass er sagt, wie aufgeregt er ist. Damit verblüfft er sein Publikum.« Ich antwortete ihr: »Ich glaube nicht, dass es ein Trick ist. Der Mann findet große Menschengruppen ganz furchtbar. Das ist schon seit zwanzig Jahren so, und darin ist er ganz ehrlich. Und diese Ehrlichkeit ist für ihn die einzige Möglichkeit, mit einem Vortrag anzufangen.«

Sein Trick besteht also vielmehr darin, sich selber ernstzunehmen. Sobald er nicht mehr aufgeregt wäre und dennoch sagte: »Ich bin so nervös!«, würde sein Publikum sich zurücklehnen. Man würde es ihm nicht glauben, dass er so aufgeregt ist. Dann würde er den Kontakt zum Publikum verlieren. Nur indem man ehrlich ist, kann man mit einer solchen Äußerung Respekt hervorrufen. Es bedeutet nämlich, dass man akzeptiert, dass die Welt etwas mit einem tut, dass man diese Taten aus der Welt ernstnimmt und zugleich, dass man auf sie eine Antwort gefunden hat. Wer das schafft, wird merken, wie sich die Polaritäten gegenseitig beeinflussen. Als Sprechender wird er abtasten: »Was bewirke ich beim andern?« Er wird sich selber beim Sprechen mehr zurücknehmen. Und als Zuhörer wird er aktiver: »Will ich das noch hören? Kann ich hierzu einen Beitrag liefern oder soll ich gar eingreifen?« Und auch diejenigen, mit denen er spricht, werden aktiver in ihrem Zuhören und tastender im Sprechen, wodurch sich die Moralität des Sprechenden und des Zuhörenden auf einem gemeinsamen Niveau treffen. Der zuhörende Sprecher wird stiller, derjenige, der gern die Initiative ergreift, beobachtet: »Was passiert eigentlich, wenn ich einmal meinen Mund halte?« Dann werden plötzlich Ideen, die er früher einmal äußerte, von andern vorgebracht. Oder seine Zurückhaltung bewirkt ganz neue Ideen bei anderen, die sonst vielleicht nicht entstanden wären. Dasselbe geschieht mit dem Zuhörer. Hört er mit einem reichen inneren Leben zu: aktiv, mit positiver Einstellung, mit einer »Ja-Gebärde«, wird sein Zuhören viel fruchtbarer, als wenn er nur passiv dasäße. Sprechen und Zuhören beeinflussen sich jetzt gegenseitig. Die Passivität des Zuhörers bekommt eine innerlich aktive Grundlage. Und in der Mitte zwischen diesen beiden Polen wächst ein Kern der Stille, der dieser zwischenmenschlichen Begegnung seine verzaubernde Wirkung verleiht.

Wille und Bewusstsein

Stier und Skorpion

Prolog im Himmel

Raphael
Die Sonne tönt nach alter Weise
In Brudersphären Wettgesang,
Und ihre vorgeschriebne Reise
Vollendet sie mit Donnergang.
Ihr Anblick gibt den Engeln Stärke,
Wenn keiner sie ergründen mag;
Die unbegreiflich hohen Werke
Sind herrlich wie am erstenTag.

Gabriel
Und schnell und unbegreiflich schnelle
Dreht sich umher der Erde Pracht;
Es wechselt Paradieseshelle
Mit tiefer, schauervoller Nacht;
Es schäumt das Meer in breiten Flüssen
Am tiefen Grund der Felsen auf,
Und Fels und Meer wird fortgerissen
In ewig schnellem Sphärenlauf.

Michael
Und Stürme brausen um die Wette,
Vom Meer aufs Land, vom Land aufs Meer,
Und bilden wütend eine Kette
Der tiefsten Wirkung rings umher.

Da flammt ein blitzendes Verheeren
Dem Pfade vor des Donnerschlags;
Doch deine Boten, Herr, verehren
Das sanfte Wandeln deines Tags.

Zu drei
Der Anblick gibt den Engeln Stärke,
Da keiner dich ergründen mag,
Und alle deine hohen Werke
Sind herrlich wie am ersten Tag.

Johann Wolfgang von Goethe

Stier: Vom Klang zur Form

Das Wunderliche an diesem Zitat aus »Faust I« ist, dass von einer Sonne gesprochen wird, die Klänge hervorbringt. Auch »Faust II« beginnt mit dem Hinweis darauf, welch ein »Getöse« das Licht bringe. Die Elfen, die Faust in der Nacht wieder von seinen Heimsuchungen genesen lassen, müssen vor der heraufkommenden Sonne flüchten, weil sie sonst taub werden. Während unser voriges Kapitel von der Tatkraft des Wortes handelte, steht jetzt die formende und umformende Wirkung des Klanges im Mittelpunkt.

Die Sprache weist uns auf charakteristische Übereinstimmungen von Klang und innerem Erleben hin, wie zum Beispiel in dem Wort »Stimmung«. Interessant ist auch, dass unsere spontanen Klangreaktionen etwas von der Nahrung verraten, die wir zu uns genommen haben. So lässt sich zeigen, dass der »Hmmm«-Klang sowohl Ausdruck einer Emotion als auch der Verdauung von Nahrung ist. Auch hoffe ich deutlich machen zu können, dass das Verdauen von Nahrung ebenso wie das Verdauen unverarbeiteter Emotionen mit der Klangwirkung des Stiers in Verbindung zu bringen ist.

Der Kreis von den Fischen zu Widder und Stier und weiter bis zur schließlichen Rückkehr zu den Fischen hängt in seiner Reihenfolge mit dem »Eintauchen« in unseren Körper zusammen. Im ersten Fischestadium ertasten wir die Welt aus einem sphärischen Erleben heraus, die Gebärmutter um uns ist unsere »zweite Haut«. Beim Widder wird, wie geschildert, alle Kraft im Kopf zusammengezogen. Danach steigen wir mit unserem Bewusstsein bis in die Atmung und das Aufnehmen von flüssiger Nahrung hinab, in das Gebiet des Stoffwechsels, das vom Stier beherrscht wird. Die schöpferische Kraft dieses Bereiches kann durch unterschiedliche Klänge erlebbar gemacht werden: hoch, tief, mit Kopfstimme, nasal.

Sehr zu empfehlen ist es in diesem Zusammenhang, sich in die Klänge zu vertiefen, die von Joachim-Ernst Berendt, einem Genie im Bereich der Klangforschung, auf den CDs »Urtöne« zusammengestellt worden sind. Berendt geht davon aus, dass alle Objekte, die sich im Kosmos bewegen, einen Klang hervorbringen. Natürlich ist das nur eine – wenn auch außerordentlich interessante – Möglichkeit, an die Wirklichkeit heranzugehen. Berendt hat unter anderem die zyklische Bewegung der Erde in eine Frequenz umgesetzt und dann auf eine Zeitlinie übertragen:

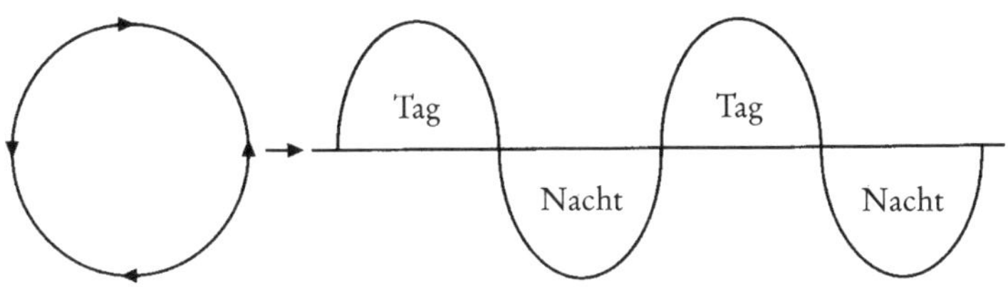

Betrachten wir den irdischen Zyklus von einem Tag und einer Nacht als eine ganz langsame Schwingung, so bekommen wir einen Ton. Da es eine sehr langsame Schwingung ist, ist es ein sehr tiefer Ton. Verliefe die Drehung der Erde schneller, so wäre auch die Schwingung schneller und daher der Ton höher. Der irdische Ton ist allerdings so tief, dass er mit normalen Mitteln nicht zu hören ist.

Berendt überlegte sich nun, dass die Essenz, das Wesentliche eines Klanges, nicht verlorengeht, wenn man diesen Klang eine Oktave höher spielt oder singt. Das gilt auch in der Musik. Wenn beispielsweise ein Mann und eine Frau zusammen singen, wird sie meist eine Oktave höher einsetzen als er, ohne dass man das Gefühl hat, dass sie etwas Verschiedenes singen. Jeder Ton steht in einem absoluten Verhältnis zu dem Ton, der eine Oktave höher oder eine Oktave tiefer liegt. Berendt hatte nun den genialen Einfall, die Frequenzen der kosmischen Körper zu erkunden und diese dann so oft nach oben zu oktavieren, bis sie für uns hörbar werden. Das hat er mit den Frequenzen der Erde durchgeführt, aber auch mit denen anderer Himmelskörper, etwa der Sonne und des Mondes.

Die Töne werden auf einem speziell dafür eingerichteten Monochord erzeugt. Dieses Instrument lässt nur einen einzigen Ton erklingen, zugleich hört man aber eine ganze Reihe von Obertönen. Es ist, als würden in diesen oberen Regionen viele kleine Glöckchen erklingen, als spielte weit entfernt ein Glockengeläut. Grundlage ist also ein monotoner, immer gleichbleibender Ton, aber in den oberen Regionen vermischen sich die Schwingungen der Obertöne, sich fortwährend verwandelnd, zu einer chaotischen Komposition. Und dadurch entsteht eine festliche, muntere Bewegung von Obertönen. Diese Urklänge können uns dabei helfen, einen Zugang zur schöpferischen Kraft der Töne zu finden.

Auch gibt es interessante phänomenologische Studien, in denen man Schwingungen auf Materie einwirken lässt. Vor einigen Jahren wurden in Rotterdam im Rahmen der Ausstellung »Fenomena« Metallplättchen ausgestellt, die in der Mitte auf einem kleinen Ständer befestigt waren. Mit einem Geigenbogen konnte der Besucher an den Rändern dieser Platten entlangstreichen, wodurch eine Schwingung, also ein Ton, entstand. Durch die unterschiedliche Größe der Plättchen waren auch die Klänge verschieden. Und hielt man einen Finger an den Rand eines Plättchens, während man den Bogen strich, veränderte sich der Ton noch einmal. Nun streute man feinen Muschelsand auf die Plättchen, und dieser Sand bewegte sich während der Schwingung so über die Metallplättchen, dass wunderbare geometrische Figuren entstanden, sogenannte »Chladni'sche Klangfiguren«. Die Klänge zeigten, dass sie zu Formen werden konnten. Das Besondere war, dass jede Veränderung des Tones eine Veränderung der Form im Muschelsand bedeutete. Die alte tibetanische Heilkunst verwendet dieses Phänomen, indem sie Klangfolgen auf Organe einwirken lässt. Es gibt auch Therapeuten, die mit

Hilfe von Obertönen oder bestimmten Klängen, die von menschlichen Stimmen hervorgebracht werden, auf den Körper einwirken können. Nicht nur das Ohr vibriert nämlich mit; Klänge reichen vielmehr bis tief in den Körper, bis ins Skelett hinein.

Angesichts dessen scheint mir der Gedanke nachvollziehbar, dass es bei der Ur-Schöpfung eine Verdichtung des Klanges gegeben hat: »Im Anfang war das Wort …« Der umgeformte göttliche Wille, die Willensintention aus dem Absoluten heraus ist durch Widerstand, durch Spannung zum Klingen gekommen und dadurch letztlich zur wahrnehmbaren Form geworden. Form und Klang sind »Gerinnungen« derselben Schwingung, jedoch in einem jeweils unterschiedlichen Stadium.

Dies gilt auch für das Licht und für die Farben. Als Schwingung betrachtet, kann man das Licht als einen extrem hohen Ton bezeichnen. Wollen wir nun die Klangfarbe der Erde wahrnehmen, so können wir diesen Klang der Erde kontinuierlich bis auf die Ebene des Lichtes hinauf oktavieren. Dann bekommen wir die erdhafte Farbe Orange, wie sie von buddhistischen Mönchen getragen wird. Dieses Orange ist der Erdton, der bis ins Sichtbare hinauf oktaviert ist.

Viele Kathedralen sind ebenfalls nach musikalischen Proportionen gebaut. Betrachten wir eine Kathedrale, so blicken wir auf geronnene kosmische Musik. Auch der Goldene Schnitt ist ein musikalisches Verhältnis. Er beruht auf musikalischen Proportionen, die ins Sichtbare umgesetzt sind. Pythagoras hat gesagt: »Die Welt ist Musik.« Dies manifestiert sich für uns im menschlichen Lebenslauf. Der Takt, das Metrum ist vorgegeben, darüber schwingen wechselnde Rhythmen und die individuelle Melodie.

Das Stier-Symbol

Das Symbol des Stiers wird entweder so

oder so

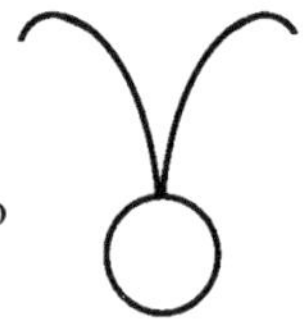

dargestellt.
Wir können uns dem Verständnis dieses Zeichens auf unterschiedliche Art nähern. Es lässt sich z.B. als das Widder-Symbol sehen, unter das ein Kreis hinzugefügt ist. Oder es sieht aus, als wäre der stilisierten Wiedergabe des von vorn gesehenen Gesichtes eine Ergänzung durch den (offenen) Mund hinzugefügt worden, der zu Augen (Augenbrauen) und Nase tritt. Auch sieht es wie ein Widder mit »Bauch« aus.

In der ägyptischen Mythologie wurde der Stier oft mit einem Kreis (der Sonne) zwischen den Hörnern abgebildet. Auch der ägyptische Sonnengott Horus wird häufig auf diese Weise als Stier dargestellt.

Der Stier als Naturbild

Der Stier ist eine Art wandernder Magen. Stier und Kuh grasen den ganzen Tag über. Und wenn sie damit aufgehört haben, käuen sie wieder. Ein Rind frisst zuerst zähes Gras, kaut es und schluckt es herunter. Nach einiger Zeit rülpst es das halbverdaute Gras wieder hoch und fängt noch einmal an zu kauen. Dieser Prozess wiederholt sich einige Male. Und jedes Mal ist das Futter, wenn es wieder hochgerülpst wird, etwas stärker verdaut. Das Rind hat für diesen umfangreichen Wiederkäuungs-und Verdauungsprozess vier Mägen zur Verfügung, die hintereinander geschaltet sind. Nach jeder Wiederkäurunde kommt das Futter in den nächsten Magen. Auf diese Weise verwandelt das Tier das Gras zu reinem Fleisch und – bei der Kuh – zu reiner Milch. Beides verwenden wir zu einem großen Teil für uns Menschen. Der Stier liefert keine Milch, produziert aber sehr viel Sperma, das wir wiederum zu Zwecken der künstlichen Befruchtung »melken«. Dieser Prozess der Umsetzung von rohem Gras in Fleisch und Blut, Milch und Sperma ist, wie wir noch zeigen werden, die Metamorphose vom Stier zum Skorpion.

Der Stier in der Mythologie ist ein magisches Tier. Es existieren viele Abbildungen, in denen ein Stier als Opfer geschlachtet wird. Auch gab es in Griechenland Spiele, die eine Art Initiation zum Erwachsensein darstellten. Dazu wurde beispielsweise den Jünglingen abverlangt, dass sie einen Stier direkt auf sich zu kommen ließen, ihn bei den Hörnern ergriffen und in einem Salto über ihn hinwegsetzten. Eine grausame Variante hiervon ist der Stierkampf – ein ungleicher Kampf, denn dem Stier werden zuvor die Nackenmuskeln durchschnitten, so dass er nicht mehr die Kraft hat, sich den Torrero über den Kopf zu werfen. Hierbei sind eigentlich zwei alte Gebräuche miteinander verknüpft, und zwar auf eine Weise, die nichts mehr mit den alten kultischen Ritualen zu tun hat: einerseits der Kampf mit dem Stier als *Initiationsritus*, andererseits das Durchschneiden der Nackenmuskeln als *Opferung*.

Diesem zweiten Motiv begegnen wir in den Mithrasmysterien, jenen persischen Mysterien, die sehr lange nachgewirkt haben und als starker Konkurrent des frühen Christentums betrachtet wurden. Der Gott Mithras wird oft als derjenige abgebildet, der – als Opfergebärde – dem Stier die Kehle durchschneidet. Immer wieder sieht man gleichzeitig auch einen Skorpion abgebildet, der den Stier in seine Geschlechtsteile sticht. In späteren Zeiten wurde diese Opferhandlung mit der Kriegführung in Verbindung gebracht, da Mithras der Gott der Kämpfer wurde. Die Mithrasreligion war in ihrem Ursprung jedoch in erster Linie ein hoher Mysteriendienst, in dem Opferpflicht, Gehorsam und moralische Werte von größter Bedeutung waren.

Das Opfern des Stieres ist Bild für das Opfern des ungezähmten Trieblebens. Der Stier in seiner starken männlichen Kraft kann etwas sehr Bedrohliches ausstrahlen. Junge Stiere sind beim Erwachen ihrer Sexualität nicht zu halten. Riechen sie nur von weitem eine brünstige Kuh, so können sie sogar Stahlzäune durchbrechen. Es ist beeindruckend, einen solchen starken, brünstigen Stier zu sehen. Er brüllt mit tiefer Stimme und streckt seinen Hals dabei vor, um dieses Brüllen so laut und kräftig wie nur möglich erschallen zu lassen. Dabei streckt er seine Hinterpfoten in Verlängerung seines Leibes weit aus, so als brüllte er mit seinem ganzen Körper. Sein ganzer Leib strahlt sexuelle Erregung aus, ein animalischer Trieb, der kaum aufzuhalten ist und bei Menschen große Angst hervorrufen kann.

Das Sternbild des Stieres und der entsprechende Bereich des menschlichen Körpers

Unsere Geburt vollzog sich, wie wir sahen, mit Hilfe der Widderenergie, danach aber, indem wir anfangen zu atmen und zu trinken, manifestiert sich der Stier. Dieses Sternbild beherrscht Mund und Kehlregion. Durch den Mund verschwindet die Nahrung in unserem Stoffwechselkanal und wird dann durch unhörbare Klangwirkungen in körpereigene Substanz verwandelt. Auch der Kehlkopf ist eigentlich ein Verdauungsorgan: Wir bringen Laute hervor, um dadurch unsere Erfahrungen mit der Welt auszudrücken. Erstaunen ist: »oh!«, Schmerz: »au«, Fröhlichkeit: »haha«. Mit Klängen und Worten bauen wir seelische Welten auf. Hier liegt der Zusammenhang zwischen den beiden Eigenschaften des Mundes: Zum einen ist er Eingang des Verdauungskanals, zum andern Ausgangspforte der Laute.

Der Stier im Lebenslauf

Das »zeitlose« vorgeburtliche Sein wurde, wie bereits dargestellt, von den Fischen beherrscht. Dann, während der Geburt, wirkt der Widder, und gleich darauf, in dem Augenblick, wenn das Kind atmet, tritt die Stierwirkung ein. Das Kind hat die große Kraftanspannung der Geburt hinter sich und beginnt sofort zu atmen und sich hörbar zu machen. Manchmal ist dabei Hilfe vonnöten. Früher gab man dem Neugeborenen einen Klaps auf den Po, um es zu erschrecken und dadurch die Atmung anzuregen. Meistens aber kommt der erste Schrei, also auch die Atmung, spontan.

Diese ersten Laute sind zutiefst beeindruckend. Manchmal hört man einen zufriedenen Ton, manchmal aber auch einen ermüdeten oder bekümmerten. Wenn wir auf Laute horchen, die von Tieren ausgestoßen werden, haben wir oft das Gefühl, als kämen sie aus einer fernen Vergangenheit. Und so hört es sich auch oft bei Neugeborenen an; es ist, als hätten sie schon Tausende von Jahren hinter sich. Im ersten Atemzug manifestiert sich also das Stierprinzip. Der Körper beginnt mit seinem eigenen Stoffwechsel: zuerst wird Luft, dann Flüssigkeit und innerhalb des ersten Jahres dann auch feste Nahrung aufgenommen. Das Wichtigste, was ein Kind in seinem ersten Lebensjahr tut, ist Trinken, Schlafen und Verdauen. Es ist – ebenso wie das Rind – bildlich gesprochen, eine »Verdauungsmaschine«.

Das Baby muss sich erst einmal von der gewaltigen Anstrengung der Geburt erholen und sich dann darum bemühen, die irdische Materie richtig zu verarbeiten. Wir können uns vorstellen, wie schwierig es für ein Kind ist, auf die Erde zu kommen, nachdem es neun Monate lang nicht seine »eigene« Nahrung zu sich genommen und verdaut hat. Es ist in einem unaufhörlichen Strom auf dem Wege über das Blut seiner Mutter ernährt worden. Daher hat sich noch keine eigene Darmflora entwickelt. Und auf einmal bekommt es Milch zu trinken. Natürlich ist es zunächst eine vorverdaute, zarte Flüssigkeit, die dem unirdischen Dasein noch sehr nahe ist. Aber es ist doch richtige Nahrung, die das Kind nur auf der Erde bekommen kann. Diese erste irdische Nahrung kann sauer werden und kann verderben. Und sie kann im Magen-Darmtrakt Probleme hervorrufen. Viele Kinder bekommen Darmkrämpfe. Erst nach einiger Zeit, wenn sich der Stoffwechsel richtig eingespielt hat, kann nach und nach andere Nahrung hinzutreten, zuerst mit relativ kosmischer Natur, vor allem Obst. Das Kind bekommt keine Zwiebeln oder Kartoffeln, die unter der Erde gewachsen sind, sondern bezeichnenderweise etwas, das den Boden noch gar nicht berührt hat. Ganz allmählich wird die Nahrung irdischer, weniger kosmisch, bis das Kind schließlich mit der ganzen Familie mitisst.

Diese Stierperiode, die Freud die »orale Phase« nennt, ist etwas ganz Besonderes. Wir haben bereits beschrieben, dass bei den Fischen eine Beziehung zwischen der vorgeburtlichen Phase und dem Verarbeiten des Lebens nach dem Sterben besteht. Das Widderprinzip des Geborenwerdens begegnet uns quasi als Echo beim Sterben wieder. Auch das Sterben ist das Durchbrechen einer Pforte. Dem Stier ist nun als Besonderheit eine Erinnerung an die Zeit *vor* der Empfängnis eigen, die Zeit, in der wir uns noch in der Musik der Weltensphären aufhielten. Und daher haben Klänge auch immer etwas Magisches. Irgendwie erinnern sie uns an den musikalischen Quell, aus dem wir geboren sind, an den Quell, aus dem der Kosmos »herausvibriert« ist. In den Lauten der ganz kleinen Kinder hören wir in gewisser Weise vorweltliche Urklänge aus einer Zeit, in welcher der Kosmos nur durch Klänge regiert wurde. Aufgabe der Eltern ist es, dabei zu helfen, diese Klänge in Bedeutungen umzusetzen. Da das Kind noch keine Wörter kennt, muss man als Eltern raten, was passiert ist. Man kann nicht fragen: »Hast du dich gestoßen? Tut es da weh?« An der Art des Klanges muss man hören, was passiert ist. Und dies bestimmt dann die Bedeutung, die wir dem Geschehenen beimessen. Die Klangkommunikation wirkt nach zwei Seiten hin. Wenn die Eltern lieb und sanft mit ihm reden, wird das Kind dadurch ruhig; und genauso werden die Eltern beruhigt, wenn das Kind ganz sanft und lieb vor sich hin brabbelt.

Musikalische Aspekte hat auch der Rhythmus von Tag und Nacht. Das Kind vollzieht einen Übergang aus dem zeitlosen Schweben in der Gebärmutter in das Leben mit verschiedenerlei Rhythmen. Der Tages- und Nachtrhythmus hatte in der Gebärmutter noch nicht eine solche Bedeutung, ebensowenig wie der Rhythmus von Aktivität und Ruhe oder von Gefüttertwerden und Verdauen. Ein Neugeborenes entwickelt allmählich einen eigenen Rhythmus. Zu Anfang ist das Prinzip noch sehr chaotisch. Ein Baby kann sich beispielsweise jede halbe Stunde melden, weil es Hunger hat. Es ist ein großes Missverständnis, dass man darauf nicht eingehen dürfe und von Anfang an ein strenges Regelmaß beim Füttern und anderem Umgang mit Babys handhaben müsse. Es sind durchaus gut gemeinte Ratschläge, die aber im Gegensatz zum Interesse des Kindes stehen.

Ein Kind ist während der ersten Phase noch so chaotisch, dass es sich ganz unterschiedlich – beispielsweise abwechselnd ganz unersättlich und gleich darauf völlig uninteressiert – zeigen kann. Erst allmählich findet es aus dem anfänglichen Chaos heraus seinen eigenen Rhythmus. Ein Kind weiß selber noch kaum, was da geschieht, es macht schmatzende Geräusche, woran sein Vater und seine Mutter merken können, dass es Durst hat. Wenn sie das lange überhören, fängt es an zu piepsen oder zu quietschen. Und wenn sie das immer noch überhören, fängt es an zu weinen. Wenn sie auch das negieren, wird es wieder still. Dann sagen die Eltern: »Siehst du, es war gar nichts ...«

Ob wir wirklich herausspüren, was das Kind braucht, hängt weitgehend davon ab, wie wendig und aufmerksam wir als Eltern sind und wieviel wir im jeweiligen Moment geben können. Da wir aber als irdische Menschen schlichtweg nicht immer zur Verfügung stehen und nicht immer sofort reagieren können, ist es gar nicht möglich, dass dieser Prozess nur harmonisch verläuft. Es ist immer eine Spannung vorhanden zwischen dem Hinhorchen auf die Bedürfnisse des Kindes und dem Prozess, in dem sich Vater und Mutter gerade befinden. Gelingt es ausreichend, so wird ein gewisses »Basisvertrauen« erreicht. Das Kind bekommt das Gefühl: »Es gibt jemanden in meiner Umgebung, der spürt, was ich möchte, der weiß, was ich brauche und der mich versteht.«

Es ist nicht leicht, sich vorzustellen, wie sich dies nun wirklich von der Seite des Babys aus anfühlt. Es liegt in einem für ihn gewaltig großen Raum und sieht darin, weil es noch nicht richtig fokussieren kann, nur eine Fülle von Flecken. Wenn es Hunger hat, schmatzt es ein wenig, und auf einmal erscheint ein warmer, weicher »Berg«, aus dem Milch kommt. Oder ein großer »Geist« erscheint von oben und sagt: »Na, bist du wach?« Das ist doch reinste Zauberei! Und in dieser Welt ohne Logik und ohne Verständnis entstehen allmählich Formen.

Das anfängliche Chaos sehen wir auch in der Motorik. Ein Baby sticht sich selbst oft in die Augen, wenn es sein Däumchen sucht. Oder es kratzt sich im Gesicht. Erst ganz langsam entsteht ein vages Bewusstsein. Dann lernt das Kind, den Daumen auf seinen Mund zu richten. Es ist eine Entwicklung, in der die Welt immer stärker geteilt wird, aus immer mehr einzelnen Teilen besteht. Und zwischen diesen einzelnen Teilen entsteht eine Ordnung. Die diffuse chaotische Welt verschwindet zugunsten einer geordneten Welt des Bewusstseins. Aber damit wird das Kind auch von der Welt der Maya eingefangen, den Schein der sinnfälligen Welt. Der Bewusstwerdungsprozess hat nämlich zwei Seiten. Wenn wir sagen: »Endlich begreift er es!«, sagt die geistige Welt gewissermaßen: »Jetzt denkt er, dass es ein Tisch ist, und dass dieser etwas anderes ist er selbst.« Das Kind sieht die Welt nicht mehr als kosmische Einheit. Es lebt nun im Schein der irdischen Trennung. Die ursprüngliche Harmonie ist gespalten und zu tastbaren, getrennten Formen verdichtet.

Die Kunst besteht nun darin, das Kind so zu begleiten, dass allmählich ein eigener Rhythmus entsteht, mit dem es sich in den irdischen Rhythmus hineinfügen kann. Das ist nicht nur für das Kind, sondern auch für die Eltern wichtig. Denn es ist nun einmal praktisch, nicht viermal nachts und nur einmal am Tage zu essen. Als Kind schont man damit schließlich auch seine Mutter. Als Eltern muss man also gemeinsam mit seinem Kind einen Lebensrhythmus finden, in dem Spielen, Nähren und Schlafen immer deutlicher getrennt werden und immer deutlicher zu festen Zeiten innerhalb immer größerer Zyklen stattfinden.

Zuerst lebt ein Kind noch vor allem schlafend in der Welt, dann wird es wacher, das Aktivsein bekommt eine viel stärkere Betonung als das Schlafen. Ich glaube, dass die Kinder in unserer Zeit auch deshalb weniger schlafen und wacher sind als früher, weil allgemein mehr Reize vorhanden sind. Kinder kommen im Verhältnis schneller in den Bewusstseinspol. Daneben aber glaube ich auch, dass Kinder in ihrem ersten Lebensjahr weniger traumatisiert werden als früher, wodurch sie weniger stark das Bedürfnis haben, sich durch Schlafen aus der Welt herauszuziehen. Dabei denke ich vor allem an die Verrücktheit vergangener Generationen, ein Baby weinen zu lassen, weil das angeblich gut für die Lungen war. Auch werden die Familien kleiner, wodurch mehr Zeit und Zuwendung für das Kind vorhanden sind. Die Auffassung: »Lass es ruhig schreien!« ist natürlich auch aus Not geboren, in Zeiten, da die Eltern zu viel zu tun hatten, um auf jedes Signal der Kinder zu reagieren.

Essen, bis du satt bist

Ein ideal genährtes Baby saugt sich voll und begleitet diesen Vorgang mit oft sehr lustigen, netten Geräuschen. Wenn es gesättigt ist, liegt etwas wie Gleichgültigkeit über dem Kind und es spuckt die Brustwarze oder den Sauger aus. Etwas später bekommt es doch wieder Appetit und es trinkt weiter, sehr schnell aber geschieht dasselbe wie vorher. Das ist für eine stillende Mutter oft schwierig, weil ihre Brüste noch weiterhin Milch geben. Da kann es dann eine Spannung zwischen Mutter und Kind geben: »Meine gute Brustnahrung – ich habe ohnehin nicht so viel, und nun willst du sie gar nicht haben!« Oder: »Ich habe viel zu viel Milch und das tut weh. Warum willst du nun nicht mehr?« Durch solche Spannungen müssen Mutter und Kind gemeinsam hindurch. Manche Kinder werden dadurch traumatisiert, sie können nicht zu einem Moment der Sättigung gelangen, weil ihre Mutter sie dazu zwingt, immer noch weiterzutrinken.

Doch können auch dadurch Traumata entstehen, dass ein Kind nie genug bekommt oder niemals nach seinem eigenen Rhythmus gestillt wird. Dieses Pech habe ich selber als Kind gehabt, und dadurch konnte ich es kaum mit ansehen, wenn meine Frau unseren Kindern nicht schnell genug die Brust gab. Wir sind dann zu dem Schluss gekommen, dass es für mich in dem Moment wahrscheinlich schlimmer war als für die Kinder, aber ich habe daran eben erlebt, wie intensiv unsere Reaktion später sein kann, wenn wir als Kind nicht rechtzeitig gestillt wurden. Noch immer werde ich nervös, wenn ein Ober mir mein Essen nicht schnell genug bringt. Noch immer strahle ich eine Stimmung aus wie: »Du musst doch merken, was ich brauche und es schnell bringen.«

Solche Traumatisierungen kommen nicht nur bei Babys vor. Das Essen kann Anlass zu fortwährendem Streit zwischen Eltern und Kindern werden. Nur allzu häufig geschieht es, dass ein Kind nicht ernstgenommen wird, wenn es seinen Eltern sagt: »Ich hab' keinen Appetit«. Und so manche Eltern greifen dann zu Machtmitteln und sagen: »Wenn du jetzt nicht isst, darfst du heute abend auch nicht Sesamstraße gucken.« Was sie ihren Kindern damit in Wirklichkeit sagen, ist aber: Deine Bedürfnisse sind Unsinn. Ich sage dir, dass du deinen Teller leer essen musst. Ich will nicht, dass du auf deine eigenen Bedürfnisse horchst.«

Natürlich gibt es Kinder, die zu wenig essen, aber gerade dann kommt man mit geschicktem Verhandeln weiter. Ich spreche manchmal mit Eltern, die sich über die Essgewohnheiten ihrer Kinder beklagen. Wenn ich ehrlich bin, muss ich feststellen, dass dies oft Eltern sind, die selber Essprobleme haben oder hatten. Sie haben diese Probleme nur unvollständig verarbeitet, und durch ihr Kind werden sie wieder damit konfrontiert. Diese Eltern wissen oft selber nicht, wie sie den Punkt erreichen sollen, an dem sie gesättigt sind. Sie haben in ihrer Jugend wahrscheinlich oft das Gefühl gehabt: »Sie spüren nicht, was ich möchte. Nie bekomme ich genug. Oder es wird mir in dem Moment, wenn ich nicht mehr möchte, doch in den Mund geschoben.« Das sind die drei Themen, die aus der oralen Phase stammen: *1) Die eigenen Bedürfnisse werden nicht wahrgenommen; 2) Nicht genug bekommen; 3) Etwas aufgedrängt bekommen, wenn man es nicht mehr möchte.*

Die Symbiose von Mutter und Kind

Die Baby- und Kleinkindphase ist auch die sogenannte *symbiotische Phase*, in denen sich das Kind eins fühlt mit seinen Eltern, in körperlicher Hinsicht gilt dies am stärksten für die Verbindung mit seiner Mutter. Die physische Verbindung ist natürlich nach der Durchtrennung der Nabelschnur durchbrochen, aber es ist immer noch ein Verschmolzensein zwischen dem Leib der Mutter und dem des Kindes vorhanden. Ein Teil der Lebenskraft, das »Ätherische« des Kindes, ist noch eins mit der Mutter. Man könnte das ein

»ätherisches Band« nennen. In diesem Bereich lebt eine außerordentlich große Empfindlichkeit. Empfindet die Mutter tief in sich Schmerz, so nimmt das Kind mit seinem Ätherleib diesen Schmerz wahr. Diese Empfindsamkeit ist gegenseitig.

Es existiert so etwas wie eine hellseherische – oder besser: hellfühlende – Verbindung, die außerhalb von Raum und Zeit wirksam ist, wodurch wir allerdings auch nichts vor unserem Kind verbergen können. Darum hat diese Symbiose eine solche Bedeutung. Denn durch sie weiß das Kind, dass jemand vorhanden ist, der ganz mit ihm mitempfindet. In dieser Symbiose äußert sich Stierwirksamkeit. Es ist das Gefühl, in dauernder Harmonie mit dem mütterlichen Körper zu sein. In etwas geringerem Maße gilt das für die Verbindung mit dem Körper des Vaters, weil man physisch nicht aus diesem hervorgegangen ist.

Die Symbiose wird vertieft, wenn die Mutter sich in das Kind einfühlt, mit dem Kinde mitempfindet. Und sie wird zu schnell unterbrochen, wenn das Kind erleben muss, dass dieses Einfühlen und Mitempfinden fehlt. Wenn zuviel Spannung und Schmerz in der Mutter leben, gelangt dies auf dem Wege über den Ätherleib in das Kind hinein. Man könnte auch sagen, dass Spannung und Schmerz »mit der Muttermilch« aufgenommen werden. Bei vielen Menschen, die das Gefühl haben, dass sie allen seelischen Abfall ihrer Mitmenschen schlucken müssen, stellt sich heraus, dass ihre Mutter seinerzeit unerträglichen Spannungen ausgesetzt war, wodurch zusammen mit der Muttermilch viel »Gift« eingesaugt wurde. Ich behaupte damit allerdings nicht, dass zwischen dem Stress während des Stillens und dem späteren Gefühl, vergiftet zu werden, in jedem Fall ein ursächlicher Zusammenhang vorhanden sein muss. Beide Aspekte können Teil eines größeren karmischen Themas sein. Manchmal hört man auch, dass Kinder die Muttermilch verweigern. Sie zeigen dann Abwehrreaktionen. Auch hier behaupte ich nun nicht, dass zuviel Adrenalin in der Muttermilch sein muss, wenn ein Kind die Brustnahrung ablehnt. Doch ich behaupte, dass eine bestimmte Stresssituation vorhanden sein kann, wodurch die Milch nicht gut schmeckt, wodurch eine Spur Bitterkeit in die Milch kommt. Manchmal kann man diese Bitterkeit sogar wirklich schmecken. Denn die Qualität der Muttermilch ändert sich fortlaufend – nicht nur durch das Essen von Porree oder Knoblauch, sondern auch durch Spannungen. Und dann kann es sein, dass das Kind unbewusst die Spannung der Mutter fühlt und durch dieselbe Spannung die Mutter nicht mehr in gleicher Weise mit dem Kinde mitfühlen kann. Dann wird die Symbiose zu früh durchbrochen. In abgeschwächter Form spielt sich dasselbe ab, wenn die Kinder Flaschennahrung bekommen. Die Symbiose ist dann prinzipiell nicht ganz so stark, manchmal sogar zugunsten einer stärkeren Beziehung zum Vater. Auch dann bleibt aber eine fast übersinnliche gegenseitige Sensibilität bestehen.

Die Einfühlungsfähigkeit des Erwachsenen

Diese Thematik kehrt oft beim Erwachsenen wieder. Manche Menschen sagen nach jedem zehnten Satz: »Verstehst du?« Sie möchten gern ein bestätigendes Nicken sehen, und im Grunde muss man sie dann fast immer enttäuschen: »Nein, du und ich werden nie wissen, ob ich dich verstehe, denn wir sind getrennte Wesen. Und auch wenn ich sage, dass ich dich verstehe, weißt du damit immer noch nicht, ob es stimmt.«

Stellen wir uns beispielsweise vor, wie das ist, wenn jemand sagt: »Ich habe mir einen Nagel in den Fuß getreten. Es hat wehgetan. Verstehst du?« Natürlich kann man dann antworten: »Ja, ich verstehe, dass das wehtut.« Wenn man sich aber selbst nie einen Nagel in den Fuß getreten hat, weiß man nicht, wie schmerzhaft das ist. Nicht einmal, wenn es einem schon passiert ist, weiß man, ob vielleicht die eigene Schmerzgrenze woanders liegt. Das bedeutet: Man wird einander nie ganz verstehen. Machen wir dem anderen dies klar, so ist es für ihn wie ein Echo aus seiner Kindheit. Mit den Erinnerungen an das Unverständnis von Vater und Mutter steigen Gefühle auf wie z.B. diese: »Wenn ich müde war, gingen sie doch mit mir aus, denn sie hatten eine Verabredung. Und wenn ich Hunger hatte, sagten sie: ›Warte noch kurz, nachher bekommst du etwas zu essen.‹ Und wenn ich etwas in meine Windel gemacht hatte, wurde sie nicht gewechselt, weil sie noch nicht wirklich voll war.«

So, wie ich es jetzt formuliere, geschieht es in Wirklichkeit natürlich nicht, weil wir als Säugling unsere Erlebnisse noch nicht in Gedanken fassen können. Darin liegt auch die Schwierigkeit im Umgang mit den schmerzlichen Erlebnissen jener Zeit. Sie wirken als Gefühlsatmosphäre nach, die uns plötzlich überfallen kann, ohne dass wir verstehen, woher sie kommt. Das »Baby in uns« erzählt dann seine geheime Geschichte, und als junge Eltern müssen wir versuchen, das Kind in uns selbst zu verstehen. Gerade wegen der überwältigenden, wortlosen Kraft dieser Traumata schieben die meisten Menschen deren Verarbeitung oftmals lange hinaus. Nach meiner Erfahrung kommt man hier mit verbaler Therapie nicht weit genug. Wenn man daran arbeiten will, wird man auf dem nichtverbalen Niveau des Babys danach suchen müssen, was einem der Körper zu sagen hat.

Menschen, die mit dieser Thematik ringen, sind praktisch immer auf der Suche nach richtiger Ernährung. Das muss nicht Ernährung im wörtlichen Sinne sein. Ein Beispiel: Jemand kann einem auf eine Weise zuhören, dass man denkt: »Das finde ich nun wirklich unfreundlich. – Er sitzt nur verträumt da, nickt gelegentlich, hört aber gar nicht zu, was ich wirklich sage.« Wenn man dann fragt: »Weißt du noch, was ich gesagt habe?« bekommt man vielleicht zur Antwort »Nein, aber es hörte sich so schön an!« Ein solcher Mensch *trinkt* die Klänge wie Muttermilch. Er interessiert sich überhaupt nicht für konkrete Informationen, er findet es nur schön, dass unsere Stimme eine solche Begeisterung und Wärme ausstrahlt. Diese Begeisterung ist wie Nahrung für ihn.

Menschen, die in diesem Bereich verletzt worden sind, können sich selbst heilen, indem sie sich Harmonien, Musik aus kosmischen Sphären, anhören. Ich glaube, dass Komponisten, denen es gelungen ist, heilende Musik zu schreiben, von Engeln oder anderen geistlichen Wesen inspiriert worden sind. Vieles aus der klassischen Musik ist Niederschlag der Schöpfungsharmonien, durch deren heilende Wirkung wir genesen können, wenn wir verletzt worden sind. Wir werden dann durch unsere Ohren ernährt. Sogar das Stierzeichen als solches können wir so interpretieren. Wir können es als Kehle mit der eustachischen Röhre, der Verbindung von Rachenraum und Ohren, betrachten.

Bei der Waage war das Hören im wörtlichen Sinne wesentlich; im Stier ist weniger das Lauschen als die dahinter befindliche schöpferische Kraft wirksam. Im Stier sind wir mit der inneren Welt befasst, mit dem, was uns innerlich zusammenhält. Man könnte in diesem Sinne die Verdauung als einen Prozess bezeichnen, bei dem der Körper die Nahrung in sich aufnimmt und daraus einen eigenen *Klang* herstellt. Die Organe, welche die Eiweiße umformen, sind in diesem Sinne »Klangorgane«. Sie bringen Klänge hervor, welche die Lebenskräfte aufschließen und eine nicht hörbare Kraft in sie hineintragen, wodurch die Materie wieder neu geordnet werden kann. Das ist eine schöpferische Urkraft, das Fundament für die neuen Willensimpulse, die im Stier entstehen können. Doch zuerst muss der Schmerz darüber, dass nicht genügend Einfühlungsvermögen für uns vorhanden war, ausgiebig wiedergekäut und verdaut werden. Dann, wenn der Stier in uns geopfert wird, kann Wille zu *freier Willenskraft* werden.

Eingeschlossene Töne

Ebenso wie wir Nahrung verdauen, verdauen wir auch die Wirklichkeit. Dabei gibt es einiges zu bewältigen. Schon früh ereignen sich unverdauliche Geschehnisse, und viele davon können wir nicht auf einmal verarbeiten. Wenn wir in eine Lebensphase kommen, in der Raum dafür ist, das wiederzukäuen, was seinerzeit nicht ausreichend verdaut wurde, wird man energisch versuchen, noch nachträglich zu verarbeiten, was einem widerfahren ist. Nach meiner Erfahrung tragen Töne als Ausdruckmittel durchaus einen Sinn in sich; ja, im Hervorbringen von Tönen liegt eine verborgene Wirkung, die uns hilft, die Erinnerung besser zu verarbeiten. Es gibt Übungen, bei denen bestimmte Töne auf den Körper eines Menschen gerichtet werden, und dieser spürt dann, wie sie eingreifen. Hohe Töne sind eher schneidend und beängstigend, tiefe Töne können beruhigend wirken, zu tiefe wirken wieder beängstigend.

Es gibt während der Therapie eine wichtige Phase, in der jeder bloßgelegte Schmerz tatsächlich zum Klang wird, so dass die Welt ihn hören kann und man ihn auch tatsächlich selbst als den eigenen Ton wahrnimmt. Alles, was unverdaut im Leib gespeichert war, kann der Mensch noch nachträglich als Teil der eigenen Geschichte in einen größeren Strom aufnehmen.

Durchsetzungsvermögen und Verschmelzung mit der Umgebung

Was im Mutterleib noch schläft, tritt aus Widderenergie heraus mit der Geburt seinen Weg an und wird im Stier weitergetragen. Der Aspekt des Stiers, das vor allem in der Zeit des Erwachsenseins wichtig wird, ist die Kraft des *Durchsetzungsvermögens.* Man könnte es die »Stoffwechselseite der Persönlichkeit« nennen; die aufbaut, trägt und als »Lasttier« fungiert. Diese Stoffwechselseite verhilft uns dazu, alle Dinge zu einem guten Ende zu bringen. Aber diese Seite birgt auch eine Gefahr: Man kann den Bogen überspannen, so dass man die Grenzen zwischen der eigenen Motivation und dem, was einem von der Umgebung auferlegt wird, nicht mehr ziehen kann. Dann verfällt man entweder in ein endloses Wiederkäuen oder man rast drauflos wie ein wildgewordener Stier. Und das bedeutet, dass man jetzt mit der ursprünglichen, positiv aufbauenden Stierkraft an sich selbst und an der Welt vorbeiläuft. Man verschmilzt geradezu mit seiner Arbeit.

In vielen Organisationen verkörpert der Pionier, der den Betrieb ursprünglich gegründet hatte, die Widderkraft. Nach einer Krise wird er oft durch einen emsigen Arbeiter ersetzt, der den ursprünglichen Impuls in praktische Organisationsformen umsetzt. Auch hier besteht die Gefahr, dass ein solcher Ur-Impuls des Pioniers in ein Netzwerk von Regeln assimiliert wird. Meist verlässt der aus der Widderkraft schaffende Pionier dann den Betrieb, weil er es nicht erträgt, seine Individualität in einer immer größer werdenden Organisation verschmelzend aufgehen zu lassen.

In der Säuglingszeit ist dieses Verschmelzen eine notwendige Phase; tritt sie bei Erwachsenen auf, kann dies Ursache ernsthafter

Verwirrung sein. Es gibt Beziehungen, in denen die beiden Partner sehr fürsorglich füreinander sind und so jeweils zur Heilung des andern beitragen. Es besteht jedoch die Gefahr, dass sie sich in einer solchen Partnerbeziehung selbst verlieren. Sie können nicht mehr unterscheiden: Ist dies jetzt mein eigenes Bedürfnis? Lasse ich mich jetzt verwöhnen, weil ich das Bedürfnis danach habe, oder ist es das Bedürfnis des andern, immer liebevoll zu sein? Bin ich selbst so liebevoll, um Streit zu vermeiden? Bin ich so nett, weil ich selbst gern so behandelt werden möchte? Der Zusammenklang ist so intensiv geworden, dass die beiden Menschen nicht mehr wissen, welches ihr eigener Ton ist. Wer in einem Chor singt, kann das leicht erleben. Das Singen insgesamt gelingt, es wird schön und harmonisch, aber in einem bestimmten Augenblick entdeckt man zu seinem eigenen Schreck, dass man nicht mehr weiß, wie die eigene Stimme klingt und wer man selbst ist. Dann braucht man eine Dissonanz, um sich selbst wiederzufinden.

Es kann in einer solchen Partnerbeziehung vorkommen, dass zwei Menschen weder miteinander noch ohne einander existieren können. Sie entschließen sich, getrennt zu wohnen, aber wenn sie zusammen sind, werden sie wieder zu Schmusebärchen, die sich den ganzen Tag lang nicht in Ruhe lassen können. Sie sind liebevoll zueinander, brauchen dann aber einen Streit oder eine Ausrede, um sich wieder trennen zu können. Sie lösen sich dann aus dieser Verschmelzung und kommen eine Woche lang gut ohne einander zurecht, um dann am nächsten Wochenende wieder in einer Mischung aus einer Säuglingsbeziehung und einem Erwachsenenverhältnis zu landen.

Die Verschmelzung ist für sie einerseits eine himmlische Erfahrung des Zusammenseins, ruft andererseits aber Angst hervor, weil Selbstverlust auftritt. Oft entsteht dann eine Polarisierung, bei welcher der eine Partner die Verschmelzung, der andere die Angst verkörpert. Einer der beiden Partner zieht – oder, um in der Stierterminologie zu bleiben: saugt – an dem anderen, und dieser versucht, sich dem Zugriff zu entwinden. Dann entsteht die Situation, dass einer der Partner – und zwar meist die Frau – ausruft: »Wann ziehen wir nun endlich zusammen? Wann entscheidest du dich endlich ganz für mich?« Dann fühlt der Mann sich bedrängt, es ist ihm, als bekäme er keine Luft mehr, denn die Wochenenden sind für ihn ohnehin schon überwältigend. Entscheidet er sich aber doch für ein Zusammenwohnen, fühlt sich die Frau vielleicht ihrerseits bedrängt, manchmal schlägt es ihr wörtlich auf die Lungen; oder sie wird ganz »kribbelig« und bekommt tatsächlich Hautprobleme. Und dann entstehen Spannungen, der Abstand wird wieder vergrößert, damit wieder eine neue Verschmelzung möglich wird.

Wenn diese Menschen zusammenziehen, halten sie es nicht lange aus, nur lieb und harmonisch miteinander umzugehen. Also entstehen Irritationen, wodurch ihre Persönlichkeiten wieder getrennt werden. In solchen Augenblicken ist es ebenso ihr Bedürfnis, einen großen Abstand voneinander zu gewinnen, wie in den Momenten, da sie zusammen sind, das Bedürfnis nach harmonischem Zusammensein dominiert. Manche solcherart symbiotische Paare wälzen den Unfrieden auf eine vermeintlich feindliche Außenwelt ab. Die Verschmelzung bleibt dann erhalten und die Irritationsenergie wird nach außen abgeleitet.

Der Mund spielt in der Sexualität natürlich immer eine wichtige Rolle, und daher können bei jedem Menschen während der körperlichen Liebe Erinnerungen an Säuglingsgelüste aufkommen. Das Feuer erlischt dann, und die beiden könnten stundenlang aneinander nuckeln. Auch die Haut des andern zu streicheln und sein Fleisch zu kneten gehört in den Bereich dessen, was ein Baby während des Stillens tut. Dabei können – vor allem, wenn es diesbezüglich Entbehrungen oder vielleicht auch Missbrauch in der Kindheit gegeben hat – schockierende Momente der Bewusstwerdung auftreten. Bei oralem Sex taucht vielleicht plötzlich die Frage auf: »Was mache ich hier eigentlich?« Oder die Frau spürt auf einmal, dass der Mann mit ihren Brüsten nicht als feuriger Liebhaber sondern als Baby umgeht. Manchmal empfiehlt es sich, diese Baby-Bedürfnisse lieber in der Therapie zu verarbeiten, so dass man sie nicht auf den Partner zu projizieren braucht. Manchmal aber genügt es schon, voneinander zu wissen, wann man welche Rolle spielt.

Um die Polarität von Oralität und Sexualität besser zu verstehen, ist es notwendig, dass wir uns dem Gegenpol des Stiers zuwenden: dem Skorpion.

Das Symbol des Skorpions

Das Symbol des Skorpions weist starke Ähnlichkeit mit dem der Jungfrau auf. Beide Male ist es das »M«, ein fundamentaler menschlicher Klang. Es ist der schöpferische Urklang des »AUM«. Wir begegnen dem »M« in »Amen«, aber auch in »Mensch«, »mens«, »man«, »homme«, »human«, »men«, »woman«. In all diesen Wörtern ist der fundamentale »M«-Klang enthalten, den wir auch bilden, wenn wir etwas angenehm finden. Betrachten wir nun die Symbole für Jungfrau und Skorpion genauer, so bemerken wir jedoch Unterschiede. Die Jungfrau hat als Ergänzung des M eine abgerundete Innenwelt, der Skorpion einen nach außen gerichteten Pfeil. Die Innenwelt der Jungfrau ist im Skorpion zu einer nach außen gerichteten Kraft geworden. In den beiden Symbolen Jung-

---

Thieves in the Temple

Badness on the left, badness on the right,
we're going to have a pimp sandwich tonight [...]
Love come quick, love come in a hurry,
there are thieves in the temple tonight.

Love if you're there come save me
from all this cold despair
I can hang when you're around
but I surely die when you're not there.

I feel like I'm looking for a soul
like a poor man looking for a goal.
There are thieves in the temple tonight.

Prince

frau und Skorpion erkennen wir unter anderem die Polarität weiblich-männlich.

Noch eine andere Interpretation bietet sich an: die nach unten weisenden »Füße« des M stellen die Füße des Skorpions dar, links wäre dann der Kopf, rechts der Schwanz. Man könnte im Symbol des Skorpions auch eine Schlange sehen:

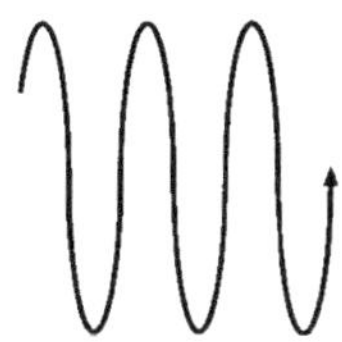

DIEBE IM TEMPEL

Verderbtheit links, Verderbtheit rechts
heute Nacht wird ein Doppeldecker-Sandwich verzehrt. (...)
Komm schnelle Liebe, komm hastige Liebe,
heute Nacht sind im Tempel Diebe.

Rette mich, Liebe, wenn es dich gibt,
aus meiner kalten Verzweiflung.
Wenn du um mich bist, mag ich vielleicht hängen,
doch wenn du nicht da bist, sterbe ich gewiss.

Ich glaube, ich verlange nach einer Seele
wie ein Mensch ohne Geld nach einem Glückstreffer im Spiel.
Heute Nacht sind im Tempel Diebe.

(übersetzt von Frank Jentzsch)

In der ganz alten Symbolik war der Skorpion eine Art umgefallener Stier:

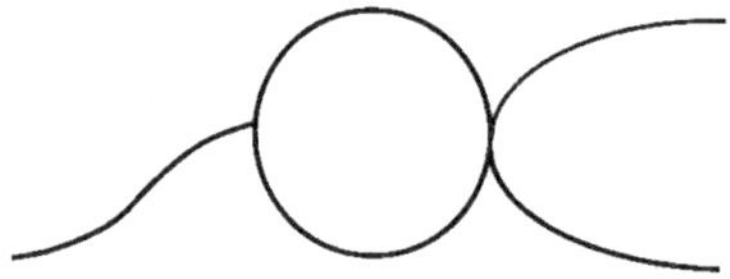

Der Skorpion wird sowohl in der Astrologie als auch in der Mythologie immer mit dem Bewusstsein in Beziehung gebracht. Die Gründe dafür liegen auf der Hand. Erstens braucht man nur einmal jemandem zu sagen, im Zimmer sei ein Skorpion entwischt, und schon arbeitet sein Bewusstsein auf Hochtouren. Zweitens ist das Tier selbst fast ein wandelnder Nerv. Überempfindlich gegen Licht und aufs äußerste reizbar, ist es das einzige Tier, das Selbstmord begeht, wenn es sich von Feuer eingeschlossen fühlt. Der dritte Aspekt, der den Skorpion mit dem Bewusstsein in Verbindung bringt, ist das Gift, das sich in seinem Schwanz befindet; es ist mit dem Bewusstsein zu vergleichen: scharf, beißend und auf Essenzen (in doppeltem Sinne) basierend.

Von daher ist es nur konsequent, dass der Skorpion mit der Schlange assoziiert wird. Die Schlange repräsentiert in der biblischen Schöpfungsgeschichte den Bewusstseinspol. In dem Augenblick, da sie flüstert: »O Mensch, nimm doch von diesen Äpfeln; Gott hat nur Angst davor, dass du so weise wirst wie er«, entsteht ein Bewusstseinsimpuls im Menschen. In vielen Kulturen ist die Schlange auch Retter, Träger der Weisheit und der Heilkunst. Die Beziehung zwischen dem Bösen und der Weisheit ist im Begrifflichen sehr gut nachvollziehbar: Wenn wir Gift in verträglicher Dosis zu uns nehmen, wirkt es stärkend. So ist es eigentlich auch mit dem Bewusstsein und dem Bösen: Wenn es uns vernichtet oder ausschaltet, bleibt es das Nur-Böse. Aber in dem Augenblick, da wir das Böse verwenden, um zu wachsen, wird es Teil eines die Weisheit vergrößernden Prozesses. So ließe sich der Sündenfall, je nachdem, wieviel Selbstverantwortung wir dem Menschen zuerkennen, nur als ein schwarzes Blatt, ja geradezu als festliches Ereignis in der Geschichte der Menschheit sehen, als ein Ritual des Erwachsenwerdens. Dieser Gedanke wird unterstützt durch die alte Esoterik, nach der die Schlange (oder der Skorpion) selbst einen Sturz durchgemacht hat.

In alten astrologischen Werken wird noch vom Adler anstatt vom Skorpion gesprochen. Der Adler repräsentiert dabei das erhabene Bewusstsein, beispielsweise in der Gestalt von Johannes, dem Evangelisten. In vielen alten Abbildungen des Tierkreises sehen wir, wie der Adler eine Schlange mit sich emporträgt. Dies war ein Symbol für die erhebende Kraft des Adlers, wie er der erdgebundenen Schlange dazu verhilft, sich zu verwandeln und dadurch auf ein höheres Bewusstseinsniveau zu gelangen. In der Mythologie wird erzählt, wie der Adler – Symbol für den gefallenen Engel Luzifer – auf die Erde stürzt, um sich an die Materie zu binden.

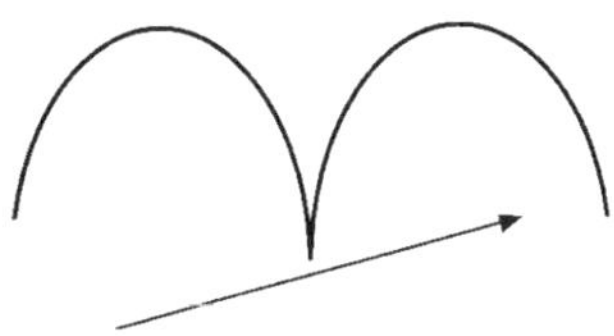

In diesem alten Bild können wir auch etwas vom Sündenfall wiedererkennen und sehen, wie danach allmählich eine Auferstehung möglich ist. In der Esoterik wird der Skorpion mit dem Moment des Sündenfalls verbunden, also mit der zu starken Verbindung mit dem Irdischen. In esoterischen Darstellungen wird beschrieben, dass es nach dem ursprünglichen göttlichen Plan nicht beabsichtigt war, dass der Mensch sich so tief in seinen Körper hinein inkarnierte und sich dadurch so stark mit der Erde verband. Vielmehr sollte der Mensch aus einem kosmischen Zustand heraus seinen Körper auf der Erde »steuern« und nicht darin »wohnen«. Das aber hat der Sündenfall vereitelt. Vergleichbar mit dem Sturz des Adlers und dem Sturz Luzifers ist eine Bewusstseinskonzentration *innerhalb* des Körpers entstanden. Es lag im göttlichen Entwicklungsplan, dass der Mensch auf der Erde Freiheit, Weisheit und Liebe entwickeln sollte, um diese der kosmischen Ordnung hinzuzufügen. Das Paradoxe daran ist, dass dieser Prozess erst in dem Augenblick wirklich seinen Anfang genommen hat, nachdem die Ereignisse anders d.h. abweichend von dem ursprünglichen Plan, den Menschen im kosmischen Zustand zu halten, verliefen. Wir können also annehmen, dass Gott erwartet hatte, dass Adam und Eva fehlgehen würden, ebenso, wie er später Hiob und Faust in die Hände des Teufels gegeben hat. Um es noch einmal in paradoxe Begriffe zu fassen: Es handelt sich um einen planmäßig durchkreuzten Plan.

Dies drückt sich auch in dem Herabsenken der Keimdrüsen während der Embryonalentwicklung aus. In einem frühen Stadium senkt sich Gewebe aus dem Kehlbereich (Stierbereich) in den Unterleib (Skorpionbereich), und hieraus entstehen die Geschlechtsteile. Beim Mann haben sie fast im wörtlichen Sinne den Boden des Körpers durchbrochen. Die Testikel (Hoden) sind bis durch den Beckenboden hindurch gesunken und hängen de facto außerhalb des Körpers. Um das Bild zu vervollständigen: Das männliche Geschlechtsorgan hat auch die Qualität eines »Stachels«.

Durch das Herausfallen aus der kosmischen Ordnung ist die Freiheit möglich geworden. Wir sind einsam geworden dadurch, aber auch souverän, nun aus eigener Kraft den Weg zurück zur kosmischen Ordnung zu betreten. Während wir im Stier die warme Verschmelzung mit der Umgebung erleben, stehen wir im Skorpion distanziert gegenüber dem Kosmos, der Natur, dem anderen Menschen und eigentlich auch uns selbst. Der Sturz ist der absolute Nullpunkt, aber zugleich auch der mögliche Anfang einer Wiederauferstehung. Dies erkennen wir in dem alten Skorpionbild.

Aber nicht nur im Skorpion können wir auferstehen. Auch beim Stier gibt es dieses Motiv. Im Bild des Durchschneidens der Kehle – während des Opfers, bei dem der Stier stirbt – lässt sich die Möglichkeit erkennen, dass etwas Neues entsteht. Das zähe Gras kann im Stier zu saftigem Fleisch und fruchtbarem Sperma, bei den Kühen zu nährender Milch verwandelt werden; doch auch aus dem fließenden Blut kann eine befreiende Wirkung aufsteigen. Wenn wir dieses Motiv auf den menschlichen Lebenslauf übertragen, ließe sich (bildhaft) sagen, dass wir so etwas wie die »Milchkühe Gottes« sind. Wir müssen eine zähe Welt verdauen und ihr einen Sinn geben. Wenn uns dies gelingt, entstehen

Qualitäten wie Durchsetzungsvermögen, Weisheit, Liebe und Freiheit, und diese können dann von Gott geerntet werden. Die Tatsache, dass wir ein Bewusstsein haben, befähigt uns, geeignete Sinngeber, Sinnes-Werkzeuge Gottes zu sein.

Skorpion und Bewusstsein

Wenn wir von Bewusstsein sprechen, denken wir als erstes an unser Gehirn. Unser Gehirn ist ein sehr verletzbares Organ. Schon nach wenigen Minuten ohne Sauerstoff ist es irreparabel geschädigt. Gehirngewebe baut sich kaum wieder auf, es ist ein Teil unseres Körpers, der sozusagen am Rande des Todes lebt. Das Gehirn schwimmt in einer kristallklaren Flüssigkeit, und schon die kleinste Schwankung der Versorgung führt zu rasenden Kopfschmerzen. Das steht im scharfen Kontrast zu den »Willensregionen« (Verdauung und Fortpflanzungsbereich), die wesentlich unempfindlicher sind. Im Verdauungsbereich baut sich alles leicht wieder auf, dort kann das Gewebe wieder nachwachsen. Dasselbe gilt für den Fortpflanzungsbereich: er ist sogar darauf hinorganisiert, neues Leben hervorzubringen.

Das Verhältnis zwischen dem oberen und dem unteren Pol findet man als mythologisches Bild in der griechischen Prometheus-Sage wieder. Prometheus bedeutet wörtlich: der »Vorausdenker«. Er war der Liebling der Götter, der sich schließlich für den Menschen entschied und ihm das Feuer schenkte. Feuer ist hierbei ein Bild für Bewusstsein. Zeus war erbost darüber, vielleicht, weil er wusste, dass damit das Ende seiner Herrschaft eingeläutet wurde, und ließ Prometheus an einen Felsen des Kaukasus schmieden. Täglich schickte er einen Adler, der Prometheus ein Stück Leber herauspicken musste, als Strafe für den Diebstahl des Feuers. Dies lässt sich als Bild für den Mensch verstehen, der an seinen Körper gefesselt ist und dessen Bewusstsein (der Adler) an seinem Stoffwechselgebiet (der Leber) frisst. Da im Stoffwechselgebiet eine große Regenerationsfähigkeit vorhanden ist, wurde diese Strafe für Prometheus zu einer ewigen Qual: Seine Leber wuchs immer wieder nach. Jeden Tag fraß der Adler aus dem Körper wieder weg, was nachgewachsen war. Die Qualen des Prometheus fanden ein Ende, als Herakles vorbeikam, Mitleid empfand und den Adler tötete, mit einem Pfeil, dessen Spitze in das tödliche Gift der Hydra getaucht war. Auf diesen Schütze-Aspekt werde ich im nächsten Kapitel zurückkommen.

Wir Menschen sind ein wandelnder Prometheus-Mythos: Wir haben das Feuer des Olymp in uns, wir sind an unseren Körper gekettet, wir sind der Adler, der an seinem eigenen Stoffwechsel frisst. Was ist ermüdender, als einen ganzen Tag durch ein großes Museum zu laufen? Selbst wenn wir im Rollstuhl hindurchgefahren würden, wären wir am Ende des Tages zutiefst erschöpft. Es liegt also nicht am Laufen. Die Sinneseindrücke sind es, durch die ein Teil unseres Körpers »verbrennt«. Durch dieses Verbrennen unserer Vitalität entsteht Bewusstsein. Hier nähern wir uns auch einem der Geheimnisse des Blutopfers, jenem Mysterium, dass ein Unglück auch befruchtend wirken oder eine schwere Krankheit auch etwas Gutes bringen kann. Durch Unglück und Krankheit geht Gewebe verloren, aber diese Materie oktaviert sich gleichsam stufenweise zur Weisheit bis auf die Ebene des Bewusstseins hinauf. Es ist der Phönix, der sich aus seiner Asche erhebt. Das wird im Skorpionbild dargestellt.

Das Sternbild des Skorpions und die entsprechenden Bereiche des menschlichen Körpers

Innerhalb des Körpers äußert sich das Skorpionprinzip zunächst einmal in den Geschlechtsorganen, des weiteren aber eigentlich in jedem Organ, in dem eine hohe Konzentration an Nervenzellen vorhanden ist. Bei den Geschlechtsorganen sind es die Eichel und die Klitoris, die besonders empfindlich sind, andere Körperstellen sind beispielsweise das Ohr, die Zunge und die Fingerspitzen. Auch ist der Skorpion überall dort wirksam, wo eine extreme Verhärtung der Materie entsteht, wo wir tief ins Tierische gefallen sind. Eine solche Verhärtung finden wir vor allem im Gebiss. Der Zahnschmelz ist das härteste Material, das wir produzieren können. Mit unseren Zähnen können wir uns in etwas festbeißen. Im Motiv des

Vampirs sind die blutsaugenden Skorpion-Zähne zum konkreten Bild ausgestaltet.

Während der Stillphase vollzieht sich ein entscheidender Übergang, wenn das Kind Zähne bekommt. Was zuerst noch angenehm war (das Saugen und Nuckeln), wird für die Mutter schon schnell zur Prüfung. Viele Kinder reizen während des Trinkens die Brustwarze mit ihrem Unterkiefer. Wenn darin ein Zahn erscheint, greift die Mutter bald nach einem Saughütchen. Und dadurch »denkt« das Kind: »Ich sauge sicher nicht stark genug, denn es fühlt sich schrecklich an.« In diesem Moment geht das Saugen über in ein Sich-fest-Beißen. Wir können uns vorstellen, dass sich für Kinder, die während der Phase der Brustnahrung aus welchen Gründen auch immer zu wenig Nahrung bekommen haben, die saftige Stierweide – bildlich gesprochen – in eine dürre Skorpionwüste verwandelt.

Bei Menschen, die stark mit diesem Thema zu tun haben, tauchen in Träumen oder Assoziationen oft Bilder auf, in denen sie selber Blutsauger sind. Oft sind die Formulierungen dann voller Selbstvorwürfe, und das lässt uns an den Skorpion denken, der sich selbst sticht.

Außer im Gebiss begegnen wir der Verhärtungstendenz in unseren Nägeln. Unsere Nägel sind wie Klauen. Sie sind dazu da, um die Haut, die im Stier noch gestreichelt wird, aufzukratzen.

Schmerz und Genuss

In der normalen Entwicklung repräsentiert der Skorpion den Teil in uns, mit dem wir das Tierische in grausamster Weise hervorkehren. Manchmal sagt man geradezu, der Skorpion sei die »dunkle Seite« unserer Persönlichkeit. Und doch ist im Prinzip nichts Böses an der Grausamkeit, auch wenn sie in unserer Zivilisation immer stärker abgelehnt wird. In einigen Kulturen nimmt die Fähigkeit, grausam zueinander sein zu können, sogar einen hohen Rang ein; Prüfungen, Rache und Stolz stellen dort die höchsten Werte dar. Ganze Sippen verbringen ihre Tage damit, Wege zu bedenken, wie sie Rache nehmen können. Uns erscheint das Ganze geradezu lächerlich, doch ist es das nur, wenn man es von einem ganz bestimmten Standpunkt aus betrachtet.

Elias Canetti beschreibt in seinem Buch »Masse und Macht« Indianerstämme, die den ganzen Tag danach Ausschau halten, ob ihnen auch nichts Schlechtes widerfährt; wenn dies aber doch geschieht, so ist die Ursache darin zu sehen, dass ein anderer Indianerstamm schwarze Magie anwendet. Dieser Stamm muss dann ausgerottet werden. – Gegenwärtig sehen wir im ehemaligen Jugoslawien vergleichbare Grausamkeiten: Es wird Unrecht gerächt, das vor Jahrhunderten von anderen Völkern begangen wurde. Wenn wir die Menschheit – und damit uns selber – besser verstehen lernen wollen, tun wir gut daran, diesen »blutigen« Aspekt nicht einfach zu verurteilen, sondern ihn vorurteilsfrei zu untersuchen. Immer wieder sieht man dann, wie das Bedürfnis, Blut zu vergießen, wiederkehrt, die Sehnsucht, anderen, oft aber auch sich selber, Schmerz zuzufügen. In unserer Kultur, die den Schmerz vermeidet, sind blutige Rituale des Erwachsenwerdens wie Beschneidung und andere Prüfungen von der Bildfläche verschwunden. Was aber entdecken wir? Die Heranwachsenden suchen ihre eigenen Mutproben. Grün und gelb kommen sie aus den Martermaschinen der Jahrmärkte, lassen sich tätowieren, piercen oder gehen so weit, dass sie einen Unfall mit dem Motorrad erleiden.

In jedem Menschen schlummert der grausame Skorpion, an der Grenze zwischen Schmerz und Genuss. Wir beobachten es beim Zahnwechsel der Kinder. Ständig rucken sie an einem Zahn, bis er locker ist und sie genießen den Schmerz, der beim endgültigen Herausziehen entsteht. In aller Gemütsruhe können Kinder auch Spinnen die Beine ausreißen und sich dann fasziniert die Überbleibsel betrachten. Als Eltern erschrickt man darüber. Dieselbe Form objektiven Entdeckerdrangs ist es, wenn ein Kind mit einem eisernen Spielauto auf sein kleines Brüderchen oder Schwesterchen losschlägt, um zu hören, welches Geräusch dann entsteht. In solch einem Augenblick gibt es kein Mitfühlen, nur erbarmungsloses Untersuchen. Auch im kindlichen Spielen lässt sich diese Komponente der Grausamkeit beobachten. So gab es bei meinen Kindern eine Phase, in der sie mir pötzlich mit den Fingernägeln ins Gesicht fuhren. Mir war völlig rätselhaft, welchen Spass das machen sollte, sondern ich dachte nur: Was für eine tierartige Grausamkeit! Sie aber waren fasziniert von dem Kratzer in meinem Gesicht, das Spiel war vorbei, und sie schienen völlig zufrieden. Erst später entsteht das Mitleid oder das Verständnis für die Folgen der eigenen Tat.

Im Bereich der Körpersprache finden wir dies Motiv da, wo jemand seine eigenen Fingernägel anstarrt. Menschen, die mit dem typischen Skorpionthema *Schuld* befasst sind, neigen oft dazu, ihre eigenen Nägel zu betrachten. Es ist, als wären sie erschrocken über die eigene Raubtierkraft, die sich in den Nägeln symbolisiert, es ist ihnen, als klebe unsichtbares Blut an ihren Händen. Wenn Menschen starke Scham oder Schuld verarbeiten müssen, bekommen sie oft Juckreiz in den Augen. Bei genauerer Prüfung steckt ein verborgener Drang dahinter, sich die eigenen Augen auszustechen. Das Urbild der sich selber strafenden Scham wird im Mythos des Ödipus sichtbar, der sich die Augen aussticht, als er entdeckt, dass er das Bett mit seiner Mutter geteilt hat.

Mit dem Skorpion hängt auch die Möglichkeit der Konzentration und die Fähigkeit zum Genießen des eigenen Körpers zusammen. Viele kleine Kinder haben eine bevorzugte erogene Zone, die sie stimulieren, wenn sie aus ihrem Fläschchen trinken. Diese kann auch bei der Mutter sein. Manche Kinder stimulieren die Brustwarzen von Vater oder Mutter, während sie ihr Fläschchen leeren. Schon hier entsteht eine ganz anfängliche Form der Erotik, denn wenn die Eltern dies abwehren, suchen manche Kinder ihre eigenen Brustwarzen oder ihr eigenes Geschlechtsteil. Das ist für Eltern oft irritierend, sie fragen sich: »Was mache ich falsch?« Ein Vater erzählte mir beispielsweise, dass sein Söhnchen während des Einschlafens masturbierte. Er setzte sich dann zu dem Jungen, um seinen Arm festzuhalten, wenn der sich nach unten zu bewegte. Man sieht daran, was für eine Angst der Mann vor diesem Impuls hatte. Immer wieder höre ich von besorgten Eltern im Gespräch: »Was soll ich tun? Unsere Tochter schläft erst ein, wenn sie eine Viertelstunde mit sich selbst gespielt hat?« Meine Antwort darauf ist: »Bitte, machen Sie sich darüber keine Sorgen. Seien Sie froh darüber, dass sie entdeckt hat, wie schön das ist. Es ist nichts Unnatürliches.« Wir müssen lernen, die kindliche Erotik nicht mit der Sexualität des Erwachsenen zu verwechseln. Daher benutze ich lieber den Ausdruck *kindliche Sensualität* statt von der Sexualität des Kindes zu sprechen.

In manchen Kulturen masturbiert die Mutter ihr Baby, um es zur Ruhe zu bringen. In unserer Kultur finden wir das bedenklich. Vielleicht sind wirklich Risiken damit verbunden, doch ist es gut zu wissen, dass es Kulturen gibt, die anders darüber denken. In einer solchen Kultur wird die sexuelle Entwicklung des Mannes schon in der Kindheit in bestimmter Weise gelenkt. Die Mutter stimuliert den kleinen Jungen, aber in dem Augenblick, in dem die Erregung zu stark wird, bricht sie ab. Hierdurch wird die männliche Sexualität des Erwachsenen weniger orgasmus-gerichtet sein, da er als Kind schon an ein gewisses Maß von Stimulation gewohnt war, die wieder abebben konnte, ohne dass sie zu sexuellen Handlungen führte.

Unsere Kultur dagegen ist im Grunde sehr stark Orgasmus-orientiert. Dieser Tatsache begegnen wir überall, nicht nur in der Sexualität. Ein Fußballspiel ist langweilig, wenn es 0:0 endet. Es müssen Tore geschossen werden. Als erstes fragen wir: »Wer hat gewonnen?« Das sind Kulturnormen, die sozusagen mit der Muttermilch eingesogen werden und ganz stark mit dem Patriarchat verbunden sind. In dieser Ausprägung hängen sie mit der Skorpion-Dominanz zusammen: der Wille, durch Denken und Genusssucht in die Welt einzudringen. Ein Indianer, der im Rahmen der Entwicklungshilfe Anweisungen bekam, wie er pflügen lernen sollte, wies diesen Gedanken entsetzt zurück mit den Worten: »Ihr glaubt doch nicht, dass ich die Haut meiner Mutter aufkratzen werde!« Das moderne westliche Denken aber geht sogar noch weiter. Wir haben den Landbau industrialisiert und bohren wie Riesenmoskitos tief in die Haut von Mutter Erde hinein, um Gas und Öl herauszusaugen. Die parasitären Eigenschaften der Mücke erscheinen noch potenziert, wenn wir den Raubbau betrachten, den wir jetzt an der Erde und damit auch an uns selbst begehen.

Das vor uns liegende nächste Jahrhundert wird uns eine deutliche Änderung unserer Mentalität abfordern, und diese wird mit der Art, wie wir unsere Kinder erziehen, beginnen. Je mehr grundlegende Wärme wir ihnen bieten, desto weniger Kompensation werden sie nötig haben. Je besser wir sie lehren, auf die Signale der Sättigung zu hören, desto weniger werden sie übermäßig konsumieren. Je stärker eine liebevolle Haltung sich selber und der Umwelt gegenüber entwickelt wird, desto weniger gewalttätig müssen sie zu sich selbst bzw. zu bestimmten Gebieten ihrer selbst sein.

Ich bin mir dessen bewusst, wie schnell solche Aussagen zu einer rosa Wolke guter Vorsätze werden können. Darum füge ich sogleich hinzu, dass Sättigung niemals ein Endstadium darstellen kann. Der Mensch will Schmerzen haben, er sucht das Leiden. Die vor uns liegenden Jahre werden von uns eine grundlegende Mentalitätsänderung in Bezug auf das Leiden verlangen. Diese Veränderungen beginnen bereits jetzt, da die Aids-Epidemie das Sterben wieder mitten in unsere Gesellschaft hineinträgt. Und mit zunehmender Umweltverschmutzung wird wohl jeder von uns in Zukunft jemanden in der nahen Verwandtschaft haben, der an Krebs sterben wird. Ich wünsche uns, dass wir dieses Leiden wieder zu einem Teil unseres Lebenslaufs zu machen vermögen, dass wir es als essentiellen Teil der menschlichen Entwicklung anerkennen. Natürlich wird alles darauf ankommen, nicht wieder in alte Formen zurückzufallen, wie sie beispielsweise vom Calvinismus gelebt wurden, sondern eine neue Beziehung zwischen Ekstase und tiefer Leidensfähigkeit zu entwickeln.

Beim Erwachsenen äußert das Skorpionthema sich im Phänomen der Schärfe gewisser Reaktionen. Hierbei können die »Brennpunkte«, die in der Kindheit entstanden sind, zum Problem werden. Die Schärfe wird dann übermäßig und unangenehm. In dieses Reagieren mischt sich dann wie ein zugespitztes Echo des Stierthemas etwas wie Bitterkeit und Sich-Festbeißen. Es ist eine extreme Form des Widerkäuens. Man schlägt seine Klauen gleichsam so tief in etwas hinein, dass man sie nicht wieder herausbekommt. Die Nägel, die zu Klauen werden, hindern den Betreffenden daran, liebevoll mit Dingen und mit Menschen umzugehen; seine Finger können nicht mehr streicheln.

In Partnerbeziehungen reagiert einer der beiden dann etwa auf jede Kleinigkeit oder Geringfügigkeit wie »angestochen«, spuckt Gift und Galle oder schmollt tagelang. Bei manchen Menschen hängt das damit zusammen, dass sie ihr ganzes Leben lang gewohnt sind, sich Gehässigkeiten in süßem, freundlichen Ton anzuhören. Leib und Seele haben sich an das Verzehren von Gift gewöhnt. Genuss hat sich mit Gift vermischt.

Eine Studienfreundin erzählte mir einmal von ihrem Vater, der außerordentlich kontaktgestört und gehemmt war. Er beachtete sie kaum und streichelte sie nie. Manchmal nahm er sie sonntags nach der Kirche auf einen Spaziergang mit. Dabei fasste er ihren kleinen Finger mit den Nägeln seines Daumens und Zeigefingers. Er kniff dabei so stark zu, dass ihre Haut noch tagelang hinterher aufgeritzt war; aber das wollte sie nicht sagen, weil sie so froh über den Kontakt mit ihm war. Sie hielt es die ganze Wanderung hindurch aus. Als erwachsene Frau hat sie viele Jahre dazu gebraucht, um nicht immer wieder auf Männer hereinzufallen, die sie distanziert und zynisch behandelten und von denen sie versuchte, wenigstens ein Spürchen Wärme zu empfangen.

An diesem Beispiel kann man beobachten, wie das Genießen von Kontakt mit Schmerz vermischt sein kann. Eine solche Situation entsteht auch, wenn Eltern zu häufig eine zynische Haltung ihren Kindern gegenüber einnehmen oder beißende Witze machen. Es kommt beispielsweise vor, dass Eltern zu ihrem Kind, das seine Milch versehentlich umgestoßen hat, »liebevoll« sagen: »Ja, ja, das hast du wohl aus Versehen gemacht, was?« Das Kind erlebt dann eine verständnisvolle Reaktion, die aber von Zynismus und giftigen Bissen durchsetzt ist, wodurch sich intensiver Kontakt und eine Art Giftspritze verwirrend miteinander vermischen. Dann lernt das Kind, ein Organ in sich zu entwickeln, mit dem es sich aus »Gift« doch immer noch ein wenig »Milch« herausziehen kann. Erlebt jemand Derartiges häufig in seiner Kindheit, so besteht für ihn als Erwachsener das Problem darin, dass er keine »reine Milch« trinken kann. Denn sein ganzer innerer Stoffwechsel ist jetzt so eingestellt, dass er geradezu abhängig vom Gift geworden ist. Das sind dann oft Menschen, die besser mit einem Partner zurechtkommen, der sie verletzt und sie irritiert, als mit einem, der sanft und lieb zu ihnen ist. Sie haben kein Organ entwickelt, um die »Milch« zu verdauen. Wenn ein Mensch liebevoll zu ihnen ist, reagieren sie darauf mit Aggression und Misstrauen. Für ihr Erleben kann eine sanfte, liebe Person niemals mit der Intensität der Konfrontation konkurrieren, die ihnen ein grausamer Partner verschafft. Das hängt damit zusammen, dass sie gewohnt sind, die Intensität des Kontaktes mit Hilfe von Schmerz zu erleben. Wenn solche Menschen sich dessen bewusst werden, kann in ihnen ein Kampf entstehen, bei dem es darum geht, dass sie lernen, sich selbst etwas Gutes anzutun und dennoch dabei Befriedigung zu erleben. Sie müssen das Gleichgewicht zwischen dem Ertragen der schmerzvollen Prüfungen und dem Zulassen der Befriedigung finden. Es kann zu einer Herausforderung werden, durchs Feuer zu gehen, den Giftbecher zu trinken, um danach neugeboren zurückzukehren und auf saftiger Weide auszuruhen.

Das Skorpionmotiv erkennen wir auch in der Neigung zum Sadomasochismus wieder. Hiermit meine ich nicht nur die Form, bei der das Erleben von Lust und Schmerz im Sexuellen miteinander verknüpft ist, sondern auch das sadomasochistische Element, das jeder auf seine eigene Art in sich trägt. Es ist das Bedürfnis, sich ab und zu Schmerzen zuzufügen oder Schmerzen zu erleiden. Es ist diese unterschwellige Freude, die neben jedem Schmerz auch vorhanden ist, wenn es einem elend ergeht – und vor allem auch, wenn es einem anderen elend ergeht. Es ist die Schärfe, mit der wir andere Menschen wahrnehmen und sie festnageln. Viele Menschen können messerscharf wahrnehmen und dann alles und jeden – auch die eigenen Freunde – abkanzeln: »Sieh dir den Nachbarn an, was für ein Heuchler. Jetzt grüßt er einen so freundlich, und dabei …!« Wenn sie das nur oft genug machen, stoßen sie alle Freunde zurück, so dass schließlich niemand mehr übrigbleibt. Und das bestätigt dann wieder ihre Meinung: »Siehst du wohl, schöne Freunde waren das. Sag' ich mal was, laufen sie gleich böse weg.« Es ist jedoch ein Pyrrhussieg, denn man bleibt ohne Kontakte zurück, einsam, ohne Freunde. Und damit wiederholt sich der Mangel an Wärme und Zuwendung. Zugleich ist es wie ein gesunder Auflehnungsdrang: Lieber gar nichts, als etwas, das mit Gift vermischt ist.

Die Kunst, Freundschaften zu halten und Kontakte zu anderen Menschen zu pflegen, besteht darin, dass man durch die eigene Schärfe hindurch Milde entwickelt. Wenn man vor lauter Enttäuschungen wie ausgebrannt ist, entsteht eine Art Asche. Und wie wir wissen, eignet sich Asche gut dazu, die Erde fruchtbar zu machen, so dass wieder neue Pflanzen darin wachsen können. Es ist eine wichtige Aufgabe, kontinuierlich auf eine solche Milde zuzuwachsen.

Doch gibt es auch hier wieder das Paradox, dass man erst zu Milde und Großzügigkeit gelangt, wenn man Hass und Wut zulassen kann. Ich habe einmal einen Mann kennengelernt, der von seinem Vater sehr schlecht behandelt worden war. Der Mann konnte sein Gesicht zu einem unglaublich gemeinen Ausdruck verziehen. Und während er das tat, sagte er mit aggressiver Stimme: »Ich habe meinem Vater vergeben …« Aber man hörte und sah, dass er noch voll mitten in seinem Hass steckte. Er konnte diese Milde noch nicht zulassen, auch wenn er auf dem Wege dorthin war. Sein unterschwelliger Hass kam erst zur Ruhe, nachdem er während der Therapie in Träumen und Phantasien das wilde, reißende Tier in sich selbst erforscht und ihm einen Platz gegeben hatte.

Ich habe auch einmal einen Menschen erlebt, der von sich selbst dachte, er kenne keine Wut. Der meinte zu der Frage, ob man Wutgefühle in sich selber zulassen müsse: »Du versuchst, eine bösartige, aggressive Figur aus mir zu machen.« Daraufhin sagte ich: »Nun, du versetzt mir seelisch sonst eine Ohrfeige nach der anderen. Ich bemühe mich darum, dass du dir dessen bewusst wirst und es unter Kontrolle bringst.« Diesem Phänomen begegnet man in Therapiegruppen, wenn Menschen immer genau die falschen Bemerkungen von sich geben oder ein Gruppenmitglied herunterputzen, das gerade eine Therapie durchgemacht hat. Im Prinzip versuche ich, dass derartige Ausrutscher vermieden werden, indem von vornherein feste Verabredungen über den Umgang miteinander in der Gruppe getroffen werden. Doch es gibt immer Ausnahmen.

Um ein Beispiel zu geben: Ein männliches und ein weibliches

Mitglied der Gruppe hänseln sich gern gegenseitig. Nun kommt der Mann während einer Sitzung zu der offenherzigen Erkenntnis, dass er kaum zu echten Gefühlen fähig ist und sie schon gar nicht äußern kann. Allmählich kommt er wieder in die bekannte neckende, hänselnde Stimmung. In einem etwas provozierenden Ton bittet er um eine Praline, und die Frau sagt: »Nur wenn du Gefühl zeigst«, was ihn wiederum tief verletzt. Da sage ich zu ihr: »Das finde ich aber aggressiv! Auch das ist eine Form von Grausamkeit.« Worauf sie mit den Worten reagiert: »Ach, entschuldige, das war nur etwas ungeschickt von mir.« Daraufhin sage ich: »Solange wir diesen Unterschied in der Definition haben, sieht es aus, als wolle ich dich zu einem Unmenschen stempeln. Du meinst vielleicht, ich produziere meinen eigenen Sadismus auf dich. Aber das Resultat deines Späßchens ist, dass ein Mitglied der Gruppe Schmerz empfindet und sich hier in der Gruppe zwei Monate lang nicht geborgen fühlen kann.« Und es kommt vor, dass Menschen es fertigbringen, dann noch in aller Offenheit zu antworten: »Das war halt einfach ungeschickt von mir, der andere soll nicht so überempfindlich sein.«

Ein anderes Beispiel für eine solche »Ungeschicklichkeit« finden wir bei einem Mann, der anscheinend sehr lieb ist und keiner Fliege etwas zuleide tun könnte, aber unterschwellig grausam zu seiner Partnerin ist, indem er fortwährend zweifelt. »Ja, ich liebe sie, aber ich weiß nicht, ob ich mit ihr zusammenwohnen möchte. Sie bedeutet mir sehr viel, aber ich möchte kein Kind von ihr haben.« Oder: »Jetzt, wo wir ein Kind haben, merke ich, wie abstoßend ein solches spießbürgerliches Dasein für mich eigentlich ist. Ich finde es ganz lieb, wie du das Kind so bemutterst, aber mir fehlt der zündende Funke.« Wie gesagt – ein ganz lieber Mann, der jedoch fortwährend zweifelt und die eigentlich grausamen Bemerkungen und Taten, die sich aus seiner Entschlusslosigkeit herleiten, selber als Ungeschicklichkeiten abtut. Doch kann man an dem ausgemergelten Aussehen seiner Frau sehen, dass es mehr als nur Ungeschicklichkeiten sind. Es ist eine Form der Grausamkeit, derer er sich nicht bewusst ist.

Diese Grausamkeit kann auch wieder nach innen durchschlagen

und sich in Schuldgefühl oder Selbstkasteiung zeigen. Manchmal beobachte ich, dass jemand sich dann – sehr bezeichnend – die Nägel zu kurz schneidet oder sie abbeißt. Der Skorpion sticht sich selber. Die Kunst besteht darin, zu akzeptieren, dass in jedem von uns Grausamkeit steckt, und auch zu akzeptieren, dass ein Teil von uns ein teuflisches Vergnügen dabei erleben kann, andere zu erwischen, den Finger in die offene Wunde zu legen oder einfach ganz ordinäre Schadenfreude zu empfinden. Akzeptiert man dies bei sich selbst, kann man daran feilen und es steuern. Das Besondere dabei ist dann, dass man zwar einen Blick dafür bekommt, wie viel verborgene Gewalt im zwischenmenschlichen Verkehr vorhanden ist, dies aber nicht mit dem Skorpionbiss zu demaskieren braucht.

Die Kunst besteht darin, Beherrscher der Grausamkeit zu werden, die in einem ist. Dies lässt sich gut üben, wenn man nachprüft, in welchen Situationen man den anderen Schmerzen bereitet, auch wenn wir es selbst als Zufall, Versehen oder Vergesslichkeit bezeichnen. Oder man wird aufmerksam darauf, wann man anderen die Wahrheit in scharfer Art und Weise sagt. Der erste Schritt besteht darin, dass man den verborgenen Genuss spürt, der oft in einem kraftvollen Gebrauch des eigenen Bewusstseins liegt. Das Durchschauenkönnen eines anderen Menschen kann oft wie die gelungene Lösung eines Puzzles erlebt werden.

Es kommt nun darauf an, in einer menschlichen Beziehung das Resultat der eigenen Kommunikation zu erkennen. Bleibt man in den unbeabsichtigten Grausamkeiten hängen, oder arbeitet man so an sich, dass man wahrnimmt, was man dem anderen antut? Kann man, will man erkennen, dass man etwas in sich hat, das eine Spur der Verwüstung hinterlässt? Je stärker man sich darin entwickelt, desto mehr kann man sich auch zutrauen, Verantwortung zu übernehmen und andere Menschen mit etwas zu konfrontieren, ihnen Dinge zu sagen, die Schmerz bereiten. Dann kann das Nützliche mit dem Angenehmen verbunden werden, indem der liebevolle Anteil wächst und die grausame Seite weniger wird.

Es gibt typische Berufe, in denen der Sadismus quasi funktional geworden ist: Chirurg, Zahnarzt und auf seelischem Gebiet der Psychotherapeut. Es ist wichtig, dass man sein eigener »innerer

Chirurg« wird und das Leiden, das man sich selbst zufügt, mit einem milden Lächeln akzeptiert. Dann hilft einem letztlich der Humor dabei, sich selbst zu befreien, unterstützt von unsichtbaren Kräften, die einen manchmal vom Schmerz erlösen.

Schmerz als Betäubung

Der Skorpion bringt uns also in eine ambivalente Haltung gegenüber dem Leiden. Einerseits neigen wir dazu, den Schmerz so weit wie möglich zu vermeiden, andererseits suchen wir ihn gerade. Eine extreme Form dieser Ambivalenz finden wir bei den Junkies, den Drogenabhängigen.

Ein Junkie ist ein Mensch, der »Brustnahrung« mit Hilfe der Injektion durch die Nadel zu sich nimmt. Dies wunderbare Gefühl, das man als Baby beim Saugen der warmen Muttermilch bekommt, das einen in den zufriedenen M-Klang hineinträgt – ♍ ♍ ♍ ♍ ♍ ♍ –, holt sich der Junkie aus einem warmen Land. Er spritzt sich konzentriertes Gift aus der Frucht der Mohnpflanze in die Adern. Er sticht sich selber und kommt dadurch ebenfalls in den M-Klang, in die Entspannung: ♏ ♏ ♏ ♏ ♏ ♏. Es ist die Skorpiontat der Selbstverletzung, des sich selbst Gift Spritzens, die mit dem Bedürfnis nach Wärme verbunden ist. Es ist Brustnahrung, die jetzt vergiftet in die Adern gespritzt wird.

In diesem Sinne ist Drogenabhängigkeit das Sich-Festbeißen in eine Ersatzwärme. Es ist die Betäubung unerträglicher Schmerzen, die jedoch wiederum neuen Schmerz weckt. Doch jede Sucht ist auch wieder der Zugang zur Freiheit. Wer wäre denn nicht auf die eine oder andere Weise süchtig? Süchtig nach Essen, nach Problemen, nach Geld, nach Reisen, nach dem Gefühl, an nichts gebunden zu sein. Jeder Mensch hat seine eigene Unfreiheit. Jeder Mensch hat sich in eine bestimmte Identifikation festgebissen. Das ist der Skorpion, der darauf wartet, Adler zu werden. Doch kann man kein Adler werden, ohne zuvor gefallen zu sein. Viele Probleme von Menschen, die sich spirituell schulen, hängen damit zusammen. Sie fahren sich fest, weil sie nicht sehen können oder wollen, wo sie sich in Skorpionreaktionen und Skorpiontaten verfangen haben, wo sie grausam sind. Man hört sie dann vom Kampf mit dem Bösen reden, aber solange sie diesen Kampf an einen Ort außerhalb ihrer selbst verlegen, gehen sie am Eigentlichen vorbei. Denn es handelt sich in erster Linie um einen inneren Kampf mit unseren eigenen schlechten bzw. bösen Wesensseiten. Der Versuch, einem Adler zu gleichen, nimmt sich dann aus wie Wassertreten. Man wird viele Male im eigenen Gift ertrunken sein müssen, ehe man den Auferstehungsflug unternehmen kann. Genauso wie man Treue im Ringen mit der eigenen Neigung zur Untreue entwickelt, lernt man das geistige Licht kennen, wenn man auch die Dunkelheit kennt.

Hier sind wir bei einer der schwierigsten Aufgaben unserer Zeit angekommen: Beim Erkennen und Bekämpfen des Bösen in uns selbst. Man kann z.B. durchaus gegen den Faschismus protestieren, aber in meinen Augen ist man darin viel effektiver, wenn man ihn in sich selbst aufspürt, ihn dort in seiner ganzen Macht kennen lernt und von da aus Großzügigkeit und Milde sich selber und der Welt gegenüber entwickelt.

Es gibt auf diesem Gebiet übrigens eine Gesetzmäßigkeit: Je tiefer man in die verborgenen Welten des Innern eindringt, desto mehr Intensität und Ekstase gilt es zu verarbeiten, so dass es oftmals geradezu eine beruhigende Wirkung hat, sich selbst Schmerzen zuzufügen. Das ist eine Art Spiegelbild des Bedürfnisses, sich immer dann selbst Schmerzen zuzufügen, wenn man sich seiner selbst zu entfremden droht. Doch bei einem im geschilderten Sinne intensivierten Bewusstsein entfremdet man sich nicht; im Gegenteil: Man dringt so tief in die eigene Wirklichkeit ein, dass man daran zu verbrennen droht. Sich selber zu kneifen, zu schlagen oder durch physische Anstrengung zu schinden übt dann paradoxerweise eine entspannende Wirkung aus. Viele Menschen, die in ihrer Meditation sehr weit gehen, gehen oft auch sehr weit in der körperlichen Prüfung.

Wenn Menschen während meiner Therapie abspringen, so ist das oft in dem Augenblick, in dem sie in die Nähe ihrer eigenen Grausamkeit gelangen. Bei einem Opfer des Naziterrors ist der Moment, an dem es die Therapie abbricht, nicht selten der Augenblick, an dem es an seinem Rachebedürfnis anlangt oder auch bei den kleineren oder größeren Grausamkeiten, die es seinen Kindern angetan hat. Ein solcher Mensch sagt dann vielleicht: »Diese Therapie ist nicht gut für mich.« Das ist zutreffend, denn eine solche Therapie ist oft physisch zu schwer für einen Menschen, der sie in fortgeschrittenem Lebensalter vornimmt. Dann kann es beispielsweise vorkommen, dass die Galle – eines der Organe die mit der Skorpionproblematik zusammenhängen – sich bemerkbar macht. Das geschieht häufig bei älteren Menschen, die sich nicht mit dieser Grausamkeit und Bitterkeit identifizieren wollen. Oft müssen sie sich fürchterlich übergeben, weil der Körper die Hinwendung zur Grausamkeit nicht erträgt oder die freiwerdenden Erinnerungen nicht verarbeiten kann. Der physische Leib wird in Mitleidenschaft gezogen, weil der Schmerz nicht über die eigene Grausamkeit verdaut, verarbeitet werden kann. Es ist schwierig genug, die eigene Grausamkeit zu akzeptieren; um aber als Opfer entsetzlicher Grausamkeiten an die eigene Grausamkeit heranzukommen, muss man besonders stark sein.

Die Kunst einer guten Therapie besteht darin, zwischen dem Stützend-Strukturierenden, das durch die Aufbaukraft des Stieres repräsentiert wird, einerseits und der bewusstseinserhöhenden, aufdeckenden Kraft des Skorpions andererseits hindurchzusteuern. Behäbigkeit ruft nach dem kompensierenden Gegenteil, übermäßige Reize verlangen sanftes Massieren – sowohl physisch wie seelisch.

Zeit

Ich träumte, dass ich langsam lebte …
langsamer als der älteste Stein.
Es war entsetzlich: um mich her
schoss alles auf, ruckweise, bebte,
was still sonst scheint.
Ich sah den Drang der Bäume,
wie sie der Erde sich entrangen,
wobei sie heiser und holpernd sangen,
während die Jahreszeiten flogen,
verdämmernd wie ein Regenbogen …
Ich sah den Tremor der See,
ihr Anschwellen, ihr rasches Sinken,
als würde sie ein mächt'ger Schlund eintrinken.
Und Tag und Nacht, es war'n Momente nur,
Aufflammen, Verlöschen, eines Feuers Spur. –
Die Verzweiflung und die Beredtheit
in den Gebärden der Dinge,
die starr sonst verharr'n, wie im Krampf –
jetzt spürte ich plötzlich ihr Drängen,
ihren atemlos-grausamen Kampf …
Wie war's nur möglich, dass ich dies
in all der Zeit nicht eher geseh'n?
Und wie soll dieses Wissen nun
je wieder vergeh'n?

Maarten Vasalis

(aus dem Niederländischen übertragen von Frank Berger)

Trennung und Einheit

Zwillinge und Schütze

Tao gebiert die Eins.
Eins gebiert die Zwei.
Zwei gebiert die Drei.
Drei gebiert die Zehntausende von Dingen.

Laotse

Das Zwillings-Symbol

Das Symbol der Zwillinge besteht aus vier Linien, zwei horizontalen und zwei vertikalen, in denen wir zwei unterschiedliche Spiegelsymmetrien sehen können: eine Spiegelung zwischen links und rechts, und eine Spiegelung zwischen unten und oben:

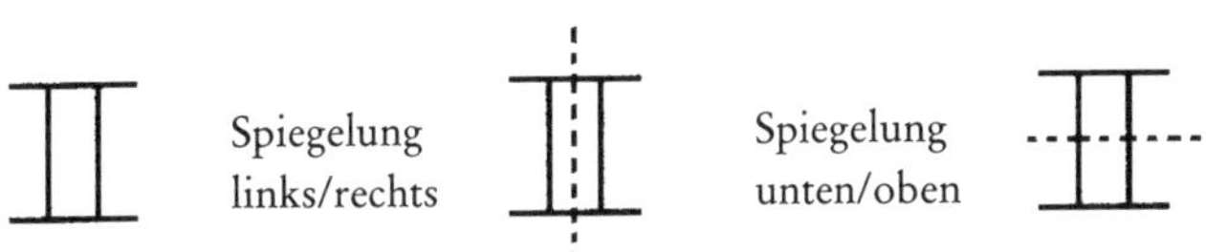

Die Rechts-Links-Spiegelung innerhalb der römischen Zahl Zwei kann man auch als eine Spiegelung der Initiale I ansehen. Dieses Symbol findet sich in vielen Sprachen als Urbild der Individualität: »I« im Englischen, »Ich« im Deutschen, »Je« im Französischen und »Io« im Italienischen und auch im ersten Buchstaben von griechisch »Iesus«. Im I-Laut wird die »Ur-Individualität« erlebbar. Auch in der Schreibweise drückt sich das Charakteristisch-Menschliche aus: ein vertikales Sich-Erheben und das Schaffen einer Verbindung zwischen Himmel und Erde. Das Bild der Zwillinge zeigt diese Verbindungslinie zweimal: Bild einer doppelten Individualität bzw. ein Hinweis auf die verschiedenen Seiten unserer Persönlichkeit. Auch unsere männliche und unsere weibliche Seite können darin symbolisiert sein. So sehen wir auf alten Darstellungen die Zwillinge oft als zwei Kinder dargestellt, einen Jungen und ein Mädchen, die Hand in Hand gehen oder miteinander spielen. Der Zwilling ist daher Bild der Spiegelung zweier Individuen, Bild unserer selbst im Spiegelbild anderer Individuen und schließlich Symbol der Spaltung verschiedener Persönlichkeitsaspekte des einzelnen Menschen. Auch als das Bild der Trennung des einzelnen von der übrigen Welt können wir das Zwillingssymbol betrachten, der Aufteilung der Menschheit in Individualitäten mit jeweils eigenen Besonderheiten und Eigenschaften.

Außer im Sinne einer *vertikalen* Teilung lassen sich die Zwillinge auch als Spiegelung zwischen oben und unten, als Trennung des Oberbewussten und Unterbewussten verstehen. Der Raum, der durch die vier Linien begrenzt wird, ist dann das Gebiet, in dem sich der Prozess des eigentlich Menschlichen abspielt. Die vier Linien im Zwillingssymbol stellen dann die Aufteilung der Erde dar, die vier Elemente Erde, Wasser, Luft und Feuer. Die »eckige« Gestalt des Symbols betont die irdische Erscheinungsform des Menschen: Auf der Erde brauchen wir die »Gradlinigkeit« als Basis. In dem offenen Gebiet zwischen den vier Linien ist dann das eigentlich steuernde, integrierende Element als »quinta essentia«, die Quintessenz, wirksam.

Die Eigenschaft der horizontalen und vertikalen Spiegelungsmöglichkeit hat das Zwillingssymbol mit dem der Fische gemeinsam. Zeichnet man diese Spiegellinien in das Symbol ein, erscheint im geöffneten Raum das Kreuz. Diese Verbundenheit des Vierecks mit dem Kreuz findet sich auch im dreidimensionalen Viereck, dem Kubus wieder. Wenn man einen Bastelbogen für einen faltbaren Würfel anfertigt, erscheint auch hier die Kreuzfigur:

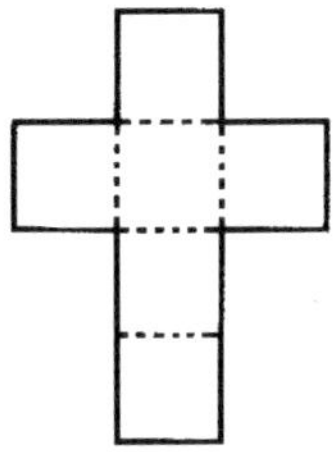

Die Abspaltung der einzelnen Individualitäten im Evolutionsprozess der Menschheit

Die Anthroposophie und andere esoterische Strömungen sprechen von der Entstehung der Welt in verschiedenen Entwicklungsstadien. In seinem Buch »Die Geheimwissenschaft im Umriss« beschreibt der Begründer der Anthroposophie, Rudolf Steiner, dass es vor dem heutigen Erdzeitalter ein Stadium gab, in dem die Erde noch keine feste Form hatte, sondern zusammen mit dem Mond ein flüssiges Ganzes bildete. Davor gab es ein Stadium, in dem die Erde noch Teil der Sonne war und aus gasförmiger Substanz bestand. Und davor gab es noch gar keine Materie. Es gab im Kosmos nur eine Art »Urwärme«, in der alle Himmelskörper und alle Keime zukünftigen Lebens noch ungeteilt als »Geistsubstanz« existierten.

In dieser »Urwärme« fand eine Transformation statt, durch die eine Welt entstand, die man sich am besten als eine Art warmen, kosmischen Urnebel vorstellen kann. In dieser ersten Umwandlung von Urwärme zu Urnebel traten »Verdichtungen« auf; man kann sie als erste Andeutungen abgesonderter Wesen bezeichnen. Hier spalteten sich die Kerne dessen ab, was später im Laufe der verschiedenen kosmischen Stadien die einzelnen Individuen geworden sind. In diesem Stadium also fand zum ersten Mal eine Art von Abspaltung statt. Und diese Abspaltung wurde durch das verursacht, was wir die »Kraft der Zwillinge« nennen können.

Wer weiterreichendes Interesse an der Beziehung zwischen den kosmischen Kräften des Tierkreises und dem Menschen hat, möchte ich auf das (momentan leider vergriffene) Buch »Isis-Sophia« von Willy O. Sucher hinweisen. Hierin wird Steiners Buch »Die Geheimwissenschaft im Umriss« in gründlicher, erkenntnistheoretisch fundierter Weise analysiert. Sucher führt dieses komplexe Thema der Beziehung zwischen Mensch und Kosmos in zwölf Phasen aus. Das Buch trägt den Titel *Isis-Sophia* (= Weisheit der Isis, der weiblichen Göttlichkeit), da beim Verstehen der Welt das Hauptgewicht auf der weiblichen Intuition liegt. Sucher will deutlich machen, dass eine ganz andere Sicht auf das Verhältnis zwischen Mensch und Kosmos möglich ist, als es von der traditionellen Astrologie gepflegt wird, denn diese betrachtet nur den Augenblick der Geburt. In seinem Buch beschreibt Sucher die Entstehung der Welt als einen Prozess, in dem sich der göttliche Wille aus der Region der Fische her ergießt. So wie ein Fisch seinen eigenen Samen und seine eigenen Eizellen ausschüttet, so findet das Opfern des göttlichen Willens kosmisch in den Fischen statt. Und wie ich oben ausführte, entsteht der erste Widerstand dieses von der göttlichen Welt geopferten Willens im Widder und klingt weiter im Stier. Sucher beschreibt die Zwillinge als Urbild der Zellteilung. Diese Zellteilung ist ein Echo des göttlichen Impulses, der während des Ur-Wärmestadiums in der Geistsubstanz die »Verdichtung« zu abgegrenzten, einzelnen Kernen bewirkte.

Die Bildsprache der Zwillinge

Bei dem Ausdruck »Zwillinge« entstehen bei vielen Menschen zunächst vielleicht Assoziationen an einen Doppelkinderwagen und an zwei Kinder, die sich sehr ähnlich sehen und vielleicht dieselben Kleider tragen. Wie ich es bei den Fischen schon erwähnte, können wir bei Kindern, die zusammen in derselben Gebärmutter waren, stark ambivalente Gefühle erwarten. Von Seiten der Mutter spielt natürlich schon die Polarisation zwischen der Freude über zwei Kinder auf einmal und der Sorge vor der doppelten Herausforderung mit hinein. Aus psychologischen Untersuchungen wissen wir, dass Zwillinge mehr Mühe mit der Entwicklung einer eigenen Individualität haben als andere Kinder.

Auch die Einstellung der Gemeinschaft gegenüber Zwillingskindern war in der ganzen Menschheitsgeschichte zwiespältig. In einigen Kulturen wurde eins der beiden sofort nach der Geburt getötet. Und wenn es ein Junge und ein Mädchen waren, so gab es die Begründung, einer der beiden müsse getötet werden, da sie in der Gebärmutter miteinander kopuliert haben könnten. Das am Leben gehaltene Kind wurde dann verherrlicht.

Im alten Griechenland gab es eine Epoche, in welcher in einigen der Kleinstaaten das sogenannte Doppelkönigtum galt. Da stellte man sich die Könige immer als Zwillinge vor. Entweder waren wirklich Zwillinge an der Macht oder es waren zwei Könige, die einander als Zwei-Einheit ergänzen mussten. Die bekanntesten Zwillinge in der griechischen Mythologie sind Kastor und Pollux. Über ihre Herkunft werden verschiedene Geschichten erzählt. Meistens wird aber berichtet, sie seien aus einem Ei entstanden, das Leda gelegt hatte, nachdem Zeus sie in Gestalt eines Schwans verführt hatte. Andere Überlieferungen berichten übrigens, auch Helena, die schönste Frau der Welt, sei aus diesem Ei gekommen!

Wieder anderen Überlieferungen zufolge sind Kastor und Pollux aus einem Ei der Nemesis, der großen Mutter der Rache, geboren worden. Es ist jedenfalls auffallend, dass es sowohl Geschichten gibt, nach denen sie aus einem Ei der lieblichen Leda als auch solche, nach denen sie aus einem Ei der dunklen Göttin der Rache geboren sind. Kastor und Pollux unterschieden sich in einer schmerzlichen Tatsache: Kastor war sterblich, Pollux war unsterblich. Kastor war der Held der Pferdelenker und Pollux der große Held der Kämpfer. Als Kastor stirbt, will Pollux sich nicht von ihm trennen, und darum muss Pollux immer einen Tag in der Unterwelt und einen Tag in der Oberwelt verbringen, um bei seinem Bruder bleiben zu können. Ein solches Bild kann man als Ausdruck der Trennung des Bewussten und des Unbewussten ansehen, aber auch als den sterblichen und den unsterblichen Teil der Persönlichkeit. In anderer Form sehen wir das Zwillingsthema bei Orpheus wiederkehren, der versucht, Eurydike aus der Unterwelt zurückzuholen, oder bei Persephone, die sich in der einen Hälfte des Jahres zu ihrer Mutter begeben kann.

Die Symbolik der Zwillinge wird auf alten Abbildungen sehr eindeutig durch die Darstellung kopulierender Liebespaare wiedergegeben. Das war zur Zeit des Mittelalters ein selbstverständliches Bild, selbst in der christlichen Ikonographie. Mit der zunehmenden Prüderie wird dieses Motiv zu zwei sich haltenden Händen stilisiert. Im Prinzip sind beides Bilder desselben Prinzips: Es ist die Spiegelung, in der und aus der die Unterschiede und aus diesen dann neue Möglichkeiten entstehen können. Das scheint zunächst ein Widerspruch zu sein, da man doch meinen sollte, dass etwas, was gespiegelt wird, immer dasselbe bleibt. Schauen wir uns aber die kontinuierliche Spaltung der Eizelle nach der Befruchtung an, so sehen wir in jeder Abspaltung eine neue Spiegelung; und durch diese scheinbar endlose Abspaltung entsteht eine immer stärkere Differenzierung.

Die körperliche Entwicklung und die Wirkung der Zwillinge

Wenn wir die Phase in der Gebärmutter bei den Fischen ansiedeln, die Kraftexplosion der Geburt beim Widder und die Entwicklung von Stoffwechsel und Atmung beim Stier, so lässt sich die erste Manifestation der Zwillinge am Durchschneiden der Nabelschnur festmachen. Die Einheit von Mutter und Kind wird mit dieser Tat definitiv abgebrochen. Auch hier gibt es die Wirksamkeit von Spiegelung und Differenzierung. Wie sehr das Kind auch seinen Eltern ähneln mag, immer ist es ein anderer Mensch.

Die Spiegelung und die daraus entstehende Differenzierung spielen auch in dem Augenblick eine Rolle, in dem die Augen fokussieren können. Bis dahin war das Kind nicht in der Lage, die Augen auf einen Punkt zu richten. In dem Augenblick, da es seinen Blick scharf stellen kann, fallen die beiden Sehfelder in eines zusammen. Da es einen minimalen Unterschied gibt zwischen dem, was die einzelnen Augen jeweils sehen, entsteht für uns die Tiefenwirkung.

Eines spiegelt sich in Zwei, und dies lässt ein Drittes entstehen. Um bei den Augen zu bleiben: Zwei flache Bilder schaffen ein dreidimensionales Bild. Von dem Augenblick an, da das Kind fokussieren kann, schaut es uns wirklich an. Eigenartig gleichwohl, dass bei diesem wirklichen Anblicken die Zweiheit auch wiederum zum Problem wird. Wer kennt nicht das Phänomen, dass man mit einem anderen Menschen intim zusammen ist und dabei die Schwierigkeit auftritt, sich wirklich ansehen zu können. Schließlich entscheidet man sich doch dafür, ein Auge vorherrschen zu lassen, denn sonst bliebe man unschlüssig, welches Auge einen denn nun wirklich anblickt.

Wenn ein Kind aufrecht laufen kann, ist der Moment gekommen, da es sich innerlich als von Vater und Mutter getrennt erlebt. Das Kind erhebt sich aus der horizontalen, liegenden Position in die Vertikale. Wenn es aufrecht steht, bildet es mit seinem Körper den Buchstaben I oder die Zahl 1. Es löst sich von der Erde und die motorische Entwicklung setzt ein. Bald darauf, oft auch gleichzeitig, fängt es an zu sprechen. Im Sprechen kann das Kind sich noch ausdrücklicher der Welt, die es umgibt, gegenüber stellen. Indem es die Welt benennt, trennt es sich von seiner Umgebung, wird es ein selbständiges Individuum, das losgelöst ist von allem, worin es zuerst vollständig aufgenommen war.

Gleichzeitig mit der Entwicklung der Sprache beginnt die Trennung der Hemisphären. Das bedeutet, dass die eine Gehirnhälfte sich mehr darauf »spezialisiert« zu sprechen, zu analysieren und die Welt in einzelne Teile aufzuspalten, während sich die andere Hälfte mehr auf ein ganzheitliches Erfassen der Welt »spezialisiert«. In dieser Phase wird ein Kind auch stärker rechtshändig oder linkshändig, was sich später am deutlichsten zeigt, wenn es schreiben lernt. Schreiben ist die perfekteste Kombination von Motorik und Sprache. Man beobachtet bei Kindern oft, dass Motorik und Sprache nicht gleich gut entwickelt sind. Manche Kinder bewegen sich mit zwei, drei Jahren äußerst behände durch die Welt, während ihre Sprache noch zurückbleibt. Sie können beispielsweise bestimmte Doppellaute nicht richtig aussprechen. Aber es gibt auch ganz intellektuell sprechende Kinder, die in vielen Dingen ungeschickt sind, weil ihre Motorik hinter der Sprache herhinkt. Wir beobachten also eine Zweiteilung, die in der Entwicklung nicht synchron zu verlaufen braucht, jedoch meist in der Schreibfähigkeit zusammengeführt wird.

Der menschliche Körper selbst ist schon eine Spiegelung in rechts und links. Unsere linke und unsere rechte Seite sind zum großen Teil gleich, obgleich wir uns gar nicht mehr ähnlich sehen würden, wenn wir das Spiegelbild eines Fotos unserer linken Hälfte an ein Foto dieser linken Hälfte klebten und umgekehrt. Dann erst zeigt sich, wie groß der Unterschied zwischen links und rechts doch ist. Aber in großen Zügen sind wir körperlich entlang einer vertikalen Linie gespiegelt: Wir haben zwei Ohren, zwei Augen, zwei Arme, zwei Beine und so weiter. Auch ein großer Teil unseres Inneren zeigt diese Spiegelung: die beiden Gehirnhälften, die Rippen, die Lungen, die Nieren, die Testikel und Eileiter und so weiter. Diese ganze Spiegelung und Symmetrie wird aus meiner Sicht von den Zwillingen beherrscht. In manchen astrologischen Betrachtungen wird gesagt, die Zwillinge herrschten über die Zweiheit der Lungen oder der Arme. Ich persönlich erlebe es jedoch so, dass die Wirkung der Zwillinge *überall* da vorhanden ist, wo Spiegelungen stattfinden.

Spiegelungen während der Erziehung

Nicht nur im körperlichen Bereich gilt das Prinzip der Spiegelung. Auch im seelischen Bereich lässt es sich erkennen. Zunächst einmal wird das Verhalten der Eltern gespiegelt. Das Kind ahmt alle guten und alle schlechten Angewohnheiten der Eltern nach. Doch allmählich prägt die eigene Individualität dem Kind seinen Stempel auf. In dieser Entwicklungsphase ist es außerordentlich wichtig, dass das Kind sich seinerseits durch die Augen der Eltern gespiegelt sieht. Der gesamte Prozess, während dessen man sich als eigene Individualität kennenlernt und erfährt, entsteht dadurch, dass die Erzieher das Verhalten des Kindes »spiegeln« und kommentieren: »Du bist aber lustig!« – »Du bist aber stark.« – »Jetzt bist du ungezogen.« – »Du bist müde.«

Und wodurch lernt ein Kind, dass es müde ist? Indem seine Eltern ihm sagen: »Schau, du bist jetzt schon zweimal hingefallen.« Oder: »Du wirst schon ganz weinerlich. Ich glaube, dass du ins Bett musst.« Je besser ein Kind »gespiegelt« wird, desto stärker nimmt es diese Äußerungen in sich auf und macht sie sich zu eigen.

Ein Kind verinnerlicht die Stimmen und Ansichten der Erzieher.

Die Erziehung klingt noch im Erwachsenenalter nach. Wenn man z.B. an seinem Schreibtisch sitzt und die Augen fangen an zu brennen, bekommt man aus einer verinnerlichten Elternfunktion heraus die Assoziation: »Du musst dich einmal ausruhen. Du bist müde. Morgen geht's weiter.« Hat man das in seiner Kindheit nicht oder nicht ausreichend erlebt, dann fehlt einem gerade dieses innere Echo. Hierdurch fehlen einem die Differenzierungen der Körpersignale, die eine solche Schlussfolgerung zulassen: »Das sind Anzeichen von Müdigkeit.« Und das hat auf die Dauer zur Folge, dass man die eigenen Grenzen überschreitet. Man wird erschöpft, und irgendwann muss schließlich der Arzt die väterlich-mütterliche Bemerkung machen: »Sie sind übermüdet. Sie müssen sich jetzt wirklich ins Bett legen und ausruhen.« Ein guter Arzt wird das über eine gewisse Zeit hinweg wiederholen, auch wenn man selbst meint, dass es einem schon wieder besser geht. Man kann also auch im Nachhinein noch durch seinen Hausarzt – oder andere Mitmenschen – weiterhin erzogen werden. Wenn man selber nicht weiß, welchen Beruf man ergreifen soll, werden andere einem sagen: »Warum tischlerst du nicht? Du hast ein echtes Talent dafür.« Oder: »Hast du dich einmal selbst dabei beobachtet, mit welcher Begeisterung du Briefmarken sammelst? Geh der Sache doch einmal nach.« Und wenn man darauf hört, lernt man sich selbst durch die Augen anderer Menschen kennen.

Sozialisierung

Im Sozialisierungs- und Kultivierungsprozess tritt die Wirkung der Umgebung in einer Art auf, in der Kinder eigentlich das Echo eines größeren Systems wahrnehmen. Das heißt konkret, dass Kinder unterschiedlicher Kulturen unterschiedliche Reaktionen auf von außen kommende Laute zeigen, wodurch sie später als Erwachsene auch weiterhin unterschiedlich reagieren werden. In Afrika kommt es beispielsweise häufiger vor, dass ein Mensch seine Zuneigung in aggressivem Ton äußert. Da kann einer den anderen anschreien: »Ja, das hast du dir voriges Mal auch schon erlaubt, du alter Schurke.« Doch während er das sagt, schüttelt er den anderen auf eine Weise, die eindeutig Zuneigung signalisiert. Als Europäer denkt man: »Nichts wie weg hier, gleich setzt es Schläge.«

Man kann interessante Experimente mit Menschen aus unterschiedlichen Kulturen anstellen. Lässt man beispielsweise einen Schweden und einen Italiener miteinander sprechen, so wird der Italiener sehr bald versuchen, auf Armeslänge an den Schweden heranzukommen. Aber der Schwede fühlt sich bedrängt von dem Italiener, da sein Sprechabstand kulturell anders bestimmt ist. Und dann kann man beobachten, wie der Schwede immer wieder einen Schritt zurückgeht, wenn der Italiener ihm näherkommt, so dass sie sich wegen ihrer unterschiedlich definierten Intimität durch den ganzen Raum schieben.

Aus diesen Gegensätzen heraus ergeben sich aber auch viele Missverständnisse zwischen Menschen aus verschiedenen Kulturen. Und hier taucht wieder das interessante Phänomen auf, dass erst dort, wo wir die Unterschiede zwischen zwei Völkern oder zwei Kulturen wahrnehmen und akzeptieren, das Verständnis, und damit also ein Bewusstsein der Gleichwertigkeit entsteht.

Niederländer gehören zu einer Kultur, in der der Rahmen der Intimität ziemlich begrenzt definiert ist. Wir berühren uns nicht so schnell, sondern sind eher nüchtern, distanziert. Wir betrachten die Dinge eher, als dass wir sie betasten. Das bedeutet auch, dass unsere Kultur uns eine Reihe von Geboten in Bezug auf fundamentale Äußerungsformen, wie zum Beispiel Wut und Grausamkeit, auferlegt hat. Das hat natürlich viele Vorteile. Aber es bedeutet auch, dass in der Erziehung vieles von der Aggression, viele rein physische Reaktionen auf Ereignisse, die einem unbequem sind, verboten werden und folglich ihren Weg unterirdisch suchen.

Verdrängte Wut und Grausamkeit

Nicht nur in unserer Kultur werden Wut und Grausamkeit verdrängt. Wir begegnen dem in vielen Kulturen. Das folgende Beispiel ist so universell, dass wir alle uns darin wahrscheinlich wiederfinden können. Kürzlich besuchte mich eine Freundin mit ihren Kindern. Irgendwann wollte sie gehen, aber ihr Söhnlein wollte noch nicht. Es wollte bleiben. Sie war den ganzen Tag über eine sehr gute Mutter, hat sich mit ihren Kindern beschäftigt und Spaß mit ihnen gemacht. Aber jetzt ist sie an ihre Grenze gekommen. Sie will also nicht nur nach Hause gehen, weil es schon spät ist, sondern weil sie auch erschöpft ist. Sie hätte eigentlich eine Viertelstunde eher gehen sollen, um sich selbst zu schonen, aber ich hatte gerade noch frischen Kaffe aufgebrüht ... Auch die Kinder sind an der Grenze zur Übermüdung angelangt. Das Söhnchen macht Theater: »Ich will nicht weg! Ich will nicht weg!« Sie sagt: »Wir holen schon mal deinen Mantel«, aber zugleich musste sie noch ihren Kaffe austrinken, also liegt Unentschlossenheit in ihrer Haltung. Im Rahmen seines störrischen Widerstandes versetzt der Junge seiner Mutter einen nicht wirklich heftigen, aber spürbaren Tritt, als sie versucht, ihm seinen Mantel anzuziehen. Es folgt ein unerwartet kräftiger Klaps der Mutter, während sie schreit: »Du darfst mich nicht treten!« Der Junge fängt laut an zu weinen: »Du darfst mich nicht schlagen! Du tust mir weh, du tust mir weh!« Daraufhin sagt die Mutter: »Ja, aber du tust mir auch weh. Du musst das auch mal selbst spüren!«

In dieser Reaktion liegt eine Art Spiegelung: Schmerz wird mit Schmerz vergolten. Aber es besteht auch eine große Diskrepanz zwischen dem, was so ein kleiner Mann tut, und dem harten Klaps, den seine Mutter ihm gibt. Ich selbst kam dabei in einen inneren Konflikt. Einerseits war da die Mutter, die mir in ihrer Haltung deutlich machte: »Ja, ich schlage ihn, und nun sag du mir bitte nicht auch noch, dass ich etwas falsch mache!«, und andererseits der kleine Junge, der weiterhin weinte und mich ab und an mit einem Blick anschaute, der besagte: »Ist das nun gerecht?« Ich steckte in dem Dilemma: Lasse ich dies Kind sich allein mit der Frage abquälen, ob dies nun gerecht ist? Oder soll ich ihm die Bestätigung geben, dass der Klaps nicht richtig war? Schließlich habe ich ihm gesagt: »Ich habe auch einen Schreck bekommen. Ich fand auch, dass deine Mutter dich zu hart geschlagen hat. Aber ich finde auch, dass du sie nicht treten darfst.« Danach weinte er noch ein bisschen und beruhigte sich dann.

Dies war eine gespannte Situation. Mir war als Erwachsener

auch nicht so recht klar, wie ich mich verhalten sollte, weil ich sehr gut weiß, dass auch ein Erwachsener oft am Rande seiner Kräfte ist. Ich weiß sehr gut – genau wie jene Mutter –, dass es das Beste ist, sein Kind nicht zu schlagen. Aber wenn eine Grenze in einem selbst erreicht ist, passiert es doch manchmal, dass man einen Klaps gibt. Da man dann das Beste – nämlich nicht schlagen – nicht tun kann, sollte man meiner Meinung nach das Zweitbeste tun, nämlich hinterher zugeben, dass es nicht gut war, dass man geschlagen hat. Das Kind kann dann, obgleich alles so falsch gelaufen ist, in sich selbst eine »Landkarte« herstellen von erstrebenswertem und nicht erstrebenswertem Verhalten, und es weiß dann, dass Vater und Mutter es auch wissen. Dazu gehört dann, dass man es als Erzieher zugeben kann, wenn man zu streng oder ungerecht reagiert hat. Denn wenn man als Eltern nur sagen kann: »Du hast dich so schlecht benommen, du hast es verdient«, bringt man eine moralische Unsauberkeit ins Spiel. Denn ein Kind verdient es eigentlich im Prinzip niemals, dass es so hart geschlagen wird. Man sagt dann im Grunde: »Du bist als Opfer Schuld an meiner Fehltat. Ich gestehe es dir nicht zu, mein Vergehen objektiv zu spiegeln. Deine Entrüstung muss in eine abgespaltene Schicht bei dir verschwinden. Sie muss irgendwo im Unbewussten gespeichert werden, und du musst selber sehen, wie du damit zurechtkommst.« Wenn man dagegen sagt: »Ich war selbst erschrocken. Ich nehme es nicht nur dir krumm, dass du mich getreten hast, sondern auch mir, dass ich dich geschlagen habe«, dann bleibt das Ganze noch etwas oberhalb des »Wasserspiegels«. – Dieses Beispiel handelte vom Schlagen, aber das Problem ist natürlich bei jedem unklaren oder unehrlichem Verhalten des Erziehers, aber auch der Kinder vorhanden.

Es hängt viel davon ab, ob man unter Erwachsenen die Dinge beim Namen nennt, denn dann zeigt es sich, ob man in seiner eigenen Persönlichkeit Schichten entdeckt, die irgendwann einmal abgespalten worden sind, weil sie niemals ausgesprochen und akzeptiert wurden. Das ist vor allem der Fall bei den Teilen unserer Persönlichkeit, in denen Wut und Grausamkeit hausen. In jedem Menschen befinden sich »unterhalb des Wasserspiegels« Grausamkeit und Wut. Zu einem Teil ist dies Wut über ein Unrecht in der

Kindheit, zu einem anderen Teil ist es ein Vernichtungsdrang, der mit der Wirkung unserer Verdauungsorgane zusammenhängt, in denen ja auch immer die »Außenwelt« abgebaut und zu einer neuen Welt verwandelt wird.

In Märchen sehen wir oft das Bild des Kellers, in dem sich verborgene Dramen abspielen. Aber auch in der Wirklichkeit finden Grausamkeiten – Folterungen beispielsweise – oft in Kellern statt, wie ein Bild dafür, dass die Vorgänge unter der Oberfläche, im Unbewussten bleiben. Wenn sehr viel solcher Vernichtungsenergie in einem tätig ist, wird es einen Ausweg in dem eigenen Verhalten suchen. Es kann sich in irgendeiner merkwürdigen Abspaltung der eigenen Persönlichkeit manifestieren, in Seiten der eigenen Persönlichkeit, die man selber gar nicht so genau kennt. Es gibt offenbar etwas in einem selbst, das sich so lange im Keller aufgehalten hat, dass es einen Tunnel nach oben gräbt und sich als ein Element in der eigenen Persönlichkeit festsetzt, das man kaum beachtet. Anständige Bürger bekommen dann plötzlich rassistische Anwandlungen, sanftmütige Eltern lachen, wenn ihr Kind sich stößt, freundliche Menschen machen Witze, die einen verwirren, ja, verletzen und so weiter.

Dadurch dass viele emotionale Reaktionen verboten sind und nicht beim Namen genannt werden, muss alle Willenskraft, die sich normalerweise manifestieren könnte, durch einen Tunnel einen eigenen Platz in der Persönlichkeit einnehmen. Man bekommt dann – im schlimmsten Fall – eine sogenannte horizontale Abspaltung eines Persönlichkeitsteils:

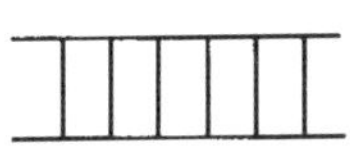

Die Persönlichkeit besteht aus vielen Subpersönlichkeiten

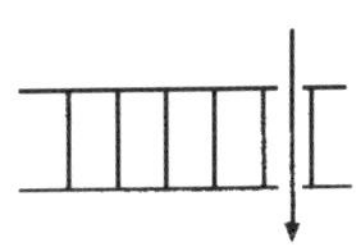

Dissoziation eines Teils der Persönlichkeit

Ich nenne dies »horizontal«, weil die Persönlichkeiten fortan nebeneinander existieren. Es existiert dann eine abgetrennte Persönlichkeit, die nicht richtig in die übrigen Persönlichkeitsaspekte integriert ist. Jeder Mensch hat Subpersönlichkeiten: Der korrekte Buchhalter kann am Wochenende der wilde Hockeyspieler oder der brutale Säufer werden. Aber von Abspaltung kann man erst dann sprechen, wenn man sich nicht hinterher einbildet, man hätte ein bestimmtes Verhalten unter Kontrolle gehabt, oder wenn man sich vielleicht nicht einmal mehr genau an das erinnern kann, was man getan hat. In seiner milden Form wird dies Phänomen als das Doppelgängerprinzip bezeichnet. Es tritt oft in konfliktgeladenen Konferenzen in Erscheinung. Dann verhalten sich Menschen, von denen man dies nicht erwartet hätte, zornig oder wütend, pedantisch oder rachsüchtig, und man weiß, dass hier die Doppelgänger ihre Häupter emporrecken. In schwereren Fällen handelt es sich um eine »multiple Persönlichkeit«: plötzlich führen Funktionen wie der »stramme Kerl«, der »Verführer«, der »Trottel« ein Eigenleben. Man braucht jedoch nicht selbst an dem Phänomen der multiplen Persönlichkeit zu leiden, um das Gefühl zu kennen, dass die eigene Persönlichkeit aus vielen Seiten besteht. Dieses Differenzierungsprinzip manifestiert sich immer da, wo man eine bestimmte »Rolle« spielt.

In jeder Situation zeigt man einen jeweils anderen Teil der eigenen Persönlichkeit. Ein Kind lernt beispielsweise, dass es seine Mutter nicht treten darf, obgleich es das gern täte. Doch kann es beim Fußballspielen seine Kameraden treten, weil ein Teil seiner Persönlichkeit gern treten möchte. Aus diesem beiseitegeschobenen »Tret-Impuls« ist eine Subpersönlichkeit entstanden, die grob sein darf, weil das Kind einen erlaubten Platz dafür gefunden hat. Wenn der Impuls, eine Grobheit zu begehen, bei einem Erwachsenen zu groß ist, dann kann diese Kraft sich eine Subpersönlichkeit suchen, aus der beispielsweise Gewalt zum Vorschein kommt, wenn er betrunken ist. So entsteht ein bestimmtes Verhalten bei Fußballfans. Sie werden ihre Aggressionen nicht auf dem Fußballfeld los, also trinken sie viel und spielen dann auf der Straße mit den Menschen »Fußball«.

Diese Seite kann in dem Maße schlimmer werden, je größer das Unrecht ist, das ein Kind erlebt hat. Vor allem nach heftiger physischer oder sexueller Gewalt kommt es oft zur Entstehung eines

Teils der Persönlichkeit, der sehr wütend oder sehr verletzbar, sehr ängstlich oder sehr grausam ist. Es tritt ein Integrationsverlust auf. Dann geschehen Dinge, von denen der oder die Betroffene das Gefühl hat, dass sie gar nicht zu ihm gehören. Wenn Menschen Grausamkeiten begehen, unternehmen sie meist große Anstrengungen, um ihr Verhalten zu rechtfertigen, *indem* sie es aus sich heraus stellen. Es wird dann nicht als eigenes Verhalten bezeichnet, als Teil von einem selbst, sondern als etwas, was außerhalb liegt. Die Verantwortlichkeit für das Verhalten wird anderen auferlegt. So paradox es sich auch anhört: Es sind Versuche, sich ein Stück der abgespaltenen Persönlichkeit zueigen zu machen, und zwar mit Hilfe des sozialen Organismus der Mitmenschen, die dann den oder die Betroffene(n) auf seine »Zuständigkeit« hinweisen: »Du bist es, der das tut, und du bist dafür verantwortlich!«

Kennzeichnend für diesen Abspaltungsvorgang ist manchmal auch die Tatsache einer Namensänderung mitten im Lebenslauf. Manche Menschen fühlen sich so beeinträchtigt durch ihre Vergangenheit und alle Bezeichnungen, die ihre Umgebung an ihren alten Namen geknüpft hat, dass sie dazu übergehen, ihren Vornamen und manchmal auch ihren Nachnamen zu ändern. Das hat den Vorteil, dass man mit sauberer Weste wieder von vorne anfangen kann. Die Gefahr besteht darin, dass man im eigenen Gedächtnis auch wiederum eine Abspaltung vornimmt und den finsteren Hintergrund, dem man entstammt, leugnet. Besondere Aufmerksamkeit erfordert dieser Vorgang, wenn man dann irgendwann selbst Kinder erzieht.

meine mutter vergaß meinen namen,
mich zu rufen, ist mein kind zu klein.
wie soll ich da geborgen sein?

du, nenne mich, damit ich bin,
lass meinen namen eine kette sein.
nenne mich ganz, bring mich zu tage,
o nenne mich bei meinem tiefsten namen.

für alle, die ich liebe,
will ich meinen namen tragen.

Neeltje Maria Min

Eine Kakophonie von Stimmen

Bis jetzt war die Rede von einer Abspaltung von *Impulsen*, doch spielt das Abspaltungsprinzip auf der *Denkebene* eine mindestens ebenso große Rolle. Wer kennt nicht das Phänomen, dass bei allem, was wir tun, eine Reihe einer oder mehrerer innerer Stimmen ihren Kommentar dazu liefern? »Oh, wie kannst du dich wieder so schön anbiedern«, »Hör damit auf, das wird doch nichts«, »Worüber regst du dich so auf?«, »Nur Mut, du schaffst es schon«. Manchmal ist es keine echte »Stimme« im Kopf, aber es geht doch um Normen und Werte, die aus der Art, wie ich denke, sprechen. So steckt hinter der Mühe, die man aufwendet, um interessant und anziehend zu wirken, oft als verborgener Hintergrund die Angst, langweilig und reizlos zu sein. Man kann daraus schließen, dass eine geheime Stimme am Werk ist, die sagt: Wenn du zeigst, wer du wirklich bist, findet dich jeder langweilig und reizlos.

Es lassen sich verschiedene Arten von Stimmen unterscheiden. Eine der wichtigsten ist das Echo der Normen und Einschätzungen aus der Umgebung. Wenn man nur oft genug hört: »Bist du aber dumm«, dann sickert das tief nach innen hinein. In extremen Fällen kann es vorkommen, dass Eltern sagen: »Du hast etwas Teuflisches an dir« oder: »Es ist deine Schuld, dass mir dies passiert ist.« So etwas wirkt besonders stark bis in die Tiefen, die »Keller« der Persönlichkeit nach. Oft können Stimmen eine ausgleichende konstruktive Wirkung haben, indem man sich selbst Mut zuspricht: »Hab keine Angst, du kannst es schon. Du bist durchaus der Mühe wert », und so weiter. Natürlich muss es nicht immer so sein, dass die negativen Stimmen aus der Umgebung und die positiven Gegenstimmen aus dem Inneren kommen. Die Umgebung kann in ihrem Optimismus auch übertreiben, wodurch man selber eine Stimme schafft, die sagt: »Ja, das behaupten sie nun zwar, aber das muss sich erstmal noch zeigen.« Eine dritte Kategorie von Stimmen, aus der großen Vielfalt der Möglichkeiten ist die der bewährten Lebensweisheiten. Ein paar Beispiele: »Es wird nichts so heiß gegessen, wie es gekocht wird«, »Man muss alles alleine machen, denn man kann niemandem vertrauen », »Wenn die Not am größten, ist Gottes Hilfe am nächsten«. In dieser mannigfaltigen Auffächerung der Stimmen wird das eigentliche, ewige »Ich« sich nicht in Worten manifestieren. Es ist die stille Kraft der Mitte, die wir ganz allmählich stärken können, indem wir in dieser Kakophonie von Stimmen aufrecht stehenbleiben. Dadurch wird eine integrierende Kraft in uns verstärkt, die die Übersicht besitzt und diesen Chor von Stimmen langsam zur Ruhe bringen kann. Es ist die Kraft in uns, die unseren Lebenslauf zu überschauen vermag und die Aufspaltungen wieder heilen kann.

Vertikale Dissoziation

Neben der horizontalen Abspaltung oder Dissoziation unterscheide ich persönlich auch eine vertikale Dissoziation. Hiermit meine ich den Grad, bis zu dem wir uns in unseren Körper hineingesenkt haben. Da man sich dieses als eine Linie vom Kopf bis zu den Füßen vorstellen kann, spreche ich von »vertikaler Dissoziation«. Es geht darum, wie tief unser Bewusstsein sich im Körper verankert hat. Man könnte hier auch vom »Inkarnationsgrad« sprechen. Das ist zu einem Teil ein angeborener Konstitutionsfaktor. Zum andern wird er durch unsere Lebensumstände bestimmt. Wir alle haben hier auf dieser Welt ein ganz bestimmtes Verhältnis zu dem, was man die Fähigkeit zur Passion – zum Leiden wie zur Leidenschaft – nennen könnte. Je besser wir inkarniert sind, desto größer ist unsere Fähigkeit sowohl zur Begeisterung wie auch zum Leiden. Je nachdem, wie abgesichert unsere Erlebniswelt ist, je nachdem wieviel und was wir wahrnehmen, leben wir mehr in unserem Kopf oder »strömen« mehr in unseren Körper hinein. Im zweiten Fall sind wir besser inkarniert und kommen besser in die Tat.

In manchen Momenten sind wir lediglich dazu fähig, unseren Kopf zu fühlen. Das sind bedrängende Situationen, wie etwa ein Examen, ein sehr spannendes Gespräch, die Entscheidung, ob wir eine Beziehung weiterführen wollen oder nicht. Eine solche Situation kann so beängstigend sein, dass Hände, Füße und Bauch kalt werden, währenddessen der Kopf glüht. Alles spielt sich dort im Nervenzentrum ab. Wird die Situation noch bedrängender, dann zieht sich das Bewusstsein noch weiter zurück, wodurch man anfängt zu zittern; die Zähne klappern, und es wird einem leicht und schwindelig im Kopf. Dann ist man fast soweit, dass man ohnmächtig wird. Der Geist zieht sich aus dem Körper zurück, wodurch man in einen unbewussten, eventuell sogar bewusstlosen Zustand gerät.

Andererseits kann man sich auch einseitig in seinen Gliedmaßen inkarnieren. Das ist zum Beispiel der Fall, wenn man jede Kommunikation sexuell interpretiert, oder wenn man jeden Anlass nutzt, um sich zu prügeln. Indem man einseitig nur die eigene Kraft betont, wendet man eigentlich einen Trick an, doch mit dem Leiden der Welt in Berührung zu kommen. Wenn man alle Probleme der Welt immer nur von einer Seite, einer Fähigkeit aus lösen will, wird man gleichsam vom eigenen Geist abgeschnitten. Dadurch löst man sich vom Himmel, nicht von der Erde.

Wir können also diese vertikale Bewegung entweder aufwärts oder abwärts vollziehen. Darum unterscheide ich zwei Richtungen, in denen man vertikal ein Stück von sich selbst abtrennen kann. Einerseits kann man das Geistige vom Körperlichen abkoppeln, andererseits das Körperliche vom Geistigen. Hier geht es also, wie gesagt, nicht um eine Abspaltung in mehrere Persönlichkeitsaspekte, sondern um den Tiefengrad der Inkarnation. Bei den horizontal abgespalteten Teilen können diese für sich genommen allesamt gut und ordentlich inkarniert sein. Sogar bei einem Menschen mit einer multiplen Persönlichkeit kann dies der Fall sein. Es gelingt jedoch nicht, die einzelnen Teile miteinander zu integrieren, und dadurch entsteht eine Teilungs- oder Überlebensstrategie unter den einzelnen Persönlichkeitsaspekten: Welcher Teil der Persönlichkeit ist der stärkste?

Teile und herrsche

Es handelt sich bei den verschiedenen Äußerungen des Zwillingsprinzips also immer um ein »teile und herrsche«. Oder besser: Teile und überlebe. Wer sich selbst in horizontale Subpersönlichkeiten aufteilt oder sich vertikal aus seinem Körper herauszieht, tut dies im

Prinzip, um mit dem brennenden Feuer der Leidenschaft bzw. des Leidens umgehen zu können. Dieses Aufspalten kann unterschiedliche Formen annehmen. Außer den schon genannten Formen hat es auch den entscheidenden Aspekt, dass man sich selbst nicht ganz ernst nimmt. An sich ist es natürlich oft sehr fruchtbar, Ereignisse zu relativieren, indem man sie in eine andere Perspektive versetzt, aber es kann passieren, dass man sich selbst dabei vernachlässigt. Es ist ein großer Unterschied, ob man etwas mit Humor nimmt oder ob man etwas lächerlich macht. Ein Schlüsselwort in diesem Zusammenhang ist »Respekt«. Humorvoll mit einer Sache umgehen, heißt immer auch, Respekt davor haben. Der Drang, etwas lächerlich zu machen, zeigt, dass dieser Respekt fehlt. Wenn Menschen sich selbst ernst nehmen wollen, besteht die Schwierigkeit für sie oft darin, dass sie Angst haben zu übertreiben oder von ihren eigenen Problemen völlig besessen zu werden. Immer wieder geht es um den atmenden, den beweglichen Mittelweg, um den unsichtbaren Schnittpunkt zwischen den aufgespaltenen Welten. Der Auftrag im Zusammenhang mit dem Zwillingsthema ist also der, eine integrierende Kraft innerhalb der Zersplitterung zu entwickeln.

Dabei braucht es andere Menschen, in denen man sich spiegeln kann, in erster Linie während man heranwächst, in den Eltern, die einen erziehen, aber auch später, während der Zeit der »sozialen Erziehung«. Indem man sich in anderen spiegelt, lernt man die verschiedenen Seiten der eigenen Persönlichkeit kennen. Im Prinzip sind in jedem Menschen alle Persönlichkeitsaspekte vorhanden, angenehme wie abstoßende. Es ist nicht einzelnen Menschen vorbehalten, stets alles gut und richtig zu machen, und anderen, immer grausam zu sein. Indem man sich zum »Eigentümer« all jener einzelnen Teile der eigenen Persönlichkeit macht, kann man vielleicht so weit kommen, dass man die einzelnen Teile miteinander integrieren und sie beisammenhalten kann.

Was geschieht nun, wenn man keine legitime Wut, keine legitime Empörung erleben darf, wie der kleine Junge, von dem ich berichtete? Dann wird die Möglichkeit, selber etwas an diesen Leidenschaften zu erleben, beeinträchtigt. Jede Tat hat eine moralische Wirkung, die erlebt werden will. Alles was geschieht, alles, was einem begegnet, hat solange seine Wirkung, bis es durchlebt ist. Man könnte dies das »Gesetz von der Erhaltung der Leidenschaften« nennen, eins der großen Gesetze des Karma. Man könnte es auch anders ausdrücken: Die Welt will von uns erlebt werden. Unsere Taten – alle Taten, ungeachtet, wessen Taten es sind – wollen auf moralisch richtige Weise eingeschätzt werden. Abspaltung oder Dissoziation ist in dieser Sicht also nur ein Aufschieben des leidenschaftlichen Durchlebens. Das ist auch ein Paradoxon der Psychotherapie: Menschen können eine Form der Behandlung, die tiefere Schichten offenlegt, erst aushalten, wenn sie einen gewissen Grad an Stabilität in ihrem Leben zustande bringen. Am ehesten kann man dies noch mit dem Ertrinkenden vergleichen, der nach einem Schiffbruch viele Stunden lang schwimmen muss, um die Küste zu erreichen. In dieser Phase dissoziiert er sich von seinem Schmerz und allem, was er zu ertragen hat. Er muss sich viel zu sehr darum mühen, überhaupt zu überleben. Erst wenn er an den warmen Strand angespült und der unmittelbaren Lebensgefahr entronnen ist, fängt die »Passion« an. Erst dann überwältigt ihn die Angst und die Größe des Erlebten. Erst dann kann er mit der Verarbeitung seines Schmerzes beginnen.

Das Phänomen der Abschiebung

Eine ganz besondere Form der Abspaltung ist die »Abschiebung« (das »Delegieren«), wie ich es nenne, das Phänomen, dass Menschen in der Lage sind, Bewusstseinsinhalte und vor allem Gefühle und Willensimpulse so weit von sich abzuspalten, dass *andere* sie fühlen. Auf einfachem Niveau kann man dies beobachten, wenn Kinder versuchen, einander Angst einzujagen. Die Angst wird dann als Schwarzer Peter zwischen ihnen hin und her geschoben: Wenn Hans es schafft, Vera bange zu machen, muss er lachen; wenn Vera dann wieder etwas ganz Schreckliches sagen kann und Hans' Gesicht sich verzieht, ist Vera wieder vorübergehend erleichtert.

Dramatisch ist es, wenn eine solche Abschiebung zwischen Eltern und Kind stattfindet. Wenn man das »Gesetz der Erhaltung der Leidenschaften« auf emotionelle Probleme von Eltern anwendet, kann man folgern, dass etwas, was von den Eltern nicht verarbeitet wurde, von einem oder mehreren ihrer Kinder als Problem aufgegriffen wird. Das deutlichste Beispiel hiervon ist die Problematik der sogenannten zweiten und dritten Nachkriegsgeneration. Sogar bei Kindern, deren Eltern nie über den Krieg gesprochen haben, wächst oft ein brennendes Gefühl, sich mit Themen aus der Kriegszeit beschäftigen zu müssen. Der Kern dieses Vorgangs ist, dass jedes Unrecht mit-leidend und leidenschaftlich durchlebt werden will. Jedes Unrecht, wie alt es auch sein mag, frisst sich seinen Weg ins Bewusstsein. Je mehr ein Unrecht geleugnet wird, desto stärker will es gerächt werden. Je mehr zugefügtes Unrecht als solches erkannt wird, desto stärker ist die Bereitschaft zur Vergebung.

Es kann geschehen, dass ein Mensch, der in sich noch den Unfrieden darüber trägt, dass er in seiner Kindheit ungerecht behandelt wurde, dieselbe Ungerechtigkeit an anderen auslebt, oft an den eigenen Kindern. Der nicht richtig durchlebte und nicht erkannte Schmerz wird auf diese Weise auf die nächste Generation übertragen.

Analog kann wahrgenommen werden, dass ein nicht akzeptiertes Machtverhältnis auf andere Menschen abgeschoben wird. Ein Mann wird an seinem Arbeitsplatz von seinem Chef ungerecht behandelt und lässt dies zu Hause an seiner Frau aus. Diese richtet ihren Unfrieden dann auf das Kind, woraufhin das Kind seiner Puppe einen Tritt versetzt. In schlimmen Fällen ruft diese Abschiebung danach, verarbeitet zu werden. Sie wird dann Teil einer Beziehung, die sich selbst instandhält. Jemand sieht in den Augen des andern den Schmerz, den er selbst hätte erleiden müssen, der aber zu groß für ihn war.

Um es ganz kompliziert zu machen, könnte man hier statt von einer horizontalen oder vertikalen von einer sagittalen Abspaltung sprechen. Das bedeutet: von vorn nach hinten verlaufend. Diese sagittale Abspaltung beobachtet man bei Menschen, die ihr Glück in der Vergangenheit oder just in der Zukunft suchen. Wälzt man seinen Schmerz auf seine Kinder ab, könnte man das auch so erklären, dass man seinen Schmerz vor sich herschiebt. Eigenartigerweise kommen wir hiermit schon in den Bereich des Gegenpols, des Schützen nämlich, dessen Handeln in starkem Maße auf die Zukunft gerichtet ist.

Es kommt auch vor, dass jemand sein Gefühlsleben nicht auf andere Menschen, sondern auf andere *Ereignisse* verschiebt. Viele Menschen spüren beispielsweise einen Schmerz nicht in dem Moment, wenn er auftritt, sondern wenn sie ganz in einem tragischen Film aufgehen. Sie spüren ihren Schmerz ausschließlich auf dem Umweg über das Kollektiv. Dieser Vorgang wird, in Anlehnung an den bekannten rührseligen Film, der »Bambi-Effekt« genannt. Durch den dabei entstehenden Kontakt mit dem allgemeinen Leiden der Welt durchleben wir doch noch einen Teil unseres verborgenen Schmerzes. Das ist ein legitimer Weg, von dem jeder Mensch in geringerem oder stärkerem Maße Gebrauch macht. Bemüht man sich jedoch um eine moralische Schulung, so ist es wichtig, dass man seinen individuellen Anteil aus dem universellen Leiden wieder zurückholt. Dies allerdings nicht, weil wir ohne die regelmäßige Identifikation mit leidenden Menschen nicht leben könnten. Es ist einfach ein Gesetz der moralischen Schulung, dass man erst frei wird, wenn man sich in seinem Schicksal »zu Hause fühlen« kann. Damit meine ich nicht, dass man sich mit seinem Schicksal abfinden sollte, sondern dass man zu einer gewissen Einsicht in die eigenen moralischen Schicksalsereignisse gelangt, um sich dadurch freier in der Welt zu bewegen. Nimmt man sich selbst nicht ernst, so verhält man sich ungerecht. Denn man mindert dadurch den Wert eines Menschen herab. Man hört gelegentlich Leute sagen: »Ich darf nicht klagen, denn wenn ich mein Schicksal mit dem vergleiche, was andere durchzumachen haben, fällt mein Leiden dagegen nicht ins Gewicht.« In gewissem Sinne ist das wahr und auch tröstlich, auf einer anderen Ebene aber ist es der schlimmste Fehler, den man dem Leben gegenüber begehen kann: den eigenen Lebenslauf nicht ernst zu nehmen!

Ich habe einmal eine Reportage von Ivo Niehe über Mutter Teresa gesehen. Man sah, wie sie Kinder aus Armenvierteln rettete und wie lieb sie zu ihnen war. Ivo Niehe machte aus seiner Bewunderung kein Hehl. Aber wie eine Art Gift sickerte durch die Bilder die Wahrheit hindurch, dass diese liebe, besondere Frau bei jeder Gelegenheit ihre Mitarbeiter herunterputzte. Durch all die von ihr vollbrachten Wunder hindurch sah man, dass es ihr niemand recht machte. Auch Ivo Niehe bekam das zu spüren: Jedes Mal, wenn sie an einem Christusbild vorbeikamen und er das nicht sofort merkte, sagte sie bissig: »Verbeugen!« – Ich will mit diesem Beispiel dem schönen Bild von den guten Taten Mutter Teresas keinen Abbruch tun, sondern nur zeigen, dass niemand immer nur gut sein kann. Auch Mutter Teresa muss in ihrem nächsten Leben noch etwas zu tun haben; auch sie schuf neues Karma.

Es geht also nicht nur um unsere Einblicke in die Reiche der Himmel; mindestens ebenso wichtig ist, wie man mit seinen täglichen Aufgaben wie dem Brotholen beim Bäcker umgeht. Das impliziert, dass man bestrebt ist, während einer spirituellen Schulung alle Subpersönlichkeiten fortwährend zu überblicken, an ihnen zu arbeiten. Es geht nicht nur darum, höher und tiefer, sondern auch breiter zu werden und alle vertikalen Abspaltungen immer besser zu übersehen und sie sich wirklich »zu eigen zu machen«.

Die kluge Else

Um das Wesentliche dieses Themas noch einmal auf poetische Weise darzustellen, folgt nun ein Märchen der Brüder Grimm: »Die kluge Else«. Hier geht es um die vorhandene bzw. fehlende Intelligenz Elschens. Das Märchen beginnt mit dem Zweifel des Vaters an der Intelligenz seiner Tochter. In den alten Volksmärchen kommt sehr viel Grausamkeit vor. Auch das Ende dieses Märchens ist eigentlich sehr grausam. Natürlich kann man sich fragen, was man Kindern antut, wenn man ihnen solche Märchen vorliest. Mit welchen Ohren hören Kinder überhaupt? Ich möchte hier gern die offene Frage stellen, ob nicht ein Kind die Grausamkeit dieser Geschichten vielleicht viel besser aushält als der Erwachsene, weil dieser inzwischen gelernt hat, seine eigene Grausamkeit abzuspalten.

Es war ein Mann, der hatte eine Tochter, die hieß die kluge Else. Als sie nun erwachsen war, sprach der Vater: »Wir wollen sie heiraten lassen.« »Ja,« sagte die Mutter, »wenn nur einer käme, der sie haben wollte.«

Endlich kam von weither einer, der hieß Hans, und hielt um sie an, er machte aber die Bedingung, dass die kluge Else auch recht gescheit wäre.

»O,« sprach der Vater, »die hat Zwirn im Kopf,« und die Mutter sagte: »Ach, die sieht den Wind auf der Gasse laufen und hört die Fliegen husten.« »Ja,« sprach der Hans, »wenn sie nicht recht gescheit ist, so nehm ich sie nicht.«

Als sie nun zu Tisch saßen und gegessen hatten, sprach die Mutter: »Else, geh in den Keller und hol Bier.« Da nahm die kluge Else den Krug von der Wand, ging in den Keller und klappte unterwegs brav mit dem Deckel, damit ihr die Zeit ja nicht lang würde. Als sie unten war, holte sie ein Stühlchen und stellte es vors Fass, damit sie sich nicht zu bücken brauchte und ihrem Rücken etwa nicht wehe täte und unverhofften Schaden nähme. Dann stellte sie die Kanne vor sich und drehte den Hahn auf, und während der Zeit, dass das Bier hineinlief, wollte sie doch ihre Augen nicht müssig lassen, sah oben an die Wand hinauf und erblickte nach vielem Hin- und Herschauen eine Kreuzhacke gerade über sich, welche die Maurer da aus Versehen hatten stecken lassen. Da fing die kluge Else an zu weinen und sprach: »Wenn ich den Hans kriege, und wir kriegen ein Kind, und das ist groß, und wir schicken das Kind in den Keller, dass es hier soll Bier zapfen, so fällt ihm die Kreuzhacke auf den Kopf und schlägts tot.« Da saß sie und weinte und schrie aus Leibeskräften über das bevorstehende Unglück.

Die oben warteten auf den Trank, aber die kluge Else kam immer nicht. Da sprach die Frau zur Magd: »Geh doch hinunter in den Keller und sieh, wo die Else bleibt.« Die Magd ging und fand sie vor dem Fasse sitzend und laut schreiend. »Else, was weinst du?« fragte die Magd. »Ach,« antwortete sie, »soll ich nicht weinen? Wenn ich den Hans kriege, und wir kriegen ein Kind, und das ist groß, und soll hier Trinken zapfen, so fällt ihm vielleicht die Kreuzhacke auf den Kopf und schlägt es tot.« Da sprach die Magd: »Was haben wir für eine kluge Else!« setzte sich zu ihr und fing auch an über das Unglück zu weinen.

Über eine Weile, als die Magd nicht wiederkam, und die droben durstig nach dem Trank waren, sprach der Mann zum Knecht: »Geh doch hinunter in den Keller und sieh, wo die Else und die Magd bleibt.« Der Knecht ging hinab, da saß die kluge Else und die Magd, und weinten beide zusammen. Da fragte er: »Was weint ihr denn?« »Ach,« sprach die Else, »soll ich nicht weinen? Wenn ich den Hans kriege, und wir kriegen ein Kind, und das ist groß, und soll hier Trinken zapfen, so fällt ihm die

Kreuzhacke auf den Kopf und schlägts tot.« Da sprach der Knecht: »Was haben wir für eine kluge Else!« setzte sich zu ihr und fing auch an laut zu heulen.

Oben warteten sie auf den Knecht, als er aber immer nicht kam, sprach der Mann zur Frau »geh doch hinunter in den Keller und sieh, wo die Else bleibt.« Die Frau ging hinab und fand alle drei in Wehklagen, und fragte nach der Ursache, da erzählte ihr die Else auch, dass ihr zukünftiges Kind wohl würde von der Kreuzhacke totgeschlagen werden, wenn es erst groß wäre, und Bier zapfen sollte, und die Kreuzhacke fiele herab. Da sprach die Mutter gleichfalls: »Ach, was haben wir für eine kluge Else!« setzte sich hin und weinte mit.

Der Mann oben wartete noch ein Weilchen, als aber seine Frau nicht wiederkam und sein Durst immer stärker ward, sprach er: »Ich muss nur selber in den Keller gehn und sehen, wo die Else bleibt.« Als er aber in den Keller kam, und alle da beieinander saßen und weinten, und er die Ursache hörte, dass das Kind der Else schuld wäre, das sie vielleicht einmal zur Welt brächte und von der Kreuzhacke könnte totgeschlagen werden, wenn es gerade zur Zeit, wo sie herabfiele, darunter säße, Bier zu zapfen: da rief er: »Was für eine kluge Else!« setzte sich und weinte auch mit.

Der Bräutigam blieb lange oben allein, da niemand wiederkommen wollte, dachte er: »Sie werden unten auf dich warten, du musst auch hingehen und sehen, was sie vorhaben.« Als er hinabkam, saßen da fünfe und schrien und jammerten ganz erbärmlich, einer immer besser als der andere. »Was für ein Unglück ist denn geschehen?« fragte er. »Ach, lieber Hans,« sprach die Else, »wann wir einander heiraten und haben ein Kind, und es ist groß, und wir schickens vielleicht hierher, Trinken zu zapfen, da kann ihm ja die Kreuzhacke, die da oben ist stecken geblieben, wenn sie herabfallen sollte, den Kopf zerschlagen, dass es liegen bleibt; sollen wir da nicht weinen?« »Nun,« sprach Hans, »mehr Verstand ist für meinen Haushalt nicht nötig; weil du so eine kluge Else bist, so will ich dich haben,« packte sie bei der Hand und nahm sie mit hinauf und hielt Hochzeit mit ihr.

Als sie den Hans eine Weile hatte, sprach er: »Frau, ich will ausgehen arbeiten und uns Geld verdienen, geh du ins Feld und schneid das Korn, dass wir Brot haben.« »Ja, mein lieber Hans, das will ich tun.« Nachdem der Hans fort war, kochte sie sich einen guten Brei und nahm ihn mit ins Feld. Als sie vor den Acker kam, sprach sie zu sich selbst: »Was tu ich? Schneid ich ehr? Oder ess ich ehr? Hei, ich will erst essen.« Nun aß sie ihren Topf mit Brei aus, und als sie dick satt war, sprach sie wieder: »Was tu ich? Schneid ich ehr, oder schlaf ich ehr? Hei, ich will erst schlafen.« Da legte sie sich ins Korn und schlief ein.

Der Hans war längst zu Haus, aber die Else wollte nicht kommen, da sprach er: »Was hab ich für eine kluge Else, die ist so fleißig, dass sie nicht einmal nach Haus kommt und isst.«

Als sie aber noch immer ausblieb und es Abend ward, ging der Hans hinaus und wollte sehen, was sie geschnitten hätte: aber es war nichts geschnitten, sondern sie lag im Korn und schlief. Da eilte Hans geschwind heim, und holte ein Vogelgarn mit kleinen Schellen und hängte es um sie herum; und sie schlief noch immer fort. Dann lief er heim, schloss die Haustüre zu und setzte sich auf seinen Stuhl und arbeitete.

Endlich, als es schon ganz dunkel war, erwachte die kluge Else, und als sie aufstand, rappelte es um sie herum, und die Schellen klingelten bei jedem Schritte, den sie tat. Da erschrak sie, ward irre, ob sie auch wirklich die kluge Else wäre, und sprach: »Bin ichs, oder bin ichs nicht?« Sie wusste aber nicht, was sie darauf antworten sollte, und stand eine Zeit lang zweifelhaft. Endlich dachte sie: »Ich will nach Haus gehen und fragen, ob ichs bin oder ob ichs nicht bin, die werdens ja wissen.«

Sie lief vor ihre Haustüre, aber die war verschlossen. Da klopfte sie an das Fenster und rief: »Hans, ist die Else drinnen?« »Ja,« antwortete Hans, »sie ist drinnen.« Da erschrak sie und sprach: »Ach Gott, dann bin ichs nicht,« und ging vor eine andere Tür; als aber die Leute das Klingeln der Schellen hörten, wollten sie nicht aufmachen, und sie konnte nirgends unterkommen.

Da lief sie fort zum Dorfe hinaus, und niemand hat sie wieder gesehen.

Die wichtigsten Themen dieses Märchens sind: Das *Vergessen* (des Auftrages im Keller; des Arbeitens auf dem Acker und letztlich der eigenen Identität), die *Phantasie* (sie sieht den Wind auf der Straße laufen; was könnte alles mit der Kreuzhacke passieren, die im Keller hängt) und die *Liebe*, die Bedingungen stellt (»... wenn sie nicht recht gescheit ist, so nehm ich sie nicht«; wenn sie nicht arbeitet, darf sie nicht mehr hereinkommen). Auch in seiner Gesamtheit ist es ein Bild für das Vergessen. Alles verschwindet im Keller, und dort, in der Tiefe einer unbewussten Schicht, wuchert es, und es entstehen dunkle, grausame Phantasien darüber, wie ein zukünftiges Kind sterben könnte. Doch man könnte es auch so ansehen: Die unglückliche Else projiziert ihr eigenes Elend auf die nachfolgende Generation und kann dann im Voraus schon darüber weinen. Die Tragödie ist natürlich ganz und gar auf ihrer Seite: Sie wird gewogen und zu leicht befunden. Letztendlich wird ihre gesamte Existenz geleugnet. Bis hin zum letzten Wort ist dies eine reflektierende Geschichte.

Ein anderes kräftiges Bild des Zwillingsprinzips zeigt sich im folgenden Fragment aus einem weiteren Märchen (»Der Eisenofen«). Kurz zusammengefasst läuft es darauf hinaus, dass eine Prinzessin zum ersten Mal allein zu einem Fest auf einem Nachbarschloss gehen darf und in voller Pracht einen dunklen Wald durchqueren muss. Dort wird sie von einer Hexe ausgeraubt, die sie unter der Bedingung am Leben lässt, dass sie niemandem erzählt, was ihr passiert ist. Die Prinzessin gibt ihr Wort und muss ohne goldenes Gewand und ohne weißes Pferd die bewohnte Welt erreichen. Sie wird vom Koch des Nachbarschlosses im Wald gefunden, der ihr Kleider gibt und ihr eine Stelle in der Küche besorgt. Als sie den königlichen Gästen das Essen aufträgt, sieht sie, dass die Hexe sich in ihre goldenen Kleider gehüllt hat und sich als die Prinzessin ausgibt. Die Küchenmagd hält ihr Wort und schweigt, aber der König vermutet, dass irgendetwas Ernstes geschehen ist. Er nimmt sie beiseite und sagt: »Es ist für jeden Menschen wichtig, dass er erzählt, was er auf dem Herzen hat. Wenn du es mir nicht erzählen willst, kannst du es heute abend, wenn das Feuer gelöscht ist, dem Eisenofen sagen.« Die traurige Königstochter scheint wirklich ein so großes Bedürfnis zu haben, zu erzählen, was ihr geschehen ist, dass sie abends, als jeder schläft, in den leeren und abgekühlten Eisenofen kriecht und dort ihre traurige Geschichte erzählt. Der König hat die Nacht über auf dem Dach gewacht und hört durch den Schornstein die Geschichte der armen Prinzessin. Am nächsten Tag, bei Tisch, erzählt er die Geschichte seinen Gästen. Er fragt die Hexe: »Was denkst du nun von einer solchen Frau, die eine Prinzessin ihrer Würde beraubt?« Die Hexe reagiert wütend und sagt: »Es ist eine Schande, so eine müsste in einem mit Nägeln ausgeschlagenen Fass die Treppe herabgeworfen werden.« Worauf der König sagt: »Begreifst du, dass du es bist, die das getan hat?« Voll Entsetzen begreift die Hexe, dass sie ihr eigenes Todesurteil gesprochen hat, und sie wird ihrem eigenen Vorschlag entsprechend bestraft.

Auch hier wird das Bedürfnis eines Menschen betont, seine

Geschichte zu erzählen, wenn ihm ein Unrecht angetan worden ist. Interessant ist übrigens, dass manche Menschen missbilligen, dass der König heimlich gelauscht hat, während andere es als eine edle Tat bezeichnen. Die dunkle Seite des Zwillings ist die Hexe, die sagt, dass die Prinzessin schweigen muss. Das Faszinierende ist, dass die Hexe wahrscheinlich selber ihre Verbrechen vergessen hat und sich erst dann daran erinnert, als sie ihr vom König als Konfrontation gespiegelt werden und er ihr die Strafe gibt, die sie selbst vorgeschlagen hat.

Schütze versus Zwillinge

Es kommt in der Erziehung darauf an, dass das Kind lernt, zur notwendigen Abspaltung von der Welt zu gelangen. Alles bekommt einen eigenen Namen, alles bekommt ein bestimmtes Erkennungszeichen, und damit zersplittert sich die bisher einheitliche Welt. Dies bringt uns jedoch sofort zu der Frage: Wie lässt sich aus dieser aufgespalteten Welt jemals wieder eine Einheit schaffen? Der Prozess der Heilung der Welt liegt in der Polarität Schütze–Zwillinge. In den Zwillingen lernen wir, die verschiedenen Rollen zu spielen, im Schützen bestimmen wir Ziele in unserem Leben. Die Zwillinge sind also Beherrscher der Differenzierung, der Aufspaltung in Vergangenheit, Gegenwart und Zukunft und der umfassenden Kraft des Gedächtnisses. Die Aufspaltung der Welt steht unter dem Zeichen »Teile und herrsche«. Und das ergibt nur einen Sinn, wenn man die Welt auch als Totalität betrachten kann, in der alles unlösbar miteinander verbunden ist, in der das Besondere und Individuelle dem Ganzen dient.

In der Polarität Zwillinge–Schütze sehen wir die Aufspaltung der Ganzheit in differenzierte Einheiten und die anschließende Heilung durch die verbindende, sinngebende Kraft.

Die Spaltung des Bewusstseins und der Brennpunkt der Freiheit

Man kann die Persönlichkeit als zwei konzentrische Kreise darstellen. Der so entstandene innere Raum repräsentiert den freien Teil der Persönlichkeit, der äußere den unfreien Teil, mit dem wir uns ungern identifizieren: das Unbewusste.

Man kann das Unbewusste auch dreidimensional darstellen, zum Beispiel durch zwei aufeinander stehende Kegel, die nach oben respektive nach unten geöffnet sind. Der Schnittpunkt der beiden Kegel ist als Brennpunkt unseres Bewusstseins zu betrachten. Das ist der Bereich, in den ich am spürbarsten eingreifen kann. Wir können uns den Brennpunkt verschiebbar vorstellen. Den Bereich, in dem wir noch selbst Einfluss auf unser Verhalten und unser Bewusstsein nehmen können, können wir den freien Bereich nennen. Je weiter wir unser Erleben aus diesem Bereich heraustragen, desto stärker geraten wir in ein Erleben des Selbstverlusts. Je weiter man sich nach oben zum Licht oder nach unten in die Verdichtung der Materie bewegt, desto wichtiger wird die Hilfe höherer, über uns stehender Wesen.

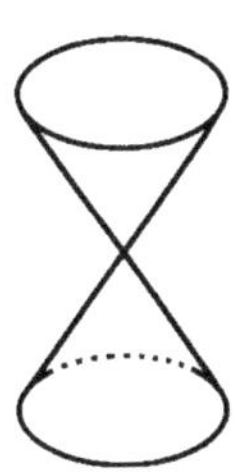

Ich persönlich habe in diesem Zusammenhang sehr ausgeprägte Erfahrungen. Wenn man sich zu weit von dem »freien Brennpunkt« fortbewegt, kann man in ein Netz überwältigender Erlebnisse geraten, nach oben hin durch blendendes Licht, nach unten durch überwältigende Zersplitterung. Nie bin ich aus eigener Kraft zurückgekehrt, ich habe vielmehr erlebt, dass ein engelartiges Wesen eingreift und lebensrettend, zumindest bewusstseinsrettend, tätig ist.

Die freie Zone der eigenen Persönlichkeit ist das, was man in der Boxerterminologie seinen »reach« nennen würde. Das ist der Kreis um den Kämpfer, in dem er noch dazu imstande ist, gut und effektiv Schläge auszuteilen. Zu nah am Körper wird es oft zu schwierig, und in zu weitem Abstand vom eigenen Körper wird es unmöglich, noch effektiv zu kämpfen. Im Prozess der Entwicklung kann man versuchen, seinen eigenen »reach« zu vergrößern: dichter an den Körper heran und weiter von ihm entfernt. Bei der Befreiung der Persönlichkeit tritt das Phänomen auf, dass der freie Teil der Persönlichkeit universell wird, und zwar dadurch, dass man selbst ihn freigemacht hat. Er gehört einem nicht mehr, sondern ist das, was man »erlöst« hat.

Zu dem unfreien Teil dagegen können wir auch nicht ohne weiteres »ich« sagen. Ein wunderbares niederländisches Bild für das Erobern des unfreien Teils, der zunächst noch aus dem Unbewussten auf uns einwirkt, ist das Wort »einpoldern«, Land gewinnen. Goethe lässt seinen Faust, das Urbild des bewusstseinserobernden Menschen, als besessenen »Einpolderer« enden. Jedes Mal, wenn wir den Kampf gegen die unfreien Elemente in uns aufnehmen und jedes Mal, wenn wir uns darum bemühen, etwas von dem unfreien Teil unserer Persönlichkeit, den unfreien Teil unseres Trieblebens, lenkbar zu machen, arbeiten wir an dieser »Einpolderung«. Im Grenzgebiet zwischen dem freien und dem unfreien Teil unserer Persönlichkeit treffen wir unsere selbständigen Entscheidungen. Da erleben wir uns als Individualität.

Natürlich wird eine Reihe von Trieben nicht per se beherrschbar zu sein brauchen. Wir Niederländer haben zu unserem Nachteil merken müssen, dass das Einpoldern oft einen hohen Preis fordert.

Nicht zu Unrecht haben wir viele Pläne zur Einpolderung fallen lassen. Wir haben das Meer mit seinen unbewussten und gewaltigen Kräften für unsere Vitalität nötig.

Der Schütze ist ein Kentaur, ein Wesen, das halb Mensch und halb Pferd ist. Daher bietet es sich an, beim Beobachten der eigenen Triebe die Metapher des Reitens zu benutzen. Die explosive Natur des Menschen ist mit einem Vollbluthengst zu vergleichen, den wir erst zureiten müssen. Natürlich kann man ihn mit Valium füttern, dann wird er ruhiger und gehorsamer, aber es ist dann auch nicht so spannend, auf ihm zu reiten. Manchmal ist es nötig, dieses Pferd zur Ruhe zu bringen, aber manchmal kann man es auch noch schneller laufen lassen. Es geht darum, dass man als Reiter fest im Sattel des Pferdes bleibt, es manchmal traben, manchmal galoppieren und dann wieder im Schritt gehen oder es sich ausruhen lässt. Der Reiter repräsentiert die einigende Kraft der Persönlichkeit, die in den Zwillingen auseinandergefallen war. In diesem Reiter begegnen wir dem Schützen.

Das Symbol des Schützen

Gegenüber den vertikalen und horizontalen Linien des Zwillingssymbols – die sich gegenseitig wie ein Viereck festhalten – besteht das Symbol des Schützen aus einer schrägen Linie mit einem Pfeil und einem kurzen Querstrich. Während in den Zwillingen die Horizontale und die Vertikale das Bild bestimmen, erscheint hier eine Diagonale als Kombination von vertikal und horizontal. Zum Teil kann man das Symbol als einen Pfeil verstehen, der aus einem Bogen abgeschossen wird. Doch könnte man auch sagen, dass im Schützen der ursprüngliche Giftstachel des Skorpions ein freigewordenes Instrument geworden ist. Es ist nicht mehr körperlich. Während beim Skorpion der Giftpfeil noch am Körper festsitzt, verfügt der Schütze über ein losgelöstes Instrument, das tödlich ist. Man kann sich den Pfeil auch als das Horn des Einhorns vorstellen. Alle triebhaften Kräfte kommen in einem Punkt der Weisheit und idealistischen Harmonie zusammen.

Man sagt auch, dass die schräge Linie mit dem Querstrich darauf als Kreuz anzusehen sei, das aufgerichtet wird. In jeder Variante ist die Diagonale von großer Bedeutung.

Immer kommt der Moment, da der Pfeil niedergeht:

Typisch für die Gebärde des Bogenschützen ist der Akt der Einschätzung, *wo* der Pfeil den Bogen berühren wird. Man schießt nach oben, aber, unabhängig davon, ob man sein Ziel erreicht oder es verfehlt: immer kommt etwas auf der Erde an. Dabei tauchen dann Fragen auf: Mit wieviel Kraft schießt man den Pfeil ab? Welches Ziel will man erreichen? In welcher Entfernung soll der Pfeil herunterkommen? Das lässt sich auch aufs Sprechen übertragen: Was bezweckt man mit seinen Worten? Wie zielgerichtet ist man in seinen Äußerungen?

In einem Übungskurs für Redner trug mein Lehrer mir oft Speer- oder Diskuswerfen auf. Wir haben das Zielgerichtetsein vom Körper her aufgebaut, damit wir das Gefühl dafür entwickelten, dass unsere Worte eine Bedeutung haben, die wir quer durch den ganzen Raum an einen bestimmten Ort befördern wollen. Speerwerfen, Diskuswerfen und Bogenschießen geben einem die physische Basis dafür, die eigene Botschaft zu übermitteln.

Das mythologische Bild des Schützen

Der Schütze wird als Zentaur dargestellt. Der Zentaur ist eine Gestalt aus der griechischen Mythologie, halb Mensch, halb Pferd. Es existieren wunderbare Bilder, auf denen ein Mann mit zurückgebogenem Oberkörper und Pferdeleib dargestellt ist, der im Begriff ist, einen Pfeil aus dem gespannten Bogen schräg emporzuschießen. Zuweilen schießt der Bogenschütze auch nach unten. Ein solches Bild sieht man manchmal bei Kirchen, als sollte damit ausgedrückt werden: »Dein Ziel ist es, in die Kirche zu kommen.« In gewissem Sinne ist dies ein pervertiertes Bild, weil damit dem Prinzip des nach oben schießenden Schützen Gewalt angetan wird. Es gibt auch Darstellungen, auf denen der Bogenschütze nach hinten schießt, als würde sein Ziel nicht vor ihm, sondern hinter ihm liegen. Das ist wie eine Vermischung des Schützen mit dem Widder, der zurückblickt.

Der Zentaur ist per definitionem ein zwiespältiges Wesen. Damit wird einer der vielen Aspekte des zerrissenen Menschen ausgedrückt: Einerseits ist er auf Ideale gerichtet, andererseits ist er an seinen Körper gebunden. Und in diesem Spannungsfeld bewegt sich der Mensch, der nach einem Ziel strebt.

Wir begegnen in der Mythologie vielen Wesen dieser Art, die halb Mensch und halb Tier sind. Darauf basiert die gesamte altägyptische Religion. Dort sehen wir Menschengestalten mit Tierköpfen. In der griechischen Mythologie ist es umgekehrt: Da ist gerade der Leib vom Tier und der Kopf vom Menschen. Vor allem in der griechischen Mythologie begegnen wir in diesen Wesen dem Schmerz, dass sie ihr Ziel nicht erreichen können, ohne sich auf tierhafte Weise zu gebärden. Das Urbild des Bogenschützen ist der Held Herakles. Seine Besonderheit ist es, dass er mit Pfeilen schießt, die er ins giftige Schlangenblut der Hydra getaucht hat. Eines der ersten Opfer dieser Pfeile ist übrigens der Zentaur. Herakles ist gerade deshalb ein so tragisches Beispiel eines zielgerichteten Menschen, weil er oft in dem Augenblick, wo er sein Ziel nicht erreicht, in Raserei gerät und schließlich sogar seine eigenen Kinder tötet. Sein ganzer Lebenslauf ist dadurch gekennzeichnet, dass er sich immer wieder neue Ziele setzt und Prüfungen auferlegen lässt. Die dramatischste Aufgabe ist der Weg in die Hölle, wobei er Zerberus, den Höllenhund mit nach oben bringt.

Der triebhafte Idealismus taucht in den dionysischen Mysterien wieder auf, die oft mit Orgien, Trinken und Sexualität verbunden waren, aber auch zu einem tiefen Spiritualitätserlebnis führten. Dionysos ist als wichtiger Vorläufer des Christus zu betrachten. Das Weintrinken, Brot und Fisch essen und schließlich das Blutvergießen kehrt in den christlichen Mysterien auf höherer Ebene verwandelt wieder. Das christliche Ritual hat eine viel erhabenere Schönheit, birgt aber das Risiko, dass wir vergessen, um welche Intensität des Leidens es sich handelt. Vermutlich fühlen wir uns zu den Bildern beispielsweise von Matthias Grünewald deshalb so hingezogen, weil sie noch so plastisch wiedergeben, wie der Mensch auf der Erde leidet. Die Auferstehung ist dann die Metamorphose aller Helden, die in das Reich des Todes herabstiegen und triumphierend daraus zurückkehrten.

Körper- und Seelenbereiche in Beziehung zum Schützen

Der Bereich des Körpers, über den der Schütze herrscht, ist jenes Gebiet, das von den Bodybuildern immer als erstes vorgeführt wird, wenn sie sich in ihrer typischen Imponierhaltung postieren: der Bizeps. Der Schütze herrscht im Prinzip über alle Gebiete, in denen die meisten Muskeln sitzen: der Oberschenkel, der Oberarm mit Bizeps und Trizeps und eigentlich auch das Gebiet der Bauchmuskeln. Kurz, der Schütze herrscht über die Muskelkraft des Körpers. In der Jugend erscheint das Schütze-Prinzip erst so recht nach Beginn der Geschlechtsreife, also nach der Wirkung des Skorpions.

Das bedeutet, dass der Schütze sich erst richtig nach der Pubertät zeigt, denn dann ist die Seele in die Dunkelheit des Trieblebens eingetaucht. (In der nördlichen Hemisphäre ist der Schütze auch ein Wintersternbild.) In der Pubertät zeigt sich einerseits die dunkle Seite des Unbewussten und andererseits die große, inspirierende Kraft der Nacht. In der Nacht ist das Leben nicht sichtbar: Alles ist noch möglich, dort können Ideale wachsen. Man könnte es so ausdrücken, dass man sich in der Zeit der Pubertät tief unter der Erdoberfläche und zugleich hoch über dem Himmel bewegt. Dieses gleichzeitige Leben jenseits der Grenze des Himmlischen und des Irdischen ist in dieser Lebensphase einfach notwendig, weil die beiden Extreme lernen müssen sich gegenseitig im Gleichgewicht zu halten. Man kann nicht nur im Geist leben. Je mehr man im Geist lebt, desto mehr wird man mit dem Tier konfrontiert werden.

Dieser Aspekt: das Finden des Gleichgewichts zwischen »Geist« und »Tier«, war das Thema der Waage. Es war auch ein Teilthema beim Skorpion. Diese drei Winterbilder umfassen daher auch die dunkelste und die spirituellste Thematik, die der Mensch kennt. Vor allem beim Schützen ist sie sehr ausgeprägt. In seinem Bereich findet, vom Jahreslauf her betrachtet, die Bewegung zum tiefsten Punkt, zur längsten Nacht, statt. Es ist die Phase, wo der Mensch sich von der Außenwelt abschließt und sich in sich selbst zurückzieht. Es ist die Phase, in der man in einen verzweifelten Moment geraten kann: »Wird es jemals wieder Tag?« Es ist die Phase, in welcher der Körper Vitaminmangel bekommt, wenn man nicht aufpasst, in welcher man im wörtlichen wie im übertragenen Sinne unter Sonnenmangel leiden kann. Es ist die Phase, in der man dringend einer Auferstehung bedarf. Und diese Auferstehung geschieht im Steinbock mit der Wintersonnenwende.

»Practise what you preach«

Der Schütze tritt in den Stürmen der Pubertät auf, wenn der Körper »fertig« ist, nachdem vierzehn Jahre lang daran gearbeitet wurde. Alle Geisteskraft, alle Vitalität, die bis jetzt für den Aufbau des Körpers benötigt wurden, werden während der Pubertätszeit frei für die Seele. Eine brodelnde Energiemasse, in die der junge Mensch jetzt Ordnung bringen lernen muss. Und dazu braucht er die zielgerichtete Schießfähigkeit des Schützen.

Die Orientierung auf Ideale lernt der Schütze durch die Spiegelung der Zwillinge kennen, denn Ideale müssen *geweckt* werden. Der junge Mensch muss an seinen Mitmenschen wahrnehmen, dass es möglich ist, Freude am Leben zu haben, dass es Ideale gibt, nach denen man streben kann. Durch das Spiegeln nimmt der Heranwachsende die moralische Qualität des Lebens seiner Erzieher wahr. Im Englischen kennt man den Ausdruck »practise what you preach«. Das bedeutet, dass ein junger Mensch vor allem darauf achtet, wieviel der Erwachsene von dem, was er »predigt«, in die Tat umsetzt. Und er merkt sehr genau, ob da ein konsequentes Verhalten vorhanden ist oder nicht. Er blickt nicht auf das, was man sagt, sondern auf das, was der Erwachsene tut.

Wenn der Jugendliche seine eigenen Ziele und seine eigene Identität erprobt, verlässt er den Bereich des Spiegelns und wird selbst zielgerichtet. Die Dynamik von Zwillingen und Schütze lässt sich in folgendem Bild sichtbar machen: Während des Zwillingsprozesses wird der Abstand zum Ziel mit beiden Augen bestimmt. In dem Augenblick aber, da man zu schießen beginnt, blickt man mit nur einem geöffneten Auge am Pfeil entlang auf sein Ziel. Die relativierende Wirkung des anderen Auges ist dann störend. Diesen Vorgang kann man auch bei jungen Idealisten beobachten: Sie haben die Welt von allen Seiten betrachtet, müssen aber ein Auge schließen, wenn sie selbst an die Arbeit gehen und Verantwortung tragen müssen.

Wenn ein Kind sich nur unvollkommen in seinen Erziehern hat spiegeln können, entsteht in ihm eine ungelenkte Willenskraft. Während der Pubertätszeit erlebt es in seiner direkten Umgebung keine Ideale, auf die es sich mit Begeisterung stürzen könnte. Dann entsteht das Bedürfnis, Idole zu verehren. Es werden Menschen auserwählt, bis ins Absurde verherrlicht und in ihrem Verhalten nachgeahmt. Je fanatischer dies geschieht, desto mehr kann man daraus schließen, dass eine Spiegelung nachgeholt wird. Ein solcher junger Mensch identifiziert sich dann vollständig mit Popmusikern wie Madonna oder Prince. Andere identifizieren sich schon in sehr jungen Jahren mit spirituellen Lehrern wie Krishnamurti. Es kann auch unglücklicher verlaufen, wenn gar Gestalten wie Hitler oder Stalin zu Helden idealisiert werden oder solche, die Selbstmord begangen haben.

Eine solche »Abgötterei« ist nichts mehr und nichts weniger als die Sehnsucht nach einer Richtschnur für diese immens vernichtende und zugleich enorm konstruktive Kraft, die im vierzehnten, fünfzehnten, sechzehnten Lebensjahr frei wird.

Faschismus

Manche Völker befinden sich kollektiv in einem geistigen Zustand, den man als »Pubertät« bezeichnen muss. Sobald ein Volk nur einigermaßen aus seiner Existenznot herauskommt, sobald mehr Bewegungsfreiheit vorhanden ist, erwacht das Bedürfnis nach einem eigenen Ziel. Das nächstliegende ist der Nationalismus. Wenn genug unterdrückte Gewalt im Volke lebt, kann man beobachten, wie sich eine faschistische Tendenz entwickelt.

»Faschismus« stammt aus dem Lateinischen, und zwar von dem Wort »fasces«, Rutenbündel. Wir finden dies Symbol auf Wappenbildern auch als Pfeilenbündel dargestellt. Die »fascis« bindet das Volk also zusammen. Man könnte es als Bild des krampfhaften Versuchs sehen, alle ungelenkte Willenskraft zu bündeln und sie in eine Richtung zu zwingen: »Ein Volk, ein Reich, ein Führer«.

Wenn in einem Volk unter den Jugendlichen Unzufriedenheit lebt, kann die Ursache darin liegen, dass es in der vorangegangenen Zeit an Idealen gefehlt hat. Zum Teil weisen Analysen der »Rote Armee Fraktion« auch in diese Richtung. Die Mitglieder dieser gewalttätigen, fanatischen Bewegung waren übers Ziel geschossene Idealisten, die bis zum Äußersten gehen wollten, um ihre Ideale zu erreichen. Viele von ihnen stammen aus Familien, deren Eltern ihre Ideale verloren haben. Der Vater war beispielsweise Mitglied der SS, jetzt hat er das Gefühl, dass er sich deswegen schämen muss. Vielleicht muss er damit das einzige, für das er sich jemals hat begeistern können, verleugnen und unterdrücken. Aber wo der Idealismus eines solchen Vaters sich totläuft, entsteht bei seinen Kindern der Impuls, diesen doppelt so stark zu repräsentieren. Dadurch entsteht ein Idealismus, der völlig losgelöst ist von den Mitteln, mit denen er verbreitet wird. Weil keine individuelle Idealisierung stattfand, treten jetzt Menschen in Erscheinung, die sich das Recht anmaßen, das Individuum zu opfern. Darin besteht die Tragik des Faschismus, der propagiert: »Wir müssen frei werden, und jeder, der dagegen ist, muss sterben«. Der Schütze zertritt dann die Welt unter seinen Hufen. Der Zweck heiligt alle Mittel.

Ein anderer Aspekt des Faschismus ist das Zwillingsprinzip der

Abspaltung und der *Abwälzung*, und zwar durch das Mittel der Projektion. Bei der »Abspaltung« geht man davon aus, dass ein Mensch einen Wesenszug an sich selber wahrnimmt, mit dem er unglaubliche Schwierigkeiten hat. Eigentlich möchte er ihn nicht besitzen, daher leugnet er ihn. In jedem von uns befindet sich beispielsweise ein zutiefst verletztes Kind, das wir ab und zu umarmen, von dem wir aber meistens denken: »Ich bin doch ein rechter Schwächling, dass ich damit immer noch Probleme habe.« Man leugnet diesen Teil, und dadurch wird er unserem Wesen immer mehr entfremdet, und man geht sozusagen auf die Suche nach einer »Adoption«. Beispielsweise, indem man selbst etwas adoptiert. Man kümmert sich etwa um alle streunenden Hunde und Katzen in der Gegend. Man nimmt sich das Leid der Tiere sehr zu Herzen und beschäftigt sich intensiv mit ihnen. Man genießt es geradezu, weil es eine Gebärde der Liebe ist. Und dann kann man auf dem Umweg über diese Adoption verletzlicher Wesen zur Anerkennung des eigenen abgespalteten Teil seiner selbst kommen: »Ich habe selbst etwas an mir von einem streunenden Hund.« Dann kann man ein wenig von dem geschlagenen Teil in sich selbst zurückholen und es umarmen. In der Psychoanalyse nennt man das »projektive Identifikation«.

Allerdings empfinden manche Menschen den abgespalteten Teil von sich als so schmerzlich, dass sie einen anderen suchen, der ihn für sie übernimmt, einmal und auch weiterhin. Das ist die bereits erwähnte »Abwälzung«. Es ist die Bilderbuchpolarität von Polizist und Prostituierter, der wir in der Literatur und im Film immer wieder begegnen. Der Polizist, der sich in eine Prostituierte verliebt, ist außerdem ein Bild für den Standardbeginn so mancher Beziehung. Es ist das Klischee des vorbildlichen, starken Retters, der die Frau aus der Gosse zieht und dann derartig penetrant und häufig bissige Bemerkungen macht, dass sie immer in dem Schwebezustand bleibt, ob sie nun rückfällig werden soll oder nicht. Auf die Weise kann er immer wieder die Rolle des Retters übernehmen. Und im Grunde kann er auch gar nicht anders, als immer wieder sich und sie in ihren jeweiligen Rollen bestätigen. Denn in dem Augenblick, in dem die Frau sich aus der Abhängigkeit löste und in eine freie Stellung käme, würde er seine eigene Verletzbarkeit spüren. Man stelle sich vor, sie sagte: »Ich danke dir, dass du mich aus der Gosse gezogen hast, aber jetzt mach ich erst einmal eine Ausbildung. Vielleicht komme ich wieder zu dir zurück, aber vielleicht auch nicht«. Der Mann könnte nichts anderes sagen als: »Was bist du nur für ein undankbarer Mensch! Hab ich dich dafür aus der Gosse gezogen? Hast du vergessen, woher du kommst?« Sie ihrerseits wird das Urbild des Ritters auf dem weißen Pferd auf den Polizisten übertragen. Als Preis für die Erfüllung dieses Ideals muss sie weiterhin ihre eigene Stärke leugnen, vor allem aber die Augen verschließen vor den Seiten ihres Pseudoritters, die aus Gewalttätigkeit und Unterdrückung bestehen. Im schlimmsten Fall leugnet man bestimmte Wesenszüge an sich selbst so radikal, dass man sie stattdessen bei anderen bekämpft. Das tun zum Beispiel die brutalen Skinheads, die Machos, die sich derartig vor der weiblichen Seite in ihrem eigenen Wesen fürchten, dass sie die vornehmlichen Vertreter dieser Qualität, etwa Homosexuelle, zusammenschlagen. Diese Weigerung, ein ganzer Mensch zu sein, ist das Prinzip, das letztlich der Entstehung von Kriegen zugrundeliegt. Da wird der Hass, den man in sich selbst nicht verarbeiten kann, nach außen projiziert und als Feind betrachtet, der bekämpft werden muss.

Versuchen wir einmal die Polarisation von Nazis und Juden unter diesem Blickwinkel zu betrachten. In den dreißiger Jahren und während des zweiten Weltkrieges betonten die Nazis einseitig ihre äußere Kraft und Stärke, während die Juden, kulturimmanent, ihre Verwundbarkeit herausstellten. In Wirklichkeit lebte bei den Nazis unterhalb der Bewusstseinsschicht eine unglaubliche Verletzlichkeit, während bei den Juden eine große seelische Stärke vorhanden war, deren Existenz sie nicht ins Bewusstsein dringen lassen wollten. So betrachtet ist der zweite Weltkrieg eine perverse Explosion von Einseitigkeiten gewesen. Das Resultat war schließlich, dass die Deutschen dazu gezwungen wurden, ihre eigene verwundbare Seite zu fühlen. Seit vierzig Jahren werden die Deutschen mit ihren eigenen Verbrechen konfrontiert. Neuere Untersuchungen zeigen, dass 85% der Ausländer die Deutschen unsympathisch finden, ja mehr noch: Ein ebenso hoher Prozentsatz Deutscher fand Deutsche unsympathisch. Was früher jüdischer Selbsthass genannt wurde, findet man jetzt als deutschen Selbsthass wieder.

Die Juden sehen sich ihrerseits gezwungen, nicht länger in der Rolle der Leidenden zu verbleiben. Sie haben jetzt ihre eigene Nation und damit auch ihre eigenen nationalistischen Tendenzen. Wer hätte jemals erwartet, die Parole »Zionismus ist Nazismus« zu hören? Man könnte sagen, dass die karmische Wirkung der nunmehr freigewordenen, bisher unterdrückten Stärke darin besteht, dass die Juden sich mit denselben Neigungen konfrontiert sehen wie die Nazis. Während sie sich als Volk fast ganz vernichtet fühlen mussten und nun davon durchdrungen sind, dass dies nie wieder geschehen darf, scheint das Karma in einer solchen Weise zu wirken, dass sie nun selbst mit ihrer Kraft übers Ziel hinausschießen. Es entsteht daher das Paradoxon, dass die faschistischen Kräfte, die in jedem Volk vorhanden sind, von den Juden aus einer ganz neuen Rolle heraus assimiliert werden müssen. Nicht zufällig wird ihr Verhalten den Palästinensern gegenüber manchmal mit dem verglichen, was die Deutschen ihnen angetan haben. Die Deutschen bemühen sich schon lange, ihr beschädigtes Ansehen wieder herzustellen. Die Juden waren lange Zeit hindurch die »nigger of the world«. Jetzt werden dafür die Deutschen seit fünfzig Jahren voller Argwohn betrachtet.

Diese Beispiele für das Phänomen der Abwälzung im großen Maßstab lassen sich übertragen auf den engeren Kreis der Partnerbeziehung oder auf das Verhältnis zu den eigenen Kindern. Was übertragen wir an unsere Kinder, unsere Kraft oder unsere Verletzlichkeit? Es kommt immer – um es extrem auszudrücken – zu einer Abspaltung beim Umgang mit Kindern: Man neigt dazu, Kinder entweder zu jung und zu verletzbar oder zu alt und zu kräftig zu sehen. Ersteres ist der Fall, wenn wir sie unterdrücken und demütigen; dann bleiben sie unmündig und verwundbar. Das Zweite tritt ein, wenn wir immer sagen: »Mit dir kann ich so gut reden. Du verstehst mich besser als alle anderen.«

Fanatismus versus Beweglichkeit: Ziel und Spiel

Um die Polarität Schütze-Zwilling noch weiter zu vertiefen, betrachte ich jetzt einige Bilder und Redewendungen. Der Fanatismus und die selektive Wahrnehmung finden sich im Bild vom »Pferd mit den Scheuklappen«. Darin drückt sich eine bestimmte Einseitigkeit aus, die im Schützen durch seine starke Triebhaftigkeit entsteht und zur Monomanie führen kann. Der Zwillings-Gegenpol kompensiert dies so, dass er durch Zerteilung alles relativiert oder es ins Humoristische zieht. So kann eine gegenseitige Befruchtung entstehen: Das Zielgerichtete wird durch Spiel und Kreativität bereichert (»Man muss den Bogen nicht überspannen«). Die Besonderheit liegt natürlich darin, dass jemand, der entspannen kann, sein Ziel viel besser erreicht als jemand, der zu lange und wie triebhaft auf seine Ziele fixiert ist.

Umgekehrt wird der Zwilling durch eine größere Zielstrebigkeit geheilt. Als Tugend entsteht dann die Treue. Wenn es einem nämlich trotz aller Zersplitterung und willkürlicher Assoziationen doch gelingt, an einem Thema zu bleiben, so ist das eine Tat der Selbstüberwindung.

Auf der Ebene des Gefühls kann man beobachten, dass eine desto größere Treue entsteht, je mehr man sich selber ernst nimmt. Dasselbe gilt für das Verhältnis zur Vergangenheit. Man lässt der eigenen Geschichte und der anderer Menschen Gerechtigkeit widerfahren, wenn man nicht so schnell vergisst, was geschehen ist, sondern der Geschichte Sinn und Bedeutung gibt. Die entsprechend umgekehrte Befruchtung besteht darin, dass die Vielseitigkeit der Zwillinge die Scheuklappen des Schützen entfernt, wodurch dieser einen umfassenderen Blick auf die Wirklichkeit bekommt. Dabei entsteht natürlich eine Zwischenphase, weil die zielgerichtete Figur (Schütze) durch die Relativierung aller Meinungen (Zwillinge) eine Zeitlang gelähmt sein kann und weil man entdeckt, dass schon soviel getan worden ist, was zum erstrebten Ziel führt, dass das eigene Bemühen fast unnötig erscheint. Das ist ein innerer Sterbevorgang, aus dem ein reicheres Wahrheitserlebnis geboren werden kann.

Es gibt noch eine weitere gegenseitige Befruchtung. Die hingebungsvolle Zielstrebigkeit des Schützen kann einen Zwilling dazu bringen, *sich selber* ernster zu nehmen. Und der fanatische Schütze lernt durch die Reflexion, *den anderen* ernst zu nehmen. Die gemeinsame »Tugend«, die sich zwischen diesen beiden Polen entwickelt, ist Respekt, sowohl vor dem anderen als auch vor sich selbst.

Materie und Geist

Krebs und Steinbock

Das Paradox des »harten Wiegens«

Die Motive, die zu Krebs und Steinbock gehören, sind sehr unterschiedlich, auch wenn sie sich durchaus ähnlich äußern können. Krebs und Steinbock repräsentieren die Polarität von Materialismus und Spiritualismus, von Materie und Geist, von Angst und Übermut. Man kann sich in seine Angst zurückziehen, indem man sich verkriecht: die Isolation des Krebses in seinem Versteck. Aber man kann auch übermütig werden und sich in Illusionen versteigen: die Askese des Steinbocks hoch oben in der Einsamkeit der Berge. Die Lebensäußerungen von Krebs und Steinbock enthalten beide eine Neigung zur Isolierung, wobei sich der Krebs in die dunkle Höhle zurückzieht und der Steinbock auf die lichten Bergeshöhen.

Diese miteinander verquickten Motive kann man bis in seine Knochen erleben, wenn man sich eine Nummer der Hard-Rockband Led Zeppelin anhört, die von Kennern als die beste Rocknummer aller Zeiten angesehen wird. Die Nummer heißt *Stairway to Heaven* und beginnt als leise erzählende Ballade, endet aber als hämmernder Hard Rock. Der Hard Rock als Musikform entspricht ganz dem Bedürfnis der Jugend, die Musik im eigenen Körper zu spüren. Die Bässe vibrieren im Magen und im Rückgrat; die Trommeln schmerzen beinahe. Diese Musik lässt sich als ein Versuch verstehen, die Sinne, die durch die Überflutung mit Informationen taub geworden sind, dennoch zu erreichen. Dieselbe »Sehnsucht« können wir auch in dem Phänomen des »Bodypiercing«

erkennen, bei dem Ringe, Stöckchen und Sicherheitsnadeln durch Nase, Ohren, Lippen, Zunge, Wangen, Nabel, Brustwarzen und Geschlechtsorgane gesteckt werden, um etwas von der Intensität des Gefühls wiederzuerlangen.

Der Begriff »Hard Rock« stammt von »Rock'n'Roll«. Viele Menschen haben hierbei die Assoziation von rollenden Felsbrocken, weil »rock« »Fels« bedeutet. Doch das Tätigkeitswort »to rock« bedeutet »schaukeln, wiegen«. Also bedeutet Rock'n'Roll wörtlich »Wiegen und Rollen«. Und so stellt sich das Krebs-Steinbock-Motiv tatsächlich nirgendwo so gut dar wie in der Musik des Hard Rock: Felsartig hart und dröhnend, gehört sie zum Steinbock, und gerade darin wird das sanft Wiegende des Wassers gesucht, das Krebserfahrung ist. In der Nummer *Stairway to Heaven* wird die Polarität zwischen sanft und lieblich am Anfang, knallhart und dröhnend am Ende zum Hörerlebnis. Der Text handelt von Sehnsucht und Suche nach spirituellen Erlebnissen. Wir sehen hier, wie sich das Steinbockmotiv der asketischen Suche nach dem Licht mit dem Kauf der Leiter als Krebsmotiv vermischt.

STAIRWAY TO HEAVEN

There's a lady who's sure all that glitters is gold,
And she's buying a stairway to heaven.
When she gets there she knows,
if the stores are all closed,
With a word she can get what she came for.
And she's buying a stairway to heaven.
There's a sign on the wall,
but she wants to be sure.
Cause, you know, sometimes words have two meanings.
In a tree by the brook there's a songbird who sings:
Sometimes all of your thoughts are misgiven.
And it makes me wonder.

There's a feeling I get when I look to the west,
And my spirit is crying for leaving.
In my thoughts I have seen rings of smoke through the trees,
And the voices of those who stand looking.
And it makes me wonder.
And it's whispered that soon
if we all call the tune,
Then the piper will lead us to reason.
And a new day will dawn
for those who stand long
And the forests will echo with laughter.

If there's a bustle in your hedgerow
don't be alarmed now.
It's just a spring clean for the may-queen.
Yes there are two paths you can go by.
But in the long run there's still time
to change the road you're on.
And it makes me wonder.
Your head is humming and it won't go
– in case you don't know:
The piper's calling you to join him.
Dear lady can you hear the wind blow?
And did you know
your stairways lies on the whispering wind?

And as we wind on down the road,
– our shadows taller than our soul –
there walks a lady we all know,
Who shines white light and wants to show,
How everything still turns to gold.
And if you listen very hard
the tune will come to you at last.
When all are one and one is all,
To be a rock and not to roll.

And she's buying a stairway to heaven.

Jimmy Page & Robert Plant (Led Zeppelin)

Eine Treppe zum Himmel

Ich kenne eine Dame, die für Gold hält, was glänzt,
und sie kauft eine Treppe zum Himmel.
Und sie weiß, wenn sie ankommt:
sind die Läden auch zu,
nur ein Wort – und sie kriegt, was sie wünscht.
Und sie kauft eine Treppe zum Himmel.
An der Wand ist ein Schild,
doch sie möchte sichergehen.
Denn Worte sind manchmal zweideutig, wie man weiß.
In einem Baum am Bach singt ein Vogel ein Lied:
Manchmal sind wir von Zweifeln erfüllt,
und ich bin voller Fragen.

Ein Gefühl überkommt mich, wenn ich westwärts sehe.
Und meine Seele weint und will fort.
In Gedanken sah ich zwischen den Bäumen hindurch
Rauchringe, hörte die Stimmen von denen, die stehen und schauen
Und ich bin voller Fragen.
Und das Gerücht geht, dass bald
wenn wir alle das Lied herbeirufen,
der Pfeifer uns dann zur Vernunft bringt.
Und ein neuer Tag wird anbrechen
für alle, die aushalten können,
und in den Wäldern wird das Echo lachen.

Wenn es in deiner Hecke rumort
sei unbesorgt:
Das ist nur der Frühjahrsputz für die Maikönigin.
Ja, es gibt zwei Wege, die du einschlagen kannst.
Aber schließlich bleibt dir immer noch Zeit, die Straße zu wechseln,
auf der du gehst.
Und ich bin voller Fragen.
Dir brummt der Kopf und kommt nicht in Gang.
– falls du's nicht wissen solltest:
der Pfeifer fordert dich auf mit einzustimmen.
Schöne Frau, hörst du den Wind wehen?
Und wusstest du,
dass deine Treppe auf dem Flüstern des Winds ruht?

Und wie wir so die Straße weiter fahren
– unsere Schatten größer als unsere Seelen –
geht da eine Dame, die wir alle kennen,
die in hellem Licht strahlt und zeigen will,
wie sich immer noch alles in Gold verwandelt.
Und wenn du dich anstrengst und lauschst,
erreicht das Lied am Ende auch dich,
wenn alle Eins sind und eines Alles.
Ein Fels sein und nicht schwanken …
Und sie kauft eine Treppe zum Himmel.

(übersetzt von Frank Jentzsch)

Das Symbol des Krebses

Das Sternbild Krebs wird in der klassischen Astrologie meist ganz unten oder ganz oben im Tierkreis abgebildet, denn der Krebs war früher das Zeichen des Mittsommers. Inzwischen hat sich der Tierkreis etwas verschoben, wodurch der Krebs jetzt als Zeichen dafür steht, dass die Sonne sich langsam wieder zurückzieht. Das geschieht im Sommer, wenn die Hitze am größten ist. Der Krebs ist ein Tier, das rückwärts laufend flüchtet, wenn es sich bedroht fühlt. Wir benutzen den Ausdruck »rot wie ein Krebs«, wenn wir zu lange in der Sonne gelegen haben. Diese rote Farbe hat der Krebs nicht von Natur aus; er bekommt sie, wenn der Mensch ihn mit Panzer und allem drum und dran lebendig in kochendes Wasser oder heißes Öl wirft.

Das Symbol des Krebses sieht so aus:

Man kann dieses Symbol unterschiedlich deuten. Der Hinweis auf die beiden Scheren liegt auf der Hand. Man könnte, ebenso wie beim ersten Wasserzeichen, den Fischen, eine Verwandtschaft zum Yin-Yang-Symbol feststellen. Wenn man es als Bild einer sich nach innen und nach außen drehenden Spirale sieht, ist es zugleich ein Bild für die Ein- und Ausatmung. Ein drittes Bild ist das der Kontraktion im Gegensatz zur Expansion, wie wir es zur Zeit auch in Theorien über das Weltall finden. In diesen Theorien versteht man das Weltall immer mehr als eine Form, die sich von einem Punkt aus in die Umgebung und dann wieder zurück bewegt:

Es gibt jetzt sogar eine Theorie – die »worm-hole«-(Wurmloch-) Theorie –, die von schwarzen Löchern im Universum ausgeht, die Tore zu anderen Universen seien, die ihrerseits Tore hätten, die zu wiederum anderen Universen führten. Die schwarzen Löcher haben eine ähnliche Spiralwirkung, wie man sie bei einem Strudel beobachten kann. Dadurch werden wir letztlich auf die andere Seite der schwarzen Löcher »gesaugt«, wo sich völlig andere Prozesse abspielen. In Anlehnung an dieses Bild kann man das Krebssymbol als eine immer kleiner werdende Spirale ansehen. Sie reicht bis zum Nullpunkt, danach kehrt sie um und wickelt sich wieder aus.

Der Krebs beherrscht den Monat, in dem unsere Sinne sehr weit geöffnet und wach sind, während unser Geist eher schläft. Im Hochsommer sind wir am stärksten nach außen gerichtet, im tiefen Winter viel stärker nach innen. Im Hochsommer sind die mannigfaltigen Eindrücke, die auf unsere Sinne eindringen, überwältigend, die Eindrücke auf unser geistiges Leben dagegen besonders spärlich. Darum fällt es uns auch viel schwerer, uns mit dem Fest des Sommers, mit dem Johannifest, zu verbinden als mit dem Weihnachtsfest. Die Intensität, mit der wir Weihnachten feiern, ist viel größer, eben weil wir im Winter viel mehr nach innen gewendet sind. Die Polarität Krebs (Hochsommer) und Steinbock (Tiefwinter) ist daher die Polarität außen – innen: Wir wenden uns nach außen, unsere Sinne sind wach; wir wenden uns nach innen, wir sind geistig wach. Der Krebs ist vor allem mit dem Materialismus verbunden, der Steinbock mit dem Spiritualismus; beide »Ismen« deuten auf Einseitigkeiten.

»Spiritus« ist das lateinische Wort für »Atem«. »Inspiration« kommt von »inspirare« (einatmen). In diesem Sinne könnte man die wahre Spiritualität als einen Atmungsprozess bezeichnen. Jeder spirituelle Mensch »atmet« dann in einem fortwährenden Prozess abwechselnd zwischen Materie und Geist, zwischen Tastbarem und Nicht-Tastbarem. Materie und Geist sind eigentlich zwei Erscheinungsformen ein und desselben Prinzips. Der scharfe Gegensatz zwischen Materie und Geist ist in Wirklichkeit nur ein scheinbarer. Der Materialismus erkennt nur eine einzige Wirklichkeit an: die sinnliche; der Spiritualismus behauptet, dass alles Geist sei und der Rest nicht zähle. In der lebendigen Spiritualität werden diese beiden »Ismen« miteinander verbunden, weil Spiritualität eine Form des Seins ist, die mehreren Arten des Erlebens Raum bietet.

Der Materialist gibt nicht zu, dass die Gedanken, die wir an der Natur heranbilden, zuvor in dieser enthalten sind. Er glaubt, dass wir sie in sie hineinlegen.
Die Rosenkreuzer des Mittelalters stellten ein Glas Wasser vor den Neophyten und sagten zu ihm: Damit dieses Wasser im Glas sein kann, muss es jemand hineingetan haben. Ebenso verhält es sich aber mit den Ideen, die wir in der Natur finden. Sie müssen hineingelegt worden sein durch die göttlichen Geister, die Gehilfen des Logos.
Die Gedanken, die wir aus der Welt ziehen, finden sich in Wahrheit in ihr. Alles, was wir schaffen, ist notwendigerweise darin eingeschlossen.

Rudolf Steiner, im Vortrag vom 28. Mai 1906 in Paris (aus »Kosmogonie«, GA 94)

Der Krebs in der Mythologie und der Krebs als Tier

Auch in der Mythologie begegnet uns der Krebs, und zwar oft als ein ungeschicktes Tier. Das entspricht auch seiner psychischen Bedeutung, auf die ich später zurückkommen will. In der griechischen Mythologie wird der Krebs im Zusammenhang mit der zweiten Tat des Herakles, dem Töten der schrecklichen Hydra, in den Sternenhimmel aufgenommen. Zuvor hat Herakles den nemäischen Löwen getötet und trägt seitdem dessen Fell als schutzenden Panzer und dessen Maul als Helm. Nun muss er die Hydra töten, ein neunköpfiges, schlangenartiges Tier mit giftigem Blut. Der erste Versuch des Herakles misslingt, weil an der Stelle jedes abgehackten Kopfes zwei neue Köpfe wachsen. Dann hat der Helfer des Herakles die Idee, einen Teil des Waldes in Brand zu stecken und die nachwachsenden Häupter der Schlange sofort mit glühenden Baumstämmen auszubrennen, so dass sie nicht neu hervortreiben können. Während Herakles sich an die Arbeit macht, spürt er einen Schmerz am Fuß. Da stellt sich heraus, dass auch die Hydra einen Kampfgefährten hat, einen Riesenkrebs. Dieser kämpft auf seine eigene, ungeschickte Art, indem er Herakles mit seinen Scheren in die Ferse kneift. Mit einem gezielten Schlag seiner Keule zermalmt Herakles den Krebs. Die Götter, genauer: Hera, nehmen daraufhin den Krebs in den Himmel auf, weil sie damit seinen Mut zu einem so ungleichen Kampf würdigen wollen.

Als Herakles die Hydra überwunden hat, taucht er seine Pfeile in das giftige Blut des toten Untiers und kehrt zu König Eurystheus zurück, der ihm all seine schrecklichen Aufgaben erteilte. Aber Eurystheus sagt: »Diese Arbeit zählt nicht, denn dir ist geholfen worden.« Eine der zwölf Arbeiten des Herakles wird also nicht mitgezählt, weil ihm geholfen worden ist. Im Mittelpunkt steht das Bild vom Kampf um des Kampfes willen. Der Krebs siegt nicht, wird aber geehrt. Herakles gewinnt, aber die Arbeit zählt nicht. Dieses Ringen um des Ringens willen, das Leiden um des Leidens willen ist kennzeichnend für die Krebsthematik. Nicht zufällig unterstützt der Krebs die skorpionartige Hydra; nach den Fischen und dem Krebs ist der Skorpion nämlich das dritte »wässrige«

Zeichen. Der Krebs liefert gleichsam die Substanz, die später metamorphosiert im Skorpion wiederkehren wird. Das Wasser wird zu Gift, aber auch zum Heilmittel. Aus dem Leiden wird Sterben, aber auch Genuss und Erlösung.

Der Krebs als Tier hat als typische Merkmale seinen Panzer und sein »Handwerkszeug«, die Scheren. In gewissem Sinne ist er ein unbewegliches Tier, er sitzt in seiner eigenen »Geschicklichkeit« gefangen. Er hat große, kräftige Scheren, mit denen er seine Nahrung packen und aufbrechen kann. Und er hat zudem kleinere Scheren, um sich die Nahrung heran zu holen. Außerdem hat er etwas wie kleine »Besen«, Beine, mit denen er vorwärts- und einen sehr langen Schwanz, mit dem er rückwärtsgehen kann. Ich hörte einmal, wie jemand den Krebs eine »wandernde Küchenmaschine« nannte. Er ist durch sein »Handwerkszeug« und seinen Panzer stark spezialisiert, dadurch aber zugleich auch außerordentlich verletzlich. Das wird noch dadurch verstärkt, dass sein Panzer von einem gewissen Zeitpunkt an nicht mehr mitwächst. Eine besondere Krebsart entwickelt sogar einen Stoff im Blut, der den Kalk im Panzer auflöst. Dieser Kalk wird dann in einem Häutchen am Magen als eine Art Steinchensammlung oder als ein großer Stein »gelagert«: das sogenannte »Krebsauge«. Dieses wird unter anderem in der anthroposophischen Medizin verwendet, um Nierensteine aufzulösen. Der Panzer wird während dieses Vorgangs immer dünner, bis er nur noch ein Häutchen ist, das aufplatzt. Danach ist der Krebs dann »gepellt«. Er bleibt in dieser Zeit zurückgezogen in seiner Höhle und kommt nicht heraus, weil er außergewöhnlich verletzbar ist. Danach schwillt sein Körper, wahrscheinlich durch die Aufnahme von Wasser, mächtig an. Nun kann er einen neuen Panzer bilden, in dem er wieder eine Zeitlang wachsen kann. Der Prozess des Aufweichens und wieder Verhärtens kehrt sich dann um: Das Blut löst den Kalk der Steine im Magen auf, der Kalk kann sich wieder in der Haut absetzen. Dieser Vorgang wiederholt sich einige Male im Leben des Tieres.

Wir haben also ein Tier vor uns, das zwar gepanzert, aber durch seine Spezialisierung verletzlich in die Welt tritt und Phasen durchmacht, in denen es völlig ohne Haut ist. Dieses Bild wird noch durch die Tatsache verstärkt, dass wir den Krebs lebendig in kochendes Öl werfen, bevor wir ihn essen. Es ist übrigens sehr einfach, einen Krebs zu essen: Man muss ihn zwar zuerst pellen, aber danach zieht man einfach die Muskelbündel aus den Scheren. Man braucht sich nicht mit Gräten oder Knochen abzuplagen, denn der Krebs hat kein Knochengerüst. Hat man den Panzer einmal durchbrochen, stößt man nur auf Verletzbarkeit und ganz weiches Fleisch.

Das Körpergebiet des Krebses

Im menschlichen Körper beherrscht der Krebs den Brustkasten, den Übergang vom beweglichen Bereich des Bauches zum unbeweglichen des Kopfes. Der Bauch ist ein weiches, ungepanzertes Gebiet, das leicht gebeugt werden kann und in dem viel Bewegung herrscht. Im Bauch findet die gesamte Verdauung als ein kontinuierlicher Vorgang des Knetens, der Umformung und Bewegung statt. Je mehr wir uns dem Kopf nähern, desto mehr kommen wir in festeres Gebiet. Der Kopf selbst ist vollkommen gepanzert. An der Unterseite befindet sich noch ein bewegliches Stück Knochen, der Kiefer. Aber darin sitzen die unbeweglichsten, härtesten Teile unseres Körpers, die Zähne. Und zwischen diesen beiden Extremen bilden die Krebs-Kräfte um die lebenswichtigen Organe (Herz, Lungen) einen Panzer.

Es ist das Gebiet des Rhythmischen: der Atmung und des Herzschlags. In gewissem Sinne ist dieses Gebiet mit dem Teil des Meeresstrandes zu vergleichen, der bei Flut unter Wasser steht und bei Ebbe trocken ist. Auch dort sehen wir den Übergang vom Beweglichen, dem Meer, zum Unbeweglichen, dem Festland. In diesem Übergangsgebiet sehen wir im Wasser die rhythmische Bewegung der Wellen und auf dem Land deren Spuren im Sand. Mit diesem Gebiet können wir die Rippen als rhythmisch bewegte »feste Zone« vergleichen. Das Bild von Meer und Strand verdeutlicht ebenso wie das des sich häutenden Krebses den Zusammenhang von Lungen und Haut. Die wunderbare Hautbildung auf dem Strand spiegelt die Schönheit der richtigen Balance zwischen dem

Chaos des Wassers und der Verhärtung der Felsen wider. Wenn im menschlichen Körper die Balance zwischen Weichwerden und Hartwerden stimmt, so ist die Haut schön. Ist diese Balance einmal gestört, wechselt beispielsweise übermäßige Verhornung der Haut mit Asthmaanfällen ab. Beim Ekzem bricht die zu harte Haut in rote, empfindliche Flecken auf, ein Gegensatz, der auch beim Asthmaanfall entsteht, wo jemand ersticken kann, während die Lungen mit Luft angefüllt sind.

Unsere Zeit ist von einseitiger Beanspruchung und Erstarrung gekennzeichnet. Unsere Sinne befinden sich in einem kontinuierlichen Sommerzustand. Sie werden fortwährend überlastet, unter anderem dadurch, dass wir durch die allgegenwärtigen Medien unendlich viel von dem miterleben, was nicht nur in unserer Gegend oder in unserem Land, sondern was in der ganzen Welt stattfindet. Durch all diese Eindrücke und Informationen geraten wir in eine Art Krampf, wodurch wir nicht mehr richtig atmen können. Im allgemeinen atmen wir nur im oberen Bereich, weil wir die rhythmische Bewegung des Atmens nicht mehr bis ganz in unsere Verdauungsorgane hineinführen können. Man beobachtet bei den Menschen eine zunehmende Verhärtung der Bauchmuskeln und ein zunehmendes Gefühl des Beengtseins. Erscheinungen wie Hyperventilation – in Verbindung mit Angstanfällen – sind allgemein bekannt. Das alles deutet darauf, dass das »seelische Atmen« in unserer Zeit sehr schwierig geworden ist. Wir müssen zuviel verdauen.

Angst

Im menschlichen Lebenslauf tritt die Wirkung des Krebses zum ersten Mal auf, wenn das Kind Angst vor der eigenen Verletzbarkeit fühlt. In der vorangehenden Phase der Individualisierung (Zwillinge) erlebt das Kind zum ersten Mal die Trennung zwischen sich und der Welt. Es richtet sich auf und stellt sich hin. Die logische Folge davon ist, dass es spürt, wie verletzbar es ist. Am häufigsten und heftigsten fällt das Kind hin, nachdem es aufrecht stehen gelernt hat. Um das dritte, vierte Jahr herum kommen die ersten Alpträume, weil im Zeichen der Zwillinge die Phantasie zu arbeiten beginnt: Sitzt da nicht ein böses Tier unter meinem Bett?

Es gibt keine Patentrezepte dafür, wie man ein Kind lehrt, mit der beängstigenden Realität der Welt umzugehen, weil jeder Mensch anders ist und weil es keinen genormten Lebenslauf gibt. Ist man beispielsweise das Kind von Eltern, die den Krieg in traumatischer Weise durchgemacht haben, wird man eine andere Art von Angst in seinen Leib eingeprägt bekommen, als wenn man in einer Gegend aufwächst, in der generationenlang kein Krieg stattgefunden hat. Und das bedeutet dann tatsächlich auch, dass man seine Lungen anders benutzt. Das Urbild eines solchen Gegensatzes sind die Niederlande und die Schweiz. So flach unser Land auch ist, so tief hat der zweite Weltkrieg in unser Leben – also auch in unsere Lungen – eingegriffen. Und so vielfältig die Landschaft in der Schweiz auch ist, so gelassen können Menschen dort auf entsetzliche Ereignisse in ihrem Leben reagieren. Seit langem sitzt ihnen der Krieg nicht mehr im Leibe. Und so ist es auch ein schönes und passendes Bild, dass unsere krebsartigen Asthmatiker in die steinbockreiche Schweiz geschickt werden, um dort besser zu atmen.

Die Angst ist eine Kraft, die oft als schwarzes Loch erlebt wird. Menschen, die tiefe Ängste erleben, beschreiben ein Gefühl, als würden sie in die Richtung eines solchen Loches gesogen werden. Sie können in einen Zustand geraten, in dem sie dermaßen auf diese Angst konzentriert sind, dass ihr eigener Leib ihrem Gefühl nach auseinanderfällt, sich öffnet, wodurch sie selber in der Angst quasi verschwinden. Bis ins Äußerliche hinein kann man beobachten, dass Arme und Beine eines solchen Menschen, der in seiner Angst gewissermaßen hinter seine Organe wegtaucht, erschlaffen. Diese Ausdrucksweise: »hinter seine Organe wegtauchen« erscheint merkwürdig. Bernard Lievegoed erklärt sie anhand einer Zeichnung:

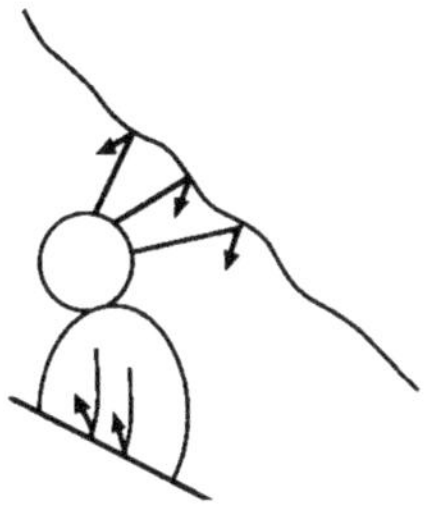

Mit den Sinnen die materielle Welt wahrnehmen und im Leibe die Organe »wahrnehmen«

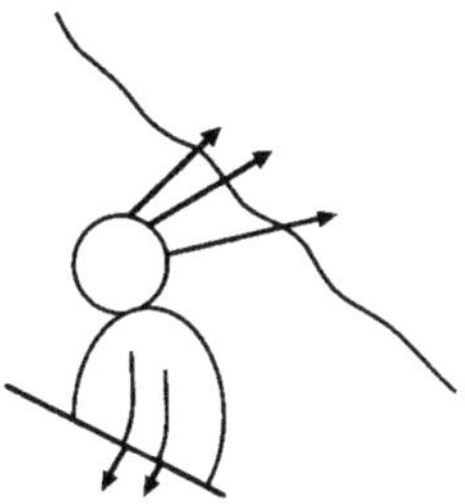

Wahrnehmen über die Grenze der materiellen Welt hinaus und Erleben des Lebens »hinter« den Organen

In der linken Darstellung sehen wir die »normale« Situation: ein Mensch, der mit seinen Sinneswerkzeugen die materielle Welt wahrnimmt und bewusst erlebt, was in seinen Organen geschieht. Er sieht die Außenseite der Dinge um sich herum und merkt bis zu einem gewissen Grade, dass er Organe hat (das Herz klopft, der Magen knurrt ab und zu, er hat Stuhlgang und so weiter). Die Wahrnehmung mit Hilfe der Sinne prallt an der Grenze der materiellen Welt ab und die innere Wahrnehmung der Organe an deren »Außenseite«. In der rechten Darstellung dagegen sehen wir jemanden, der ein Bewusstsein von den geistigen Wirkungen hinter der materiellen Welt hat. Nach außen hin dringt sein Bewusstsein über die sinnlichen Wahrnehmungen hinaus. Es findet ein Schwellenübergang zu den Kräften statt, die außerhalb der sinnlichen Welt wirken. Diese kann man als brausende Formkräfte, Licht- und Lautwirkungen oder aber als kraftvolle mathematische Prinzipien erleben. – Ein Schwellenübergang nach innen führt zum Erleben der Kräfte, die beispielsweise in den Organen tätig sind. Diese können sich als beißende Dämonen, reißende wilde Tiere oder auch als klare, mineralisierende Tendenzen manifestieren. Tief in den eigenen Knochen und Organen können sogar Zukunftsvisionen gefunden werden. Wenn einem Menschen ein solches Erlebnis zuteil wird, der sich lange darauf vorbereitet hat, kann ihm die Angst zum brauchbaren Instrument werden. Die Angst wirkt dann als seelische Schwerkraft, die die einzelnen Teile der eigenen Persönlichkeit zusammenhält und dadurch verhindert, dass man durch die überwältigenden Erfahrungen zu stark auseinanderfällt. In solchen Fällen kommt man bereichert und weiser geworden aus dem schwarzen Loch zurück, und man kann von einem gelungenen Einweihungserlebnis sprechen.

Ein solcher Prozess kann aber auch vonstatten gehen, wenn man nicht richtig darauf vorbereitet ist, beispielsweise durch den Gebrauch von Drogen wie LSD oder in Zeiten großer Angst. Es kann auch geschehen, dass die Kräfte hinter der Haut der Organe in unsere Psyche einbrechen. Das kann die Folge einer körperlichen Anomalie sein oder dessen, dass zu lange Zeit hindurch kraftvolle Impulse verdrängt wurden. Schon die gut vorbereitete Überschreitung der Grenze fordert allergrößte Anspannung, um gesund zu bleiben. Hier aber treten zusätzliche Verformungen und Verstärkungen des Erlebnisses auf, da der Projektionsschirm – die eigene Seele – noch solche Unebenheiten zeigt, dass die hereinkommende Information umso überwältigender wirkt. Das Hineingehen in die nahrungsabbauenden Organkräfte wird dann mit den unverarbeiteten Ängsten vermischt und als solche oft wie ein Gang in die Hölle erlebt mit allen dazugehörigen mörderischen und perversen Bildern. Andere Erlebnisse, die oft beschrieben werden, sind das Ertrinken in den körpereigenen Flüssigkeiten oder das Sichverirren in großen Hallen oder Höhlen.

Das also ist gemeint mit dem Eintauchen in die eigenen Organkräfte. Man könnte es auch so ausdrücken, dass in dem eigenen Körper eine Wirklichkeit nicht sinnlich wahrnehmbarer Schöpfungsgeheimnisse existiert. Und ebenso verbergen sich hinter der sinnlich wahrnehmbaren Wirklichkeit der Materie geistige Wirklichkeiten, wodurch man in gewisser Weise un-sinnlich mit der Materie, beispielsweise einem Stuhl oder einem Tier, kommunizieren kann.

Manchmal kann man eine solche Angst erleben, dass man gleichsam aus seinem Körper »ausflippt«. Ebenso kann es auch geschehen, dass die Angst ein so starkes Zurückziehen in den eigenen Körper bewirkt, dass man durch die Organe gleichsam »hindurchstürzt«. Dann hat man ein Gefühl, als würde der Geist in dem schwarzen Loch verschwinden. Manche Menschen können so tief in diesem Loch landen, dass sie Verletzungen von der anderen Seite mitbringen. Sie bringen Wesen aus einer anderen Welt mit, die wie eine Art schwarzer Materie an ihnen kleben, wie Dämonen, die sich mit scharfen Zähnen in sie verbissen haben. Manche Menschen fallen dabei in Ohnmacht. Die wirkliche, totale Angst, wenn sie in diesem schwarzen Loch verschwinden, ist dann so groß, dass ihre Muskeln völlig erschlaffen und sie das Bewusstsein verlieren. Das erspart ihnen weitere Prüfungen. Denn wenn man völlig bewusst durch diese Angst hindurch in der Welt der Schwärze verschwindet, kann man das Gefühl bekommen, als würde man ertrinken oder irgendwo untergehen. In jedem Fall ist es eine Todeserfahrung, ein Gefühl, als würde man ersticken. Tatsächlich arbeiten in solchen Augenblicken auch die Lungen nicht mehr richtig.

Die »schwarze Materie«, die man bei der Rückkehr aus dem schwarzen Loch mitbringt, kann man sich ganz konkret vorstellen. Es ist eine Art undurchsichtiges und undurchdringliches »Pech«, das an einem klebt, das voll düsteren Wissens und unerschlossener Kräfte ist. Es können auch unverarbeitete Erinnerungen sein, die man vorher vergessen oder zumindest tief versteckt hatte. Wenn schwarze Flecken mit Bewusstsein durchdrungen werden, kann es geschehen, dass es einem wie Schuppen von den Augen fällt, wodurch traumatische Erinnerungen, unverarbeiteter Hass und beängstigende Visionen hervortreten. Man holt also während eines solchen tiefen Eintauchens in den Strudel, der bis weit unter den Meeresspiegel des normalen Bewusstseins reicht, Erlebnisse aus dem eigenen Lebenslauf herauf.

Aber die Themen, die Ereignisse können zu groß sein. Manchmal sind sie es, weil die Erinnerung selbst so schmerzlich ist, manchmal auch, weil die Bilder, die zum Vorschein kommen, von verformenden Kräften ergriffen worden sind. Manche Menschen behalten richtige kalte Flecken an ihrem Körper zurück, eine unbestimmte Angst und einen Hass, mit dessen Verarbeitung sie jahrelang zu tun haben. Das Leben verlangt von uns, dass wir solche »Teerverschmutzungen« aufräumen, indem wir sie verarbeiten. Das bedeutet, dass diese Bilder inhaltlich mit Gefühl durchlebt werden. Meistens braucht man dazu die »wärmeren Emotionen«:

die berechtigte Wut, Mut und schließlich die liebevolle Bereitschaft zur Milde und Nachsicht, sowohl dem eigenen Schicksal gegenüber als auch dem der Menschheit.

Verletzlichkeit und Erniedrigung

Das Krebsmotiv tritt überall dort zutage, wo man ein Leiden zu ertragen hat, das über ein normales Maß hinausreicht. Man kann schon vom natürlichen Bild des Krebses her, der sich, im Vergleich zum nach oben strebenden Steinbock, in niederen Bereichen aufhält, erwarten, dass das Krebsmotiv tatsächlich mit »Erniedrigung« verbunden ist. Menschen, die mit dem Krebsmotiv zu ringen haben, sind häufig als Kinder drangsaliert worden oder mussten darum kämpfen, nicht drangsaliert zu werden. Oft waren auch die Erzieher an dieser Behandlung beteiligt. So rate ich beispielsweise Sportlehrern, nicht die beiden jeweils stärksten Schüler der Klasse die Parteien für ein Ballspiel wählen zu lassen. Wenn das nämlich immer wieder geschieht, sieht man, wie die Erniedrigung Einzelner von Woche zu Woche größer wird, da sie immer als Letzte gewählt werden. Mancher Lehrer bemerkt das nicht, vor allem nicht, wenn er selbst die Tendenz hat, Siegen, Gewinnen für wichtig zu halten. Vielleicht ist er aus dem unbewussten Bedürfnis, über Kinder herrschen zu können, Lehrer geworden, um dadurch die Seite in sich, in der er erniedrigt worden ist, zu vergessen. Doch nun ist er mit daran beteiligt, eine neue Generation »Erniedrigter« heranzuziehen. Er täte besser daran, alle Kinder in einer Reihe aufzustellen, und dann einen nach dem andern in die beiden Parteien aufzuteilen. Dann würde er vermeiden, dass immer dieselben Kinder als letzte gewählt werden. Das Paradebeispiel des drangsalierten Krebs-Kindes ist natürlich das rothaarige Kind. Seine Hautprobleme äußern sich durch unangemessene Reaktion auf die Sonne: Übermäßige Sommersprossen anstelle einer gleichmäßigen Pigmentverteilung und dadurch auch die Neigung, so rot wie ein Krebs zu werden. Auch psychisch hat ein rothaariges Kind es schwerer, weil die anderen Kinder ihm oft zu nahe »auf die Pelle rücken«. Auch beim Stotterer zeigt sich das Krebsmotiv. Ihm fehlt die atmende Entspannung, und er verfängt sich in der Angst vor der Angst. Der Zuhörer muss oft sein Lachen zurückhalten und wird damit zum Gegenbild des Krebses, zum verachtenden Steinbock.

Um in der Erniedrigung die eigene Persönlichkeit noch einigermaßen zu erhalten, muss man sich Orte oder Situationen schaffen, in denen man stark ist, in denen man Kontrolle über Macht hat. Kinder, die eine Erniedrigung erleben, suchen Wege, wie sie die Situation meistern. Sie lernen beispielsweise boxen oder fechten, damit sie sich immer tatkräftig wehren können, wenn sie erniedrigt werden. Oder sie stibitzen Geld aus Mutters Portemonnaie, um sich dann durch Süßigkeiten Freundschaft zu erkaufen. In jedem Fall führt ein Zuviel an Verletzbarkeit und an Erniedrigung oft durch Kompensation zu Scheinsicherheiten.

Das findet nicht nur im individuellen Bereich statt. Man trifft es auch bei ganzen Volksstämmen oder Völkern wieder. In meiner Sicht ist dies einer der grausamen Teufelskreise, in die das jüdische Volk geraten ist. Im Laufe der Geschichte wurde es den Juden zuerst verboten, ein Handwerk auszuüben; als sie aber eine Kompensation fanden und sich im Bankgewerbe betätigten, wurde ihnen das verübelt. Und so ist ein Circulus vitiosus von Unsicherheit und Demütigung entstanden, der in der Gesellschaft noch immer mehr verstärkt wird. Die Folge ist, dass das jüdische Volk sich immer mehr »panzert«. Geradezu archetypisch ist Woody Allens Bemerkung: »I'm Jewish, but I can explain it.« (»Ich bin jüdisch, aber ich kann es erklären.«)

Das ist dasselbe, was auch der einzelne tut. Man kann beobachten, dass Menschen sich mit zunehmendem Alter immer stärker panzern. Die ganze Persönlichkeit ist dann als Panzer gegen die Verletzbarkeit des Herzens aufgebaut. Oft ist das auch ganz in Ordnung, weil Menschen u.U. so tief verletzt werden können, dass ihnen die Lust genommen wird, noch weiter zu leben. Diese Panzerung ist ein Lebensmechanismus, mit dem wir die Welt außen vor lassen und unsere eigene Daseinsform bestätigen. Bedauerlich ist nur, dass durch das Bauen eines solchen Panzers auch die Lebensader abgeklemmt wird. Der Panzer wird dann zum Gefängnis.

Beim Erwachsenen beobachtet man dann eine Reihe von Abwehrmechanismen, die mit selbstgeschaffener Unverletzlichkeit zu tun haben. Beispielsweise sagt jemand: »Ach, immer diese Übertreibungen. Mir macht das nichts aus! Mich schmerzt das kein bisschen!« In Wirklichkeit aber täuscht ein solcher Mensch eine Scheinpersönlichkeit vor. Man spürt, dass es nicht ehrlich gemeint ist, was er sagt.

Auch bei menschlichen Interaktionen begegnet man diesem Phänomen. Es sieht dann so aus, als wäre ein innerer Kontakt vorhanden, aber irgendwie spürt man, dass es nicht so ist. Jemand reagiert beispielsweise wütend, aber man fühlt diese Wut nicht mit. Oder jemand behauptet zwar, dass er traurig sei, aber irgendwie macht es den Eindruck eines schlechten Theaterstücks. Dann merkt man, dass eine Kulisse aufgebaut ist, vor der ein »soziales« Verhalten gezeigt wird. Doch hinter der Kulisse sitzt ein verletzlicher Puppenspieler, der das Spiel inszeniert. Wenn man darauf so reagieren würde, dass man ihm vorhält: »Was bist du doch für ein Weichling, dass du so traurig bist!«, kann er auf dem sicheren Platz hinter den Kulissen denken: »Wie gut, dass ich meinen Panzer habe.« Er kann sich dann in eine tiefere Schicht seiner Persönlichkeit zurückziehen. Und er kann den Schmerz, den die Verachtung hervorruft, dadurch ertragen, dass die Kulisse dazwischen ist. Der Schmerz erreicht nicht seinen Kern. Sehr oft stößt dann die soziale Interaktion auf diesen Panzer.

Das Tragische daran ist, dass eine derartige Haltung im sozialen Leben nicht toleriert wird. Ein solcher Mensch wird von den anderen zumeist abgelehnt: »Was für ein unechter Mensch; immer muss er alles unter Kontrolle haben.« Und damit fängt der nächste Kreis von Verletzung und Demütigung an. Menschen, denen das begegnet, suchen eine Art von Sicherheit in materiellen Dingen: »Mein Computer wird nie unhöflich zu mir sein.« Oder: »Sieh' dir das an, ich hab' eine Fernbedienung, und ich brauche nur so zu machen und meine Anlage geht an. Darauf kannst du dich verlassen!« Oder: »Vielleicht mache ich keinen so großen Eindruck, aber mein Porsche doch!« Dann kann es geschehen, dass eine Lebensform entsteht, die das offene System nicht mehr erträgt. In der Weise schafft sich ein Mensch ein neues, kleines Universum, in dem sein Leben glücklich verläuft. Man lebt dann in einem Kokon; im populärwissenschaftlichen Jargon ist die Bezeichnung für dieses zurückgezogene Leben »cocooning«.

Wenn man sich eine Fluchtburg mit dem Ziel baut, darin ein Ökosystem zu entwickeln, in dem Menschen überleben können, wenn die übrige Erde durch Verschmutzung unbewohnbar geworden ist, so ist das auch eine Art »cocooning«. Es ist ein Versuch, die Verletzbarkeit der heutigen Welt zu ertragen. Cocooning im kleineren Umkreis ist es auch, wenn man sich einen Ventilator ins Haus holt oder Quellwasser kauft, weil dem Leitungswasser nicht zu vertrauen ist. Wir legen uns immer mehr kleine Panzer zu, wodurch wir das Leben besser aushalten oder wodurch wir uns mit der schmerzenden Welt noch gerade eben arrangieren können.

Leiden als Ziel an sich

Oft hört man den Seufzer über die vielen schmerzlichen Seiten des Lebens: Wozu soll dies alles gut sein? Kommt denn nicht einmal der Augenblick, an dem dies Leiden nicht mehr nötig ist? Aus dem Themenkreis des Krebses können wir lernen, dass gerade das leidende und leidenschaftliche Erleben der schrecklichen wie auch der wunderbaren Dinge des Lebens *das Ziel an sich* ist. Immer wieder werden wir als Krebs in das siedende Öl des Lebens getaucht, als wären wir eine Delikatesse für die Götter.

Bei manchen Menschen ist dieses Gequält- und Gedemütigtwerden das zentrale Thema in ihrem Leben; oft beschreiben sie es als eine ununterbrochene Aufeinanderfolge von Prüfungen. Und es sieht wirklich so aus, als führten dieses Prüfungen nirgendwohin, als wären sie ein Ziel an sich. Das einzige Resultat ist darin zu sehen, dass die eigene Persönlichkeit durch all diese Prüfungen zu etwas Besonderem heranreifen kann. Ihr ganzes Leben hindurch werden solche Menschen »gebraten und gesotten«: »Schon wieder bin ich verlassen worden.« – »Sie ist wieder fremdgegangen.« – »Ich habe meine neue Arbeitsstelle verloren, weil der Betrieb pleite gemacht hat.« – »Ich hab’ mich mal wieder in Gegenwart der ganzen Gruppe blamiert.« Derartige Erlebnisse zwingen diesen Menschen eine Art Minderwertigkeitsgefühl auf. Je mehr sie kämpfen, desto mehr beugen sie die Umstände, in denen sie stehen, zu Boden. Und das einzige, was das Leben ihnen abverlangt, ist, dies auszuhalten. Das einzige, was sie tun können, ist, sich selber als Krebs in dem heißen Öl ihres Lebens sieden zu lassen. Mehr gibt es nicht, mehr ist nicht möglich.

Das Krebsmotiv ist also ein merkwürdiges Lebensthema, in dem Menschen aus einer scheinbar masochistischen Haltung in eine Art würdevoller Demut hineinwachsen können. Der Krebs bringt Menschen aus einer erzwungenen Aufopferung zum freiwilligen Opfer. Natürlich ist dazu eine Art Umwandlung nötig, die mit dem Gegenpol zusammenhängt. Ich hoffe, dass dies bei der Besprechung des Steinbocks deutlich werden wird. Im Prinzip bedeutet Krebs: verzichten. Krebs bedeutet, mit einem Grade von Empfindlichkeit umgehen zu lernen, den andere Menschen vielleicht nicht kennen. Es ist eine Empfindlichkeit, die außergewöhnlich einsam macht, da man mehr fühlt als andere. Doch lässt sich eine wichtige Erfahrung machen: Es ist durchaus eine Leistung, so verletzlich zu sein und immer noch zu leben. Das Krebsthema ist das dauernde Suchen nach einem Luftholen zwischen Kraft und Verletzlichkeit und zwischen der Verhärtung des Panzers und dem Wuchern der weichen Zartheit.

Der Krebs selbst ist ein sehr gegensatzreiches Tier, das sowohl eine Rüstung als auch ganz weiches Fleisch besitzt. Ich glaube, es war Hippokrates, der den Krebs – im Lateinischen »cancer« – als Dämon der gleichnamigen wuchernden Krankheit gewählt hat. Krebs ist das verlorene Gleichgewicht zwischen dem weichen Gewebe und dessen weiterwuchernder Verhärtung. Unter diesem Aspekt ist es interessant, Röntgenfotos von jemandem zu sehen, der von Lungenkrebs geheilt ist. Man sieht lauter »Krebssteine« auf dem Bild. Die Geschwüre haben ein verkalktes Gewebe hinterlassen, das einem Stein gleicht.

Krebs ist die Krankheit der Prüfung. Aber er ist auch die Krankheit des Materialismus, insofern er eine kalte Krankheit ist, die in unserer Zeit der Verhärtung und Geistlosigkeit immer häufiger auftritt. In unserem Bemühen, unser Leiden an der Welt zu lindern, sind wir von einem Extrem ins andere gefallen. Die Schmerzlinderer unserer Kultur – Fernsehen, Flugzeuge, Atomzentralen, Zucker und Überkonsum – haben dieses Gespenst ins Leben gerufen. Unsere Bemühungen, der Unsicherheit unseres Daseins zu entkommen, haben eine Unsicherheit hervorgerufen, die umso bitterer ist. Fast könnte man sagen, dass der Krebs Symbol aller Versicherungsgesellschaften sein müsste, weil diese im Prinzip von der Angst vor den Risiken des Daseins leben: »Versichere dich und lebe in deinem Kokon der Scheinsicherheit.« – »Versichere deine Familienmitglieder, dann hast du jedenfalls Geld, wenn sie sterben.« Versicherungsgesellschaften suggerieren, dass sie das Leiden mildern können. Und in dem Sinne wirken sie materialisierend auf die Gesellschaft, weil sie suggerieren, wir könnten ein sorgloses Dasein führen. Mit der Aidsepidemie, der Umweltverschmutzung und der drohenden Vernichtung durch Atomwaffen werden wir gezwungen, der Tatsache ins Auge zu sehen, dass es unmöglich ist, dem Leiden zu entgehen. Kommende Generationen werden aus dieser Tatsache heraus ein neues Verhältnis zum Krebsthema finden müssen.

> Das Böse ist nichts Absolutes, es ist ein Mittel zur Entwicklung der individuellen Wesenhaftigkeit und der Freiheit.
>
> Rudolf Steiner

Skylla und Charybdis – Luzifer und Ahriman

Joseph Campbell beschreibt in seinen äußerst lesenswerten Büchern »Die Kraft der Mythen« und »Der Heros in tausend Gestalten«, wie der Mensch sich immer wieder selber in dem Helden erkennt, der sich aus dem sicheren Nest löst und umherzieht, allein und ohne Hilfe. Der Held entdeckt neue Gebiete und kehrt schließlich mit seinen Erfahrungen zu den Menschen zurück. Das ist ein urmenschliches Thema. Es findet sich in jeder Mythologie. So macht Odysseus eine Irrfahrt auf seinem Schiff. In ihm sehen wir das Urbild des einsamen, irrenden, verletzbaren, aber auch vernünftigen und kräftigen Menschen. Er irrt über die Meere und muss in der Straße von Messina zwischen der gefährlichen Klippe der Skylla und dem Seeungeheuer Charybdis hindurchfahren. Charybdis schlürft die Meeresflut in sich hinein, so dass ein alles verschlingender Strudel entsteht. Das Ungeheuer vertilgt die Schiffe mit der gesamten Mannschaft. Daher stammt der Ausdruck »zwischen Skylla und Charybdis«. Die Kunst besteht darin, so zu steuern, dass man gerade zwischen den beiden Gefahren hindurchfährt, dass man nicht auf die Klippen aufläuft und nicht in den Abgrund gesogen wird.

In der Anthroposophie geht man von der sogenannten Doppelgestalt des Bösen aus. Mit dieser Sichtweise lässt sich meiner Meinung nach besonders gut arbeiten. Der Teufel ist demnach nicht eine einzige böse Gestalt, gegen die man sich wappnen muss; vielmehr ist das Böse so differenziert, dass es sich um zwei polare Kräfte handelt, zwischen denen man hindurchsteuern muss, um sich entwickeln zu können.

Die eine Art des Bösen kann uns in die Tiefe saugen und uns an die irdische Materie binden. Sie wird von einem Wesen personifiziert, das Ahriman genannt wird. Sein Vorzug ist das nüchterne, kühle Denken, die Gefahr Verhärtung und kaltes Machtstreben. Jeder von uns hat diese Kraft in sich und wird ihr eine Form verleihen müssen, und zwar nicht, indem er sie in sich leugnet oder verbietet, sondern gerade dadurch, dass er sie erforscht und sie zu lenken lernt. Der andere Pol des Bösen zieht uns von der irdischen Entwicklung fort und hält uns in spekulativen Illusionen gefangen, in Spiritualismus ohne Realitätssinn. Die erdflüchtige Kraft wird in Luzifer personifiziert.

Diese beiden stehen einander polar gegenüber, ergänzen sich aber auch. In Raumvorstellungen gesprochen ist es eine ahrimanische Tendenz, sich in sich selber zurückzuziehen, mit der extremsten Form der Implosion in das schwarze Loch. Die luziferische Tendenz weitet sich explosiv zu einem Strohfeuer aus, das aber auch zum In-sich-Zusammensinken verurteilt ist. Oben wurde bereits ausgeführt, dass wirkliche Spiritualität dann entsteht, wenn man bereit ist, sowohl den Materialismus als auch den Spiritualismus zu umfassen und beiden eine Form zu geben. Das zweifache

Böse hat also die Funktion eines Entwicklungsimpulses: Es setzt uns unter Spannung und fordert uns Steuerungsvermögen ab. Ich kann mich in diese Art der Vorstellung gut hineinfinden, da sie verhindert, dass die Illusion entsteht: »Je mehr des Guten, desto besser«. Diese Illusion geht nämlich von einer Existenz sowohl »des« Guten als auch »des« Bösen aus, von denen man mehr oder weniger große Anteile besitzen könne und die sich unvereinbar gegenüberstehen. In der Vorstellung des zweifachen Bösen treffen wir dagegen zwei polare Kräfte an, die erst in ihrem Zusammenwirken eine Qualität ermöglichen, die wir als »das Gute« bezeichnen. Mit anderen Worten: Es gibt das Gute nur im *Kontext*, und dieser Kontext ergibt sich aus der Wirksamkeit *beider* polarer Kräfte. Der Weg des Guten ist damit für jeden in jedem Augenblick und in jeder Situation ein anderer.

Der Steinbock als Gegenpol des Krebses

Die Steuerungskraft zwischen dem Ahrimanischen und dem Luziferischen entwickelt sich am deutlichsten zwischen Steinbock und Krebs. Den Krebs erkennen wir in der nach unten saugenden Kraft der Angst, und den Steinbock darin, dass man sich verächtlich über die Welt erhebt. Das Leben wäre leichter, wenn diese beiden einfacher voneinander zu unterscheiden wären. Aber auch hier korrigiert die Wirklichkeit die Theorie. Die eine Form der Unfreiheit ist immer mit der anderen vermischt. Ein wunderbares Beispiel hierfür ist das: »Buying a stairway to heaven«: Mit materialistischen Mitteln versucht man, ein spirituelles Ziel zu erreichen. Mit dem Bild der Leiter soll ausgedrückt werden, dass man derartig motiviert ist, zu spirituellen Erfahrungen zu kommen, dass man sich just dadurch vor ihnen wieder verschließt. Man sucht dann die spirituellen Erfahrungen nicht im Hier und Jetzt, in der Begegnung mit dem andern, in den Erscheinungen und Ereignissen auf der Erde. Man will geradewegs in den Himmel kommen.

Zur Illustration soll hier die Geschichte eines Einsiedlers angeführt werden, der sein ganzes Leben dem Erüben einer spirituellen Tat gewidmet hat: Er möchte lernen, übers Wasser zu gehen. Dieser

Mann kommt am Ende seines Lebens zu Buddha, der schon im Stande der Erleuchtung ist. Und er brüstet sich vor ihm: »Ich kann übers Wasser gehen.« Darauf fragt Buddha ihn: »Wie lange hast du gebraucht, um das zu lernen?« – »Dreißig Jahre«, antwortet der Mann. Da erwidert Buddha: »Dann hast du deine Zeit vertan, da hättest du lieber mit dem Fährmann mitfahren sollen, um ans andere Ufer zu kommen.«

Das Steinbocksymbol

Vor kurzem nahm ich an einem Workshop teil, auf dem uns jemand erklärte, wie jeder von uns die Materie mit der Kraft seiner Gedanken beeinflussen könne. Diesem »Eingeweihten« zufolge könne jeder Mensch innerhalb einer halbstündigen Sitzung erleuchtet sein. Wir hatten alle einen eigenen Löffel von zu Hause mitbringen müssen, damit wir nicht dächten, dass seine mit uns angestellten Übungen auf Betrug beruhten. Nach einer Einleitung, wie stark die Macht des Gedankens sei und wie wir gleich den Stand der Erleuchtung erreichen würden, mussten wir alle unsere Löffel mit den Fingerspitzen unserer beiden Hände festhalten. Die rechte Hand hielt den Stiel fest und die linke den Kopf. Unsere Arme hielten wir halb ausgestreckt vor uns auf Augenhöhe. Dann hieß es: »Konzentriert euch. Gleich wird weißes Licht aus euren Köpfen kommen. Es strahlt zwischen eure Finger. Konzentriert euch. Ihr braucht euch überhaupt nicht anzustrengen, und der Löffel wird sich biegen«. Und tatsächlich, nach einiger Zeit hatte jeder einen verbogenen Löffel in der Hand. Wir alle hatten innerhalb einer halben Stunde die höchste Form der Spiritualität erreicht, denn wir hatten »durch unsere Gedankenkraft« einen Löffel verbogen. Und die meisten der Anwesenden glaubten das auch wirklich. Sie waren zutiefst davon überzeugt, dass sie nicht die geringste Muskelkraft angewandt hatten – so groß war die Überzeugungskraft des »Eingeweihten« gewesen. Selbstverständlich gab es niemanden, der den Löffel mit der Gedankenkraft nur einer Hand verbiegen konnte.

Dies ist ein Beispiel für das, was ich unter Steinbock-Spiritualität verstehe: »Buying a stairway to heaven« oder auch »Workshop-

Erleuchtung«. Genauer gesagt: »Workshop-Schwindel«, denn der Eintrittspreis für diese Art von Erleuchtungszusammenkünften ist hoch. Man nutzt auf unlautere Art die Sehnsucht der Menschen nach Licht aus. Diese Sehnsucht ist so groß, dass manche Menschen sich selber verdunkeln, um erleuchtet zu werden. Wir brauchen nach dieser nur allzu menschlichen Neigung nicht lange zu suchen. Denn wer kennt nicht die Hoffnung, die Gruppierung, der man sich angeschlossen hat, möge die Wahrheit gepachtet haben. Nur allzu schnell erstarren die Normen und Werte zu einer unsichtbaren Zwangsjacke, und die Leiter zum Himmel wird zur Tretmühle.

Dieses Problem ist auch in das Symbol des Steinbocks hineinverwoben. Es ist ein Seraphimsymbol darin enthalten. Die Seraphim sind die einzigen geistigen Wesen, die Gott anschauen können, ihr Symbol ist also eines der höchsten spirituellen Symbole, die es gibt. Im Steinbockbild ist dies Symbol mit einem Teufelsschwanz verbunden:

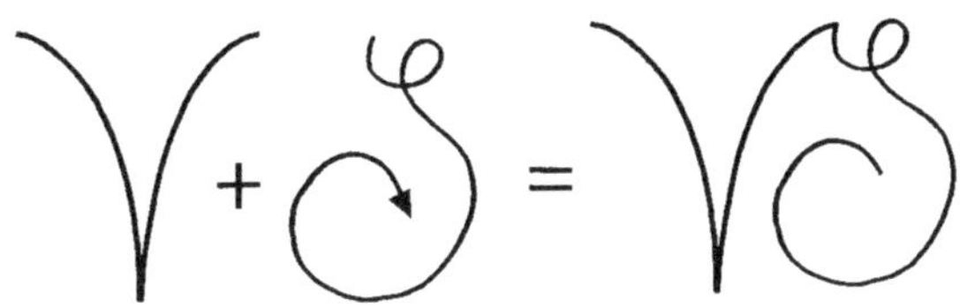

Das Symbol erscheint auf vielerlei Arten, doch drückt es im Prinzip immer dasselbe aus:

Das Symbol ist in gewissem Sinne auch ein Hinweis auf den sogenannten goatfish, den Ziegenfisch. Wir können in ihm das Symbol des Widders sehen, an den eine Art zyklisch strömende Fischebewegung angeheftet ist. Dieses Symbol vereint in sich die Elemente Feuer, Erde und Wasser. Wir sehen einen nach unten gerichteten Schwanz, der sich über die Grenzen des Bewusstseins hinweg im Unterbewussten bewegt und zugleich eine nach oben gewendete Schale, die sich über die Grenzen des normalen Bewusstseins hinweg dem Oberbewussten öffnet. Im Steinbock kann man die Grenzen nach oben *und* die Grenzen nach unten überschreiten. Ich habe beim Krebs schon dargestellt, dass man in einer Verfassung der Angst durch die Haut der Organe hindurch und durch die Grenze der sinnlichen Welt hindurch dringen kann. Im Steinbock kann man diesen Weg *bewusst* gehen. Aber man kann auch in die Illusion flüchten, wie ich es beim »Löffelbeispiel« beschrieb.

Willy Sucher hat in seinem Buch »Isis-Sophia« darauf hingewiesen, dass die Steinbockgebärde wahrscheinlich mit der archetypischen Entwicklung der Sinneswerkzeuge zusammenhängt. Er beschreibt, dass er beim meditativen Studium dessen, was die Urform des Menschen darstellt, am Kopf zwei Lichtstrahlen sehen kann. Er erlebt die Urform des Menschen als die vage Andeutung eines Kopfes und eine Schalenbildung, in der ein Einschlag von Licht stattfinden kann. Nicht ein physischer, sondern ein geistiger Lichteinschlag, der sich später in Augen, Mund und alle anderen Sinneswerkzeuge ausdifferenziert. Das Ursinnesorgan ist für ihn eine doppelte »Schalenbildung« für geistiges Licht:

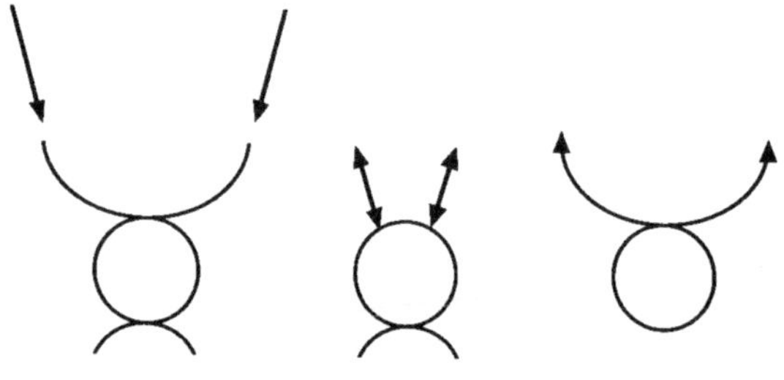

Bei Tieren hat sich diese Schalenform zu Hörnern verfestigt. Hörner sind nach Suchers Darstellung zur Materie gewordene Ursinnesorgane, die beim Menschen im vor-materiellen Zustand geblieben sind. Auf manchen Abbildungen ist Moses mit zwei kleinen Hörnern auf dem Kopf dargestellt. Zum Beispiel gibt es in der Kirche San Pietro in Vincoli in Rom eine prächtige Plastik, bei der Michelangelo Moses mit zwei kleinen Hörnern versehen hat. In der Therapie erlebe ich es manchmal, dass jemand so böse wird, dass er sich vor Wut gleichsam zusammenzieht. Und dieses Zusammenziehen erlebt derjenige dann so, als würde er Hörner bekommen, als würde an seinem Kopf etwas Greifbares entstehen.

Damit kommen wir zum Bild des Teufels. Beim Teufel ist das Sinnesorgan für die geistige Welt verhärtet, er hat Hörner bekommen. An der Stelle, wo beim Menschen die Urform für das geistige Sinnesorgan unausgebildet geblieben ist, ist der Teufel in die physische Form geschossen. Auch an seinen Füßen ist der Teufel zu stark in die Form hineingeronnen: meistens trägt er Hufe. Mephistopheles in Goethes »Faust« muss künstliche Waden tragen, um wie ein Mensch auszusehen. Der Steinbock als Lichtsucher hat also unten und oben verhärtende Tendenzen. Sobald das Streben in die Höhe durch Verachtung für das Niedere verunreinigt wird, erscheint diese Verhärtung; und dann ist es zum Hinabstürzen verurteilt. In der Mythologie kommt dies in der Gestalt des Ikarus zum Ausdruck, der gemeinsam mit seinem Vater aus seiner Gefangenschaft auf einer Insel flüchtet. Sein Vater warnt ihn noch, mit den Flügeln nicht zu hoch hinauf zu fliegen, weil die Sonne dann das Wachs, das die Federn verbindet, schmelzen lassen würde. In seiner Begeisterung vergisst Ikarus diesen Rat und stürzt ins Meer.

Angst erleben und Risiken eingehen

Der Steinbock ist Herrscher über die Höhe. Er ist bekannt dafür, dass er die Jäger narrt, weil er, im Gegensatz zu anderen Tieren, nicht außer Sichtweite flüchtet. Ein Steinbock kann also gleichsam abschätzen, wie weit das Gewehr schießen kann, so dass er stolz außerhalb dieses Bereiches den Jäger anblickt. Und immer wenn der Jäger etwas Mut gefasst hat, um dem Steinbock noch höher nachzusteigen, flüchtet dieser einfach weiter.

Das Bild eines Tieres, das sich am schmalen Rande tiefer Abgründe bewegen kann, ist auch im Menschen zu finden. Der Steinbock ist als Gleichgewichtskünstler, als Todesverächter ein Symbol für die Entwicklung von Mut. Und in diesem Sinne steht er dem Krebs polar gegenüber: Während der Krebs besorgt um seine Selbsterhaltung ist, strebt der Steinbock nach Risiken.

In dem sehr beliebten Comic »Asterix und die Normannen« findet eine Verwandlung vom Steinbock zum Krebs und rückwärts statt. Die Gallier tragen, um das Bild komplett zu machen, auch Helme mit hübschen kleinen Hörnern darauf. Die Normannen hören davon, dass Angst Flügel mache (das Ikarusthema), und das bringt sie auf den Gedanken einer Exkursion, um die Angst kennen zu lernen. Für sie, die alles können und alles wissen, ist es ein Mangel, dass sie die Angst nicht kennen. Die Expedition misslingt anfangs, da sie die Angst nicht kennenlernen. Allerdings begegnen sie dem Schmerz. Sie verpassen sich gegenseitig Schläge auf den Kopf, und einer sagt zum andern: »Spürst du schon Angst?« »Nein, wohl Kopfschmerzen, aber keine Angst.« Schließlich begegnen sie einem jungen Mann, der ein Beispiel des ängstlichen Krebses ist. Sie fangen ihn, weil sie denken: »Jemand, der soviel Angst hat, muss uns das auch lehren können.« Er versucht, ihnen Angst einzujagen, aber das gelingt nicht. Schließlich jagt ihnen der falsche Gesang des Barden aus dem Dorf des Asterix doch noch Angst ein. Dessen dissonante Töne berühren etwas in ihnen, wodurch sie alle miteinander ins Boot flüchten. Die Expedition scheint misslungen, da sie jetzt vor Angst *gelähmt* sind. Am Ende der Geschichte überwinden sie sich selbst; und dadurch werden sie erst richtige Normannen.

Die Entwicklung von Mut nimmt ihren Weg über die Angst. Ein Mut, der keine Angst kennt, ist Übermut. Steinbock und Krebs ergänzen einander, so dass sie zwischen Angst und Übermut hindurch auf den Mut zusteuern können. Das beobachtet man auch bei Kindern. Man kann ihnen hundertmal sagen: »Klettere nicht auf den Tisch, klettere nicht auf den Schrank«, aber ein Kind muss erst einmal kräftig heruntergefallen sein, um zu erfahren, wie gefährlich das Leben ist. Der übermütige Steinbock landet dann im Krebsgebiet und muss langsam wieder herausfinden. Man kann nicht eines ohne das andere haben. Wie einem beim Krebsthema geholfen werden muss, Mut zu bekommen, muss man in der Steinbock-Thematik aus seinem Übermut heraus fallen, bevor man wieder hinaufsteigen kann.

Man kann sich mit Luzifer so stark einlassen, dass man von der Erde fortfliegt. Aber in einem bestimmten Augenblick wird man desillusioniert herabstürzen. Man muss ganz unten landen, um wieder mit beiden Beinen auf der Erde zu stehen. Man kann jedoch auch in den Bann von Ahriman geraten, sich in irdische Materie, in den Besitz, in das Gefühl, alles genau wissen zu müssen, verlieren und dadurch in eine Angst vor dem Verlust all dieser Dinge geraten. Auch dabei kann man sich verrennen. Dann heißt es auch hier auf einen Hinweis vom Leben warten, wodurch man die Vergänglichkeit aller Dinge akzeptieren lernt und wieder den Mut entwickelt, sich vom Leben berühren zu lassen. Es geht darum, diese beiden Seiten des Bösen so zu verwandeln, dass man zur Entwicklung eines mittleren Bereichs gelangt. Dieses mittlere Gebiet atmet, und dadurch werden die beiden polaren Kräfte miteinander verbunden. Das Spirituelle spielt sich dann zwischen Wissen und Nichtwissen ab, zwischen Macht und Ohnmacht, zwischen Angst und Übermut, zwischen Binden und Lösen, zwischen Verdichtung und Auflösung. Weil Umwandlungen stattfinden, können neue Qualitäten entstehen. Dies heißt für uns, dass wir unser Blickfeld immer mehr vergrößern müssen, sowohl nach oben als auch nach unten, wenn wir als Menschen eine wahre Spiritualität entwickeln wollen. Man wird immer mehr sowohl mit dem Luziferischen als auch mit dem Ahrimanischen zu ringen haben. In diesem Spannungsfeld kann sich ein stiller Quell auftun: die lenkende Kraft des wortlosen Vertrauens.

> Der wahre Mensch folgt einem inneren Gesetz und keinem äußeren Gebot. Er orientiert sich nach der Quelle und nicht nach dem verschmutzten Wasser. Immer sucht er den Ursprung.
>
> Lao Tse

Wenn wir den eigenen Spielraum im Geistigen und im Materiellen ausweiten, können wir zu einer größeren Freiheit gelangen. Wenn wir krampfhaft in der Mitte bleiben, erstarren wir dort. Wir werden dann Opfer unserer guten Vorsätze. Reine Intuition wird zu starren Lebensregeln, »Saft und Kraft« verschwinden aus dem Leben, und ein ausgedörrter – scheinbar fehlerloser – Mensch bleibt übrig. Jeder Mensch muss herausfinden, welche Spielräume er hat und wie er sie ausweiten kann. Natürlich kann man in eine Situation kommen, in der man fortwährend nach Luft ringt und aus der für den Moment kein Ausweg möglich erscheint. Dann landet man in einer Krebshaltung, in der man sich selbst panzert und sich mehr oder weniger geborgen fühlt in der eigenen Zurückgezogenheit.

Das Leben kann in bestimmten Augenblicken zu bedrohlich sein. Dann stellt sich die Frage, ob es einem vergönnt ist, sich einen Platz zu schaffen, an dem man wirklich frei atmen kann. Diese Frage hat etwas mit dem großen Wort »Gnade« zu tun. Leider ist nicht jedem diese Gnade gegönnt. Man kann es den Einwohnern eines Landes, in dem Krieg herrscht, nicht vorwerfen, dass sie sich in einem permanenten Zustand verkrampfter Atmung befinden. Sie können nicht hell und klar reagieren, weil sie nur noch zu einem Teil eine Verbindung mit ihrer Körperlichkeit haben und zum andern Teil aus Angst und vor lauter Entbehrungen aus ihrem Körper »herausgeflüchtet« sind. Viele Menschen haben in einem solchen Moment keine andere Möglichkeit. Andere dagegen, die in denselben erbärmlichen Umständen sind, können dennoch etwas unternehmen. Jeder Mensch muss also für sich selbst entscheiden, welches sein Rezept ist. Wo gerät man in gefährliche Gebiete? Wie kann man eine Umgebung schaffen, in der man sich über den Rand des Bösen hinaus bewegen kann?

Hier gibt es Gesetzmäßigkeiten. Einer der Fallstricke, in die wir in unserem Streben nach Licht geraten, ist der, dass wir es *zu schnell* wollen. Wir benutzen dann die Methoden des Krebses, um in das Steinbockgebiet zu kommen. Diese Art »Spiritualität« wird von Sekten angewendet. Es gibt spirituelle Schulen, die fast buchstäblich das Bild der Leiter als eine Art materialisierter Wegbeschreibung benutzen. Der erste Schritt kostet dann zehntausend Gulden, die zweite Stufe zwanzigtausend, solange, bis man den letzten Schritt, den Schritt zur Erleuchtung gehen kann. Dann darf man zum Meister kommen, selbst Unterricht geben und den größten Teil dessen, was man dabei verdient, dem Meister »schenken«. Auf dieser Ebene ist man dann garantiert glücklich. Und wenn man nicht glücklich ist, dann liegt es an einem selbst. Dann fällt man auf eine niedrigere Stufe der Leiter zurück, so dass man den Weg noch einmal zurücklegen muss.

Der andere Fallstrick in der Polarität Materialismus-Spiritualismus ist dementsprechend, dass man *zu langsam* fortschreitet. Jeder Mensch bekommt in seinem Leben viele Möglichkeiten, Schritte zu einer höheren Ebene des Bewusstseins zu machen. Jedes Mal muss man bereit sein, Sicherheiten hinter sich zu lassen, die persönliche Art des Denkens sterben zu lassen und sich für neue Möglichkeiten zu öffnen. Je häufiger man solche Möglichkeiten vorübergehen lässt, desto mehr verhärtet die eigene Seele und oft auch der Leib. Neue Chancen kleiden sich dann häufig in das Gewand immer härterer Schicksalsschläge.

Bei vielen Sekten kann man beobachten, dass beide Pole zusammenarbeiten. Niemals sind sie nur luziferisch oder ahrimanisch. Aber durch das Zusammenwirken entsteht die Aushöhlung, wird die Atmung verunmöglicht; jeder Zweifel, jede Bewegung werden mit einem Verbot belegt. Nur wenn man diese beiden Strömungen nicht über sich herrschen lässt, sondern selbst Herrscher über sie wird, befreit man sich aus der eisernen Lunge der einseitigen Spiritualität oder des übertriebenen Materialismus.

Die Ellbogen benutzen oder die Knie anstrengen?

Wenn man aus einem Tal bergaufwärts steigen will, kann man das rennend erledigen. Man kann Menschen beobachten, die mit möglichst weit hochgezogenen Schultern, die Ellbogen links-rechts, links-rechts im Hauruck-Verfahren nach oben hasten. Zuerst geht das sehr schnell, sie überholen jeden, aber schon bald geraten sie außer Atem. Bei solchen Unternehmungen kommt es eben darauf an, gerade nicht mit den Ellbogen zu arbeiten und nicht auf Kosten der Lunge nach oben zu steigen. Man muss vor allem die Knie gebrauchen. Ein geübter Bergwanderer beugt seine Knie etwas und geht dann langsam, aber gleichmäßig und locker nach oben, während er dabei ruhig atmet. Natürlich kann man auch die Seilbahn benutzen, wenn eine vorhanden ist, aber die Aussicht oben ist dann bestimmt weniger schön. Man hat nichts geleistet, um nach oben zu kommen, und so kann man auch weniger genießen. Es kann einem sogar passieren, dass man durch den schnellen Übergang vom Tal zur Spitze Probleme mit der dünneren Luft bekommt. Solche Beklemmungen können sehr große Angst verursachen.

Einen Berg erklimmt man also mit Hilfe seiner Knie, wobei man das Gleichgewicht zwischen Übermut und Bescheidenheit finden muss. Wenn der Ehrgeiz, nach oben zu kommen, zu groß ist, benutzt man die Ellbogen. Das ist immer dann der Fall, wenn man das Gleichgewicht nicht mehr beachtet. – Wir verwenden den Begriff »die Ellbogen gebrauchen« auch im übertragenen Sinne für jemanden, der auf nichts und niemanden Rücksicht nimmt und an die Spitze gelangen will. Gesunder Ehrgeiz dagegen besteht in dem Wagnis, auf eigenes Risiko zu arbeiten. Natürlich kann man dabei an Höhe verlieren, sogar so viel, dass alles Spirituelle auf der Strecke bleibt. Dann kommt es darauf an, nicht darin stecken zu bleiben, d.h. nicht in einer Spiritualität hängen zu bleiben, in welcher der Erfolg am gesellschaftlichen Ansehen (Steinbock) oder am monatlichen Einkommen (Krebs) gemessen wird. Das heißt nicht, dass Ansehen und monatliches Einkommen nicht wichtig wären, es geht jedoch um mehr als das Erreichen der Spitze auf einem vorgezeichneten Pfad. Für viele Menschen wäre es eine Traumkarriere, wenn sie in ihrer Arbeit die Nummer eins werden könnten. Aber sie vergessen dabei, dass sie dann nur aufs Resultat sehen. Denn: Haben sie wirklich eine innere Entwicklung durchgemacht? Sind sie auf ihrem inneren Weg reicher geworden? Haben sie wirklich ein erfolgreiches Leben? Außerdem gilt es folgendes zu beachten: Je mehr man sich mit seinen Ellbogen nach oben arbeitet, desto mehr zwingt man seine Mitmenschen in eine Krebssituation, macht sie vielleicht zu Speichelleckern.

Viele äußere Gipfel haben im Nachhinein betrachtet ein inneres Tal verursacht. Umgekehrt kann eine Phase gesellschaftlicher Bedeutungslosigkeit zu ungekannter spiritueller Höhe führen. Es gibt bedeutende spirituelle Bewegungen, in denen man sich absichtlich dafür entschieden hat, im Unsichtbaren zu arbeiten. Ein von mir sehr verehrter Lehrer berichtet, dass er am schwersten mit der Tatsache gerungen hat, dass er sein Werk im Verborgenen ausführen musste und keine gesellschaftliche Anerkennung bekam, ja sogar längere Zeiten von der Sozialhilfe gelebt hat.

Der Steinbock im Lebenslauf

Beim Heranwachsenden zeigt sich der Steinbock erst verhältnismäßig spät. Der Höhepunkt ist dann zu sehen, wenn der junge Mensch, um beim Bild zu bleiben, vielfältig Gebrauch von seinen Knien macht, zum Beispiel weil er vielleicht in Berlin wohnt, im Hinterhaus, vierter Stock. Das heißt also: dann, wenn er auf der Suche nach seiner Selbständigkeit ist. Das ist meist der Moment, wo er sich aus der Familie lösen will, aus der er stammt – oder wo er im Gegenteil gerade darin hängen bleibt. Die Steinbockdynamik sehen wir, wenn man anfängt, aus einer bewusst gesuchten Einsamkeit heraus seinem eigenen Leben eine Form zu geben. Will man sich noch absichern? Wieviel Einsamkeit traut man sich zu? Wie groß ist das Risiko, sich eventuell zu verrennen?

Der Steinbock tritt in Erscheinung, wenn es einem aus den Erfahrungen des Krebsdaseins heraus zu eng wird in der Familie und man sagt: »Ich miete mir ein Zimmer.« Dann beginnt die Phase, die noch am ehesten mit der Askese des Klausners zu vergleichen ist: Mit wenig Geld in einer kleinen Behausung ein neues Leben anfangen. Es wächst das Bedürfnis, allein zu sein, Übersicht zu gewinnen, neue Räume zu erschließen, eine Reise zu machen und sowohl horizontal als auch vertikal neue Abstände zu überwinden. Das hat auch damit zu tun, wie nahe man jemanden an sich herankommen lässt. Wieweit stößt man andere Menschen mit dem Ellbogen zurück? Will man ein Einsiedler sein? Oder sogar ein Einsiedlerkrebs? Kann man die Einsamkeit fruchtbar machen?

Im besten Sinne steht Steinbock also für die Notwendigkeit des Menschen, in seiner Einsamkeit ein Verhältnis zum Ganzen, zur Gemeinschaft, zu Gott zu finden. Im Prozess vom Krebs zum Steinbock lernt man, Sicherheiten loszulassen; im umgekehrten Prozess, vom Steinbock zum Krebs, verlässt man seine überhebliche einsame Position, um sich als unvollkommener Mensch unter die anderen unvollkommenen Mitmenschen zu mischen. Immer gibt es etwas, was man opfern muss, um eine höhere Kraft freizulegen, die für andere Menschen zu einer erlösenden Wirkung werden kann. Der Grad des Bewusstseins bestimmt dann die Art, wie man sich zwischen den beiden Extremen bewegt. Man tut sich selbst Gewalt an und lässt es geschehen, dass einem Gewalt angetan wird. Das ist das eine Extrem, das andere ist eine freie und erlösende soziale Kraft. Es ist nicht das eine oder das andere, sondern es ist der fließende Übergang, in dem man sich von einem unfreien zum freiwilligen Leiden bewegt. Zuerst wird einem das Leiden einfach aufgezwungen. Aber je mehr man Abstand von dem Gefühl nimmt, nicht anders zu können, desto bewusster kann man sich entscheiden.

Dies kann man beispielsweise in einer Partnerbeziehung entwickeln. Partner, die sich schon in der Jugend kennengelernt haben, klammern sich oft in den ersten Jahren ihrer Beziehung aneinander. Sie bilden eine symbiotische Beziehung. Sie haben einen gemeinsamen Kokon, einen Ort, an dem sie sich vor der bösen Außenwelt verbergen. Aber je mehr sie zu Atem kommen, erobern sie jeder für sich die Außenwelt. Das kann schon bald, manchmal aber auch erst nach einigen Jahren geschehen. Oft bricht eine solche Beziehung dann auseinander. Aber die Partner können auch aus einer freien Entscheidung heraus wieder aufeinander zu wachsen.

Viele Beziehungen scheitern in dieser Phase, weil jeder ein anderes Tempo hat. Der eine Partner kann sich in einigen Punkten schneller als der andere entwickeln. Oder beide gehen ganz unterschiedliche Entwicklungswege. Dann kommt ein Augenblick, an dem einer der beiden sagt: »Du hinderst mich in meiner Entwicklung. Ich muss dich verlassen.« Es kann aber auch sein, dass der Zurückbleibende in seiner Verkrampftheit den Partner so vereinnahmt, dass der in seine beruhigende Behäbigkeit zurückfällt. Gesteht man sich aber gegenseitig nicht zu, einen eigenen Prozess durchzumachen, kann man sich nie frei füreinander entscheiden. Das Kunststück besteht darin, dass man sich gegenseitig als unterschiedliche Individuen akzeptiert, dass man unterschiedliche Wege geht, vielleicht auch verschiedene Berge ersteigt, und dass die Einsamkeit eine ausgezeichnete Basis für gemeinsame Erfahrungen ist.

Wir sehen in der Gegenwart viele Beziehungen zerbrechen. Das kann traurig sein. Aber das Positive an unserer Zeit ist, dass wir die Möglichkeit haben, uns immer freier füreinander zu entscheiden, viel mehr als früher. Nichts ist mehr selbstverständlich. Es kommt hinzu, dass wir in gewisser Weise viel »durchsichtiger« als früher sind. Einerseits leben wir viel mehr für uns allein. Manchmal wissen wir nicht einmal, wer neben uns wohnt. Aber andererseits haben wir immer mehr Möglichkeiten, einander zu begegnen, nicht nur, weil wir an mehr Orte kommen, sondern auch, weil wir immer stärker die Fähigkeiten entwickeln, etwas in dem andern zu erkennen. Wir haben immer mehr die Möglichkeit zu zeigen, was wir suchen. Jede Gruppierung hat in unserer Gesellschaft ihre eigene deutlich erkennbare Kultur und ihre eigenen Stätten, an denen die zusammenkommen, die ein gemeinsames Bedürfnis verbindet. Und wer solche Begegnungen zu unangenehm findet, kann eine Kontaktanzeige aufgeben, und dann kann ein anderer mit dem Finger die Spalten absuchen und den gewünschten Partner wählen. Das sind heute die Herausforderungen und Möglichkeiten, neue Beziehungen einzugehen. Man kann sich den neuen Partner quasi wie eine Krokette aus dem Automaten ziehen.

Interessant ist es, dass diese Verbreiterung zugleich eine Einengung sein kann. Die Gefahr besteht nämlich, dass wir die Partner nicht um ihrer Gesamtpersönlichkeit willen, mit all ihren sympathischen und unsympathischen Seiten, wählen. Wir wählen den Partner um der wenigen Eigenschaften willen, die zur Schau gestellt werden. Und es ist die Frage, ob wir den Rest umsonst dazu haben wollen. Wir werden als moderne Menschen hin- und hergerissen zwischen einem starken Konsumbedürfnis, das uns drängt: »Für jede Eigenschaft, die wir wünschen, einen anderen Partner«, und der Freiheit, sich dafür zu entscheiden, einen Teil unseres eigenen Entwicklungsprozesses zu opfern. Darum ist der Lohn einer wirklich in die Tiefe reichenden Beziehung auch so groß.

Ich behaupte nicht, dass es ein Patentrezept gibt, aber es gibt Wege, den Partner in seiner ihm eigenen Geschwindigkeit zu akzeptieren. Zum Beispiel kann man den Partner durch Zurückhaltung eventuell von der eigenen Entwicklung profitieren lassen. Und vielleicht verdankt man die eigene Entwicklung dem andern, der sich zurückgehalten hat. Partner, die sich zur selben Zeit in eine Stromschnelle spiritueller Entwicklung begeben, gehen oft betrogen daraus hervor: Sie sind zu schnell vorangegangen. Ein nüchtern relativierender Partner kann gerade das eigene Wachstum fördern. Die auf Gegenseitigkeit beruhende Einsamkeit, in der sich beide nicht verstanden fühlen, wird zum Opfer, das man einander bringt. Und daraus entsteht eine erlösende Kraft. Diese Ebene zu erreichen, ist eines der Ideale einer modernen Beziehung. Und wenn es nicht mit dem ersten Partner gelingt, dann vielleicht mit dem zweiten oder dem dritten – ich behaupte nicht, dass es immer beim ersten Mal gutgehen muss.

Das eigene Gleichgewicht finden

Ich glaube, dass es sehr schwierig ist, das *Gleichgewicht* zwischen Opferkraft und erlösender Kraft zu finden. Wieweit erlöst man sich selbst, und wann opfert man sich? Dieses Gleichgewicht kann man nur dann finden, wenn man weiß, wo man steht und wo man schon gewesen ist, und vor allem: wenn man *dem anderen* zeigen kann, wo man schon gewesen ist. Das ist das einzige, was man füreinander tun kann. Wenn ein Mensch in unserer Zeit beinahe vor Einsamkeit zugrunde geht, vor Schmerz fast am Dasein stirbt, dann helfen keine Lösungsvorschläge, sofern es überhaupt welche gibt. Das einzige, was dann erlösend wirkt, ist ein Mitmensch, von dem das Verständnis ausstrahlt: »Ich kenne das Gebiet. Ich bin da auch gewesen. Und ich weiß, dass die Möglichkeit besteht, nicht lebend wieder zurückzukommen. Aber ich bin der Beweis dafür, dass man auch bereichert von dort wiederkehren kann.« Die ursprünglich entwickelte Tugend des Mutes steigert sich zur erlösenden Kraft.

Wenn man dies versteht, dann weiß man, dass die Mythen sich in einer innerseelischen Welt abspielen. Man braucht nicht nach Indien zu fahren, um eine lebensgefährliche Entwicklungsreise zu unternehmen, obwohl auch das helfen kann. Es genügt schon, in Amsterdam auf einem Zimmer zu wohnen, wo sich an jeder Ecke ein Coffeeshop befindet und in jeder Tram Menschen zu sehen sind, die leer vor sich hin starren: Das ist die moderne »Odyssee« vieler junger Menschen. Wer nach Indien geht, weiß zumindest noch, dass er eine gefährliche Reise unternimmt. Das Problem ist aber, dass viele Menschen gar nicht durchschauen, in welch einer gefährlichen Lage sie sich befinden. Oder dass ihnen erst nach zehn, zwanzig Jahren aufgeht: »Ich habe die ganze Zeit nach meiner Inspiration gesucht. Ich bin viele Male dem Tod entkommen. Jetzt kann ich meinen Mitmenschen etwas zurückgeben.« Der Mythos kommt uns dann sehr nahe.

Mittelpunkt und Umgebung

Löwe und Wassermann

LET IT BE

When I find myself in times of trouble
Mother Mary comes to me,
speaking words of wisdom, Let it be.
And in my hour of darkness
she is standing right in front of me,
speaking words of wisdom, Let it be.
Whisper words of wisdom. Let it be.

And when the broken hearted people
living in the world agree,
there will be an answer, Let it be.
For though they may be parted
there is still a chance that they will see,
there will be an answer, Let it be.
There will be an answer, Let it be.

And when the night is cloudy,
there is still a light that shines on me.
Shine until tomorrow, Let it be.
I wake up to the sound of music,
Mother Mary comes to me,
speaking words of wisdom, Let it be.
Whisper words of wisdom, Let it be.

John Lennon & Paul McCartney

Das Zeichen des Löwen

Man kann das Zeichen des Löwen auf verschiedene Weisen verstehen. Es besteht aus einem Kreis, an dem ein Anghängsel, eine Art Schlinge befestigt ist:

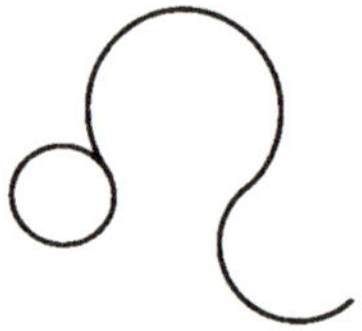

Bei der Metamorphose des Krebssymbols zum Löwesymbol ist eine größere Einheit entstanden. Die sich ein- und wieder auswickelnden Spiralen des Krebses sind zu einer Linie geworden, die mit einem geschlossenen Kreis beginnt und in einer offenen Schlinge endet. Mit etwas Phantasie ist es ein stilisierter Löwenkopf mit wehender Mähne, obwohl ich Interpretationen kenne, die nur den Schwanz eines Löwen darin sehen. Außerdem lässt sich in dem Symbol auch ein Ausdruck der Wesensart des Löwen erkennen. Astrologischen Traditionen zufolge herrscht der Löwe über das Herz und das Blut. Das Blut ist der Träger dessen, was man die Individualität nennen kann. Als deren Mittelpunkt und zugleich auch als Mittelpunkt des »Ich« kann das Herz angesehen werden.

Wir können uns beim Symbol des Löwen auch einen Blutstrom vorstellen, der Mäander beschreibt und dabei ein Herz bildet. Auch im Wasser können wir wunderbare Bewegungen beobachten. Wenn wir Wasser in eine große Schüssel fließen lassen, in der sich bereits Wasser befindet, entstehen zauberhafte Muster. Wenn wir es zu stark einströmen lassen (indem wir etwa das Wasser als gebündelten Strahl hineingeben), entstehen keine fließenden Bewegungen. Gießt man dagegen zu vorsichtig, entsteht nur Chaos in der Wasserbewegung. Aber in dem Bereich zwischen Gradlinigkeit und Chaos sehen wir prächtige Formen entstehen. In diesem Zwischenbereich, im Rhythmus, offenbart sich die lebendige, sich gestaltende Natur. Dieser einfache Versuch macht etwas von der Tatsache sichtbar, dass Bewegung und Metamorphose *in* den Dingen selbst verborgen liegen. Bewegung und Metamorphose offenbaren, dass dem Wesen der

Dinge ein »Urgedanke« zugrunde liegt. Solange ein flüssiger Zustand herrscht, wird sich dieser Urgedanke jedoch nicht bis in die feste Form hinein offenbaren können. Es herrscht eine fortwährende Neigung, dem Chaos zu verfallen. Erst wenn im richtigen Augenblick die flüssige Form überwunden wird, kann sich der Urgedanke in einer festen Form ausdrücken. Von diesem Prinzip geht man in der spirituellen Embryologie aus. Dort arbeitet man mit dem Gedanken, dass der werdende Mensch – ebenso wie die anderen Naturreiche – aus einem Urgedanken entsteht, der sich aus dem Flüssigen heraus manifestiert. Wie im Flusslauf durch die Wasserbewegung Mäander entstehen, so findet ein »dreidimensionales Mäandern« in der embryonalen Urform des werdenden Menschen statt. Die sanfte Flüssigkeitszirkulation des Embryos findet einen rhythmischen Kern. Aus den Wirbelbewegungen und dem Blutstrom entsteht eine Pulsation. Und diese pulsierende Kraft des Flüssigkeitsstroms schafft ein eigenes Herz als »Sitz« all dessen, was die sich inkarnierende Individualität zum Ausdruck bringen will.

Löwe-Symbole

Der Löwe wird oft als unangefochtener Führer der Tierwelt betrachtet, als König der Tiere. Er ist also die lenkende Kraft, der Orientierungspunkt, so wie unser Herz unser individueller Orientierungspunkt ist und die Sonne der Orientierungspunkt für das Leben auf der Erde. Die Gleichsetzung von Löwe und Sonne findet man daher in vielen Kulturen. Auch in der Astrologie sehen wir diese Verbindung. Auf vielen alten astrologischen Abbildungen steht für die hell strahlende Sonne ein Löwe, oder die Mähne des Löwen strahlt wie Sonnenstrahlen.

Der Löwe repräsentiert also den Mittelpunkt allen Lebens. Er ist der König des Tierreiches, der König unseres eigenen Daseins – das Herz –, und auch der König unseres Weltalls, der Sonne. In dieser Symbolik steckt ein zweifaches Bild: der König mit dem Zepter und der König mit dem Schwert, d.h. der gerechte Herrscher und der ungerechte Tyrann. Diese Polarität manifestiert sich genauso im Löwen. Er ist eine lenkende Kraft, kann aber auch gefährlich sein. In der Bibel sehen wir beispielsweise, dass Gott oder Jesus als Löwe angerufen werden. Aber auch der Teufel wird als drohender Löwe bezeichnet.

In der esoterischen Überlieferung gibt es eine Geschichte, in der Christus als ein Löwe beschrieben wird, der mit seinem Schwanz die eigenen Spuren verwischt. Damit wird zum Ausdruck gebracht, dass Christus göttlichen Ursprungs ist, sich zugleich aber als Mensch darstellt und seine Göttlichkeit zurückhält. Wir als Menschen können uns an Christus spiegeln: Wir sind im irdischen Dasein zerrissene Wesen, die einerseits vor göttlicher Weisheit, Leit- und Lenkkraft und Liebe überfließen und andererseits vom Göttlichen abgeschlossen sind; wir haben vergessen, woher wir kommen und sind auf der Suche nach den eigenen Spuren.

Der Löwe wird auch oft mit Kraftproben assoziiert. Man denke an Daniel in der Löwengrube, der nur durch das Eingreifen Gottes gerettet werden kann. Wir kennen Samson und die Löwen und Herakles, der den Löwen besiegen muss. Auf dem spirituellen Schulungsweg wird das Stadium, in dem all jene Prüfungen bestanden werden müssen, die mit dem Triebleben zusammenhängen, als das »Reiten auf dem Tiger« bezeichnet. In diesem Stadium können wir unsere Triebe und Emotionen bewusst steuern. Es bedeutet nicht, dass wir die »Tiere« in uns töten oder sie unterdrücken, sondern dass wir ihre Kraft zur eigenen höheren Entwicklung benutzen können.

Die Folgen des Gefühls

Unser Ich erleben wir durch die Wärme, oft auch durch die Heftigkeit unserer Emotionen. Diese Emotionen können oben innerhalb unseres mittleren Gebiets liegen. Dann sind sie eher rational kontrolliert, sie neigen mehr zum Krebsbild hin. Sie können sich aber auch weiter nach unten hin orientieren, dann neigen sie eher zur Jungfrau-, Waage- oder sogar Skorpionseite. Man kann beobachten, dass bestimmte Menschen, die ihre Emotionen nicht bis in die Tiefe, bis in die Region des »Nächtlichen« hineindringen lassen können sondern in den höheren Regionen steckenbleiben, auch nicht tief durchatmen können. Sie lassen in der Tiefe keinen Atem zu, und auch ihre Stimme schlägt nach oben. Andere Menschen dagegen kommen nur schwer in diese Höhe. Interessant ist es, dass Sänger oft dahingehend geschult werden, den Einfluss ihres Körpers so wenig wie möglich hören zu lassen, während man gerade das Umgekehrte macht, wenn man versucht, die emotionalen Impulse in der Stimme durchklingen zu lassen. Je mehr man sich entspannt und je mehr Emotionen man im Klang zulässt, desto größer ist die Möglichkeit, dass man in dem Ton, den man hervorbringt, den eigenen Herzschlag hört – manchmal sogar bis in die Differenzierung der einzelnen Atrium- und Ventrikelkontraktionen.

Psychologisch gesehen ist das Herz der Mittelpunkt des Gefühls. Wenn wir auf der Suche nach den richtigen Impulsen sind, ist es weise, unser Herz wie einen Kompass einzusetzen. Das ist sehr schwierig, weil wir als Menschen immer gegensätzliche Gefühle, gegensätzliche Impulse oder Gedanken haben. Wie der Löwe sowohl König als auch Tyrann sein kann, so kann das Gefühlsleben klare Intuitionen hervorbringen, kann sich aber auch von jedem Windstoß mitreißen lassen. Es ist keineswegs selbstverständlich, dass wir das, was uns aus unserem Herzen zugeflüstert wird, wirklich ungetrübt hören. Wir sind es nun einmal gewohnt, eher unseren nüchternen Verstand als unser Herz arbeiten zu lassen. Oder wir schreiten sofort zur Tat ohne erst auf das zu hören, was unser Herz dazu sagt.

In der menschlichen Entwicklung lässt sich dieses Abhorchen und Abklären des Gefühls fast täglich wahrnehmen. In der Entwicklung des Kindes zeigt sich dies in der Phase, in der es immer stärker unsere Aufmerksamkeit verlangt. Das Kind hat es jetzt gelernt zu laufen und zu sprechen, es hat seine eigenen Sicherheiten erworben. Jetzt fordert es unsere Aufmerksamkeit beispielsweise dadurch, dass es sich bei den Mahlzeiten hervorzutun sucht, indem es dauernd mitten in die Gespräche der Erwachsenen hineinredet. Das ist nicht nur unangenehm für die Erwachsenen, sondern oft auch für die Kinder selbst. Wenn sie nach viel Quengelei (»Darf ich mal etwas sagen?«) die Aufmerksamkeit auf sich gelenkt haben, wissen sie oft nicht, wie sie diese Aufmerksamkeit festhalten sollen. Man hört sie vielleicht ernüchtert sagen: »Jetzt hab' ich's vergessen.« Der tyrannische Quengler wird wieder zum entwaffnend ehrlichen Gefühlsmenschen. Dies ist der Beginn der sich entwickelnden sozialen Fähigkeit, Aufmerksamkeit zu fordern, sie zu bekommen und sie dann auch festzuhalten.

Zu diesem Thema gehört auch die Erscheinung, dass man sich »anstellt«. Wir alle kennen Situationen, in denen ein Kind etwas unsanft behandelt wird und es daraufhin zu schreien beginnt, als würde es ermordet. Wenn man dann erschrocken fragt: »Was ist passiert?«, kommt die Antwort: »Huhu, meine Schwester hat mich auf den Kopf geschlagen!« Und wenn man dann weiter fragt: »Wo denn?« zeigt sich, dass es höchstens ein kleiner Stoß gewesen ist. Wir sollten begreifen lernen, dass Kinder in diesem Lebensalter ihr Gefühlsleben kennenlernen wollen; sie wollen ausprobieren, was sie damit alles bewirken können, sowohl in ihrem Innern als auch in ihrer Umgebung.

Da entsteht dann gleich die Frage, wie ernst wir Kinder nehmen müssen. Manchmal wird man es richtig machen und ernsthaft fragen, was passiert ist und dann etwa sagen: »Das ist wirklich sehr schlimm, ich kann mir vorstellen, dass du deswegen weinen musst oder dass du deswegen böse bist.« Man kann auch nachfragen, warum sich ein Kind freut: »Du bist ja so richtig fröhlich! Was ist passiert?« So arbeitet man dauernd am Gefühlsleben des Kindes, an einem Orientierungspunkt zwischen den verschiedenen Emotionen. Wenn man auf diese Weise das Gefühlsleben eines Kindes ernst nimmt, kann man in anderen Momenten, wenn es sich wirklich anstellt, auch sagen: »Stell dich nicht so an.« Das ist dann berechtigt, und damit hilft man dem Kind. Jedoch lässt es sich nicht vermeiden, dass man es auch immer wieder falsch macht indem man beispielsweise, auch wenn es etwas Ernstes ist, doch sagt: »Stell dich nicht an.« Man kann nie alles richtig machen. Das hat einerseits mit unseren eigenen Stimmungen und Gefühlen zu tun, aber auch mit der Art, wie ein Kind seine Gefühle äußert. Das eine Kind stellt sich nun einmal mehr an als das andere. Und bei solchen Kindern wird es uns vielleicht auch häufiger passieren, dass wir den falschen Ton treffen, wenn es wirklich ernst ist. Oder dass wir es ernst nehmen, während es sich anstellt.

Auf diese Weise bemühen wir uns darum, das Herz zum »maßgebenden« Organ umzugestalten. Von unserer Kindheit bis zum letzten Atemzug sind wir damit beschäftigt, die Seele als ein Instrument einzustimmen, das feine Unterschiede und Qualitäten wahrnimmt. Manchmal schweigt unser Herz, manchmal schreit es, manchmal gehen unsere Gefühle mit uns durch. Jeder Mensch hat andere Menschen nötig, um dieses Gefühlsinstrument immer sauberer zu stimmen: Partner, Freunde, Bekannte, Kollegen und so weiter. Jeder Mensch wird bei dieser »Abstimmung« auf seine Weise erleben, dass er als Individuum seiner Umwelt gegenüber steht. Immer gibt es Gefühle, die man nicht mit anderen teilen kann oder die von den anderen nicht anerkannt werden. Problematisch wird es erst dann, wenn man in einer Umgebung landet, in der man als Sonderling angesehen wird. Dann gerät man unter den Druck, seine eigenen Gefühle zu leugnen oder sie sich ganz abzugewöhnen. Dieses Thema tritt mit der zunehmenden Individualisierung der Menschen immer mehr in den Vordergrund. In unserer Zeit wird man immer häufiger mit der Frage konfrontiert: »Was ist normal?« Und: »Ist das Normale überhaupt gut für mich, ist es gesund für mich?« Das ist die große Gewissensfrage, die entsteht, wenn man als Individuum der Masse gegenüber steht. Dann muss man seine eigene Einsamkeit akzeptieren und auf das vertrauen, was einem das Herz zuflüstert.

Den andern verändern wollen oder sich selbst anpassen?

Menschen, die ihre eigenen Gefühle dauernd denen ihrer Umgebung anpassen, erleben wir oft als außerordentlich theatralisch. Sie können beispielsweise auf Befehl Tränen aus ihren Augen pressen, und zwar auf eine Art, dass man denkt: »Wie bringen sie es nur fertig? Das ist ja nicht zum Mitansehen!« Sie sind gleichsam große Kinder, die noch immer ihre Mitmenschen auffordern: »Suche den Kern meines Kummers durch all meine Unechtheit hindurch.« Das ist eine schwierige Aufgabe, weil diese Menschen sich oft sehr verwirrend darstellen. In einer äußeren Schicht zeigen sie eine reiche Skala von Emotionen, die aber immer etwas zu übertrieben geäußert werden, während man als Mitmensch eine Leere dabei empfindet und sich verunsichert fragt, welches Gefühl denn nun echt ist. Muss man einem solchen Menschen gegenüber nun ehrlicherweise sagen: »Worüber regst du dich eigentlich so auf?« oder: »Ich sehe, dass du weinst, aber das berührt mich nicht«? Oder muss man selbst auch so tun als ob und dem andern suggerieren, dass es einen doch berührt?

Als Psychotherapeut stehe ich bei solchen Menschen oft vor einem unlösbaren Dilemma. Wenn man das unechte Verhalten toleriert, fördert man ein falsches Abstimmen der Gefühle; sagt man aber ehrlich: »Du wirkst völlig unecht«, ist das so abwertend, dass der andere mit leeren Händen dasteht. Die etwas paradoxe Situation, die dadurch entsteht, ist oft der Beginn der Heilung: Der Schmerz über die innere Leere ist vielleicht zugleich das erste echte deutliche Gefühl. Man erlebt dann bei einem solchen Menschen geradezu komische Situationen, z.B. wenn er ausruft: »Ich finde es so schlimm, dass ich nichts fühle.«

Ein anderer Aspekt des tyrannischen Löwen wird bei den Menschen sichtbar, die innerhalb einer Gruppe stark die Aufmerksamkeit auf sich ziehen. Wenn man sie darauf hinweist, werden sie so wütend, dass sie sich fortan demonstrativ »unauffällig« verhalten oder einfach weglaufen. Das Problem liegt darin, dass sie den Mitmenschen auf diese Art immer in eine korrigierende Rolle zwingen und dadurch selbst nur sehr schwer aus der Einseitigkeit der emotionalen Dominanz herauskommen. Man kann dann leicht komische Situationen beobachten, wo sich solche Menschen auffallend schüchtern und schuldbewusst verhalten, aber dennoch – oder vielleicht gerade dadurch – doch wieder andere verwirren und belasten. Und doch lässt sich die Abstimmung des Gefühls Schritt für Schritt weiterführen, solange man als selbstverantwortlicher Mensch zum anderen selbstverantwortlichen Menschen liebevoll Kontakt zu halten versucht.

Egozentrik bei Kindern

Ein Ausspruch Rudolf Steiners, den ich besonders hoch einschätze, ist seine Antwort auf die Frage: »Wie erzieht man Kinder zu sozialen Wesen?« Seine weise Antwort lautete: »Indem man sie so egozentrisch wie möglich erzieht.« Denn ein Kind, das in sich selbst verankert ist, kann ganz allmählich seine Persönlichkeit ausweiten. Also gönnen wir den Kindern das Gefühl: »Dies ist *mein* Auto. Dies ist *meine* Puppe. Dies ist *meine* Limonade. Dies ist *mein* Vater. Dies ist *meine* Mutter. Dies ist *meine* Schwester. Dies ist *mein* Zimmer. Dies ist *mein* Haus. Dies ist *mein* Garten. Dies ist *meine* Straße. Dies ist *mein* Kindergarten. Dies ist *meine* Schule. Dies ist *mein* Dorf. Dies ist *meine* Stadt. Dies ist *mein* Land. Dies ist *meine* Welt.« Hierdurch weiten sich die Kreise um das Kind herum immer mehr, bis das Persönlichkeitserleben sozusagen in eine mystische Verbundenheit mit der Welt umschlägt.

Egozentrik kann sich zu Egoismus verhärten, wenn das Kind während der Zeit der Erziehung keinen festen Platz zugewiesen bekommt. Dann entsteht eine Polarität von Egoismus gegenüber Altruismus. Die Reinigung des Ego, die fortwährende Stärkung der Verbindung mit dem Erleben des eigenen seelischen Herzschlags: das ist der Kern der moralischen Entwicklung. Und diesen seelischen Herzschlag kann man nur über ein Gefühl stärken, das sich etwa so artikulieren würde: »Ich habe ein Recht, zu leben, mein Gefühl stimmt, mein Herz schlägt richtig.«

Zu allen Zeiten haben Menschen darunter gelitten, dass seelische Wärme fehlt. Heutzutage geraten immer mehr Menschen in eine verkrampfte Haltung, in der sie fortwährend zu sagen scheinen: »Ich komme schon allein zurecht!« Das ist im Prinzip eine legitime Reaktion, aber sehr oft setzen sich die Nachwehen dieser Reaktion allzu lange fort, so dass viele Menschen meinen, sie befänden sich immer noch in einer Zwangssituation, während sie schon lange wieder heraus sind. Sie haben das Gefühl, dass sie alles allein tun müssen, sehen dabei aber nicht, wieviele Menschen (und Engel!) ihnen voller Zuwendung beistehen.

Zu diesem Zusammenhang gibt es eine schöne Geschichte über einen niederländischen Tierpark. Dieser hat einen beträchtlichen Geldbetrag bekommen, wodurch man ein großes Felsengehege mit Eisschollen und kaltem Wasser für einen Eisbär anlegen kann. Der Zoo besitzt noch keinen Eisbär, aber zufällig hört man, dass ein Tierpark in Amerika einen loswerden möchte. Dieser Eisbär hat dort immer eine ganz kleine Behausung gehabt. Er wird unter Narkose gesetzt. Und man bringt ihn zu dem bereits in Bau befindlichen Platz, wo er bald wohnen wird. Er wird vorübergehend in einen kleinen Käfig mitten in dem Felsengelände untergebracht, und von dort aus darf er zuschauen, wie alles für ihn vorbereitet wird. In dem kleinen Käfig läuft er wochenlang hin und her, und inzwischen sieht er, was für ein prächtiges Gebiet für ihn angelegt wird. Als die Arbeiten beendet sind, wird der Eisbär wieder in Schlaf versetzt und der Käfig entfernt. Der Bär jedoch, wieder wach geworden, läuft in diesem prächtigen Paradies dieselben Quadratmeter hin und her wie in seinem Käfig.

Hier endet die Geschichte. In meiner Phantasie kommt jedoch ein Augenblick, an dem der Eisbär begreift, dass sich etwas verändert hat. Das ist der Sinn, aber auch die eigentliche Kunst des Lebens. Sie besteht darin, dass man lernt, die Veränderungen zu sehen. Es gibt Momente, in denen bestehende Überlebensstrategien veraltet sind. Und es gibt Momente, in denen man sich von Eigenschaften lösen kann, die man bis dahin als selbstverständlich erlebt hat. In meinen Augen ist es besser, einen Sprung in unbekannte Gefilde zu wagen, weil dadurch Veränderungen möglich werden. Oft aber hat man nicht den Mut, dem eigenen Herzen zu lauschen. Unser Herz kann uns erzählen, wie etwas auf uns wirkt, nicht nur, wenn wir recht bekommen, sondern auch dann, wenn wir versuchen, jene rechte »Abstimmung« zu erreichen, von der wir soeben sprachen. Wir müssen unser Herz einsetzen, wenn Menschen, die uns verletzt haben, sagen: »Ich habe es nicht verletzend gemeint.« Denn nur mit dem Herzen können wir hören, was diese Menschen eigentlich sagen. Und wenn wir dann mit unserem Herzen entsprechend hingelauscht haben, kann es sein, dass wir denken: »Das ist nun schon der dritte, der behauptet, dass eine solche Bemerkung nicht verletzend gemeint gewesen sei. Wie ärgerlich, dass ich es dennoch als verletzend erlebe. Ob es vielleicht doch an mir liegt? Muss ich etwas in mir selbst verändern?«

Dies kann man mit allem üben, was uns begegnet. Es beschränkt sich nicht auf Situationen, wo man sich verletzt fühlt, es kann sich um völlig anderes handeln. Wenn man etwas Bestimmtes in sich selbst entdeckt, an dem man nicht weiterkommt, kann man das Risiko eingehen, dies entsprechend zu äußern, denn dadurch entstehen neue soziale Fähigkeiten. Man kann ständig und überall üben. Wenn z.B. der Tramfahrer eine spaßige Bemerkung macht, die man nicht sogleich versteht, kann man ihn fragen: »Wie meinen Sie das?« Natürlich geht man dann das Risiko ein, sich lächerlich zu machen. Aber es verändert etwas in dem sozialen Geschehen. Man zeigt, dass man wirklich an dem interessiert ist, was der Tramfahrer sagte. Man kann beispielsweise auch auf der Straße umkehren, wenn es einem leid tut, einem Vorübergehenden, der etwas zu uns gesagt hat, keine Antwort gegeben zu haben, und kann ihm noch nachträglich antworten. Mit dieser Art von Dingen geht man das Risiko ein, sich lächerlich zu machen, aber man bringt auch Schwung ins Leben. Und zwar nicht nur ins eigene, sondern in den gesamten sozialen Organismus.

Einer der Menschen, von denen ich auf diesem Gebiet viel gelernt habe, war Gerda Moes, eine alte anthroposophische Hausärztin, die bis vor einigen Jahren in Amsterdam arbeitete. Sie konnte Sitzungen auf den Kopf stellen, indem sie ganz offen sagte: »Jetzt verstehe ich gar nichts mehr«, wenn Ärztekollegen ihre Theorien dargelegt hatten. Wenn sie mit ihren wissenschaftlichen Erklärungen fertig waren, konnte Gerda ganz trocken fragen: »Kannst du das noch einmal erklären? Ich habe es überhaupt nicht verstanden.« Sie war eine Art enfant terrible der Gruppe. Aber für sehr viele Menschen war sie auch ein Vorbild, indem sie jedes Mal die unausgesprochenen Dinge aussprach: »Sagt mal, was entsteht hier doch jedesmal für eine unangenehme Stimmung«, oder: »Man hat den Eindruck, als hättet ihr alle Angst vor ihm.« Das schuf Raum.

Es gab der Gruppe einen neuen Impuls. Erfreulicherweise übernehmen jetzt, wo sie nicht mehr an den Konferenzen teilnimmt, andere ihre Funktion. Ich selbst habe es auch schon getan. Ich dachte dann: »Gerda hätte jetzt etwas gesagt, also will ich es auch einmal wagen.« Derlei einfache Dinge schaffen Raum für ein Gefühl, aus dem Lebenskraft entsteht.

Das Symbol des Wassermanns

Das Bild des Wassermanns steht dem des Löwen gegenüber. Diese Polarität ist durch die *zentripetale* Bewegung beim Löwen gegenüber der *zentrifugalen* Bewegung beim Wassermann gekennzeichnet. Der Löwe repräsentiert, wie ausgeführt, das Prinzip des Herzens. Der Wassermann lässt alles von diesem Herzen aus fortströmen. Es ist die Polarität des Herzens gegenüber dem Blutgefäßsystem. In der Psyche ist es das «Ich«-Erleben des Löwen gegenüber dem Bewusstsein vom »Anderen« im Wassermann; aber auch die Polarität der feurigen Leidenschaft gegenüber der erhabenen Devotion. Der Wassermann repräsentiert das zur Ruhe gekommene Wegschenken gegenüber dem feurig dominierenden Löwen.

Das Symbol des Wassermanns besteht aus zwei parallel verlaufenden Wellen. Sie repräsentieren das strömende Wasser, ein Bild des Ausgießens der eigenen Vitalität. Man kann es aber auch so betrachten, dass es zwei Ströme sind, die einander entgegenfließen: der eine vom Schenkenden fort, der andere zu ihm hin:

Crystalline brother of the belt of heaven,
Aquarius! To whom King Jove has given
Two liquid pulse-streams
'stead of feathered wings.

John Keats

In Abbildungen des Wassermanns sehen wir meistens einen Menschen, der einen großen Krug ausgießt; zwei Ströme gießt er in das Wasser, in dem er selber steht. Der Wassermann leert sein Gefäß in den Quell; er gibt dem Quell das Wasser zurück. Auf einigen mittelalterlichen Abbildungen kommen die beiden Ströme wieder zusammen und kehren dann in großem Bogen zum Spender zurück.

Im Körper herrscht der Wassermann in den Unterschenkeln. Die Beziehung zum Herzen ist gut zu verstehen, wenn man sich ansieht, wie ein Ödem zustandekommt. Das Herz kann seine ansaugende Tätigkeit nur unvollkommen ausüben, und die Unterschenkel füllen sich mit Flüssigkeit und schwellen an. Ein anderes Bild zeigt die Beziehung der Unterarme zum schenkenden, ausschenkenden Wassermann: Wenn wir beim Roten Kreuz Blut spenden, entblößen wir den Unterarm, und in die Armbeuge wird eine Nadel gestochen. Das dramatischste Wassermannbild entsteht, wenn ein Mensch sein Leben Gott zurückgibt und sich die Schlagadern öffnet.

Als Naturbild finden wir den Wassermann im Kreislauf des Bergbaches wieder, der zum Fluss wird, und im Fluss, der in den großen Ozean mündet, Quell und Bestimmungsziel zugleich. In der griechischen Mythologie finden wir für Aquarius die Ge-

---

Kristallener Bruder des Himmelbogens,
Aquarius! dem König Jupiter
Zwei flüssige Puls-Ströme verlieh
Statt gefiederter Flügel ...

schichte des bildschönen Jünglings Ganymedes. Da Zeus tief beeindruckt von dessen Schönheit ist, entführt er ihn auf den Olymp, wo er fortan den Göttern Nektar ausschenkt. Hier erscheint das doppelte Bild, wie etwas an den Quell zurückgeschenkt wird: Zunächst einmal ist es der Gott, der so von einem seiner eigenen Geschöpfe beeindruckt ist, dass er es wieder zu sich nimmt; zum zweiten das wörtliche Ausschenken des Nektars an die Götter.

Hiermit sind wir an das zentrale Dilemma des Wassermanns gelangt, an die Frage nämlich, wann ein Geschenk freiwillig und wann es erzwungen ist. Die Entführung des Ganymedes zeigt, dass man Opfer der eigenen Schönheit werden kann. Der griechische Name »Ganymedes« bedeutet soviel wie »sich an den Geschlechtsorganen erfreuen«. Später im Lateinischen wird es zu »Catamitus«, was soviel wie »Buhler« bedeutet.

In Goethes »Faust« wird dieses Thema anhand der beiden Frauen, in die sich Faust im Laufe seines Lebens verliebt, ausgestaltet: Gretchen und Helena von Troja. Beide Frauen üben eine unwiderstehliche Anziehungskraft auf den Mann aus und beide scheinen mehr Nachteile als Vorteile aus ihrer eigenen Schönheit zu ziehen. Helena wird schon im zehnten Lebensjahr entführt, weil sie die schönste Frau der Welt ist. Und schließlich wird sie – ohne dass sie es selbst weiß – zum Bestechungspfand für Paris, der sie aus ihrem ehelichen Haus in Sparta nach Troja entführt. Ein zehnjähriger Krieg bricht aus, um die schönste Frau der Welt dem Menelaos wiederzugewinnen, wobei gar nicht feststeht, ob er ihr vergeben oder sie bestrafen wird.

Gretchens Schicksal ist besiegelt, als Faust sie bittet, ihrer Mutter heimlich ein Schlafmittel zu geben, so dass sie die Nacht ungestört miteinander verbringen können. In ihrer blinden Bereitschaft, sich Faust hinzugeben, stimmt Gretchen zu und mischt das Schlafmittel – beziehungsweise das Gift – in den Trank der Mutter. In derselben Nacht, in der sie – unverheiratet – ihre Jungfräulichkeit verliert, stirbt ihre Mutter an der Überdosis des Schlafmittels. Kurz darauf tötet Faust in einem Duell Gretchens Bruder, der im Sterben Gretchen als Hure beschimpft. Aus Schuld und Scham wird sie wahnsinnig, tötet ihr Kind und wird zum Tode verurteilt. Faust versucht sie aus dem Kerker zu retten, aber sie weigert sich, weil sie für ihre Fehler büßen will. Der erste Teil des »Faust« schließt mit der Stimme Gottes aus dem Himmel, die verkündet, dass sie gerettet sei; ihre Sünden sind ihr also vergeben. Die Frage bleibt natürlich: Was kann man Gretchen eigentlich vorwerfen? Wie hätte sie sich als unschuldiges vierzehnjähriges Mädchen gegenüber einem alten lebenserfahrenen Mann, der außerdem Hilfe vom Teufel selber bekommt, behaupten sollen?

Geben und Nehmen, Gebrauchen und Missbrauchen

Kleine Kinder schäumen über vor Vitalität und unverbrauchter Schönheit. Sie sind zu einer tiefen, bedingungslosen Liebe zu ihren Eltern fähig. Man könnte sagen: Sie sind begabt fürs Geben und Vergeben. Es ist nicht verwunderlich, dass Erwachsene Kinder so leicht gebrauchen und missbrauchen können. In vielen Kulturen ist es üblich, dass man sich viele Kinder »anschafft«, um auf diese Weise billige Arbeitskräfte und eine garantierte Versorgung im Alter zu haben. Auch die katholische Kirche wird manchmal beschuldigt, die Empfängnisverhütung aus dem politisch-strategischen Gedanken zu verbieten, durch viele katholische Seelen die Macht der Kirche zu erhalten. Auch in heutigen Zeit haben wir das moralische Dilemma: Wann sollten sich die Menschen Kinder »anschaffen« dürfen? Welche Motive stehen hinter der Gründung einer großen Familie? Tun wir es für die Kinder oder tun wir es für uns selbst, damit wir uns als Löwe mit all der »kleinen Grütze« um uns herum wohlfühlen? Was tun wir, wenn wir uns Kinder »anschaffen« und uns eigentlich nicht genug um sie kümmern können?

Der Missbrauch schleicht sich ein, wenn ein Kind für Intimitäten herhalten muss, die sich die Eltern gegenseitig nicht geben können: hinwendungsvolles Zuhören, sanftes Streicheln, im schlimmsten Falle Sex. Es ist ein sehr charakteristisches Phänomen, dass Opfer von sexuellem Missbrauch sich oft schuldig fühlen – schuldlos schuldig. Auch Kinder, die wegen ihrer Tüchtigkeit vorgezogen werden, fühlen sich oft schuldig. Es ist, als würden sie die Aufgabe des verantwortlichen Erziehers übernehmen, weil dieser sie vernachlässigt. So verschwindet Faust nach der ersten Liebesnacht und sucht Gretchen erst wieder auf, als sie sich, vor Schuldgefühl wahnsinnig geworden, im Kerker befindet und auf ihre Hinrichtung wartet.

Die große Kunst, Kinder das freie Schenken zu lehren, besteht folglich darin, dass wir als Erwachsene ihnen Zeit zum Reifwerden geben und uns in unserer Aufmerksamkeit heischenden Löwehaltung im Zaum halten. Auf die Weise bekommt der Mensch den notwendigen Raum, um auf das freie Schenken zuzuwachsen. Hiermit will ich sagen, dass ein Geschenk erst dann frei ist, wenn es aus *emotionaler Reife* heraus gegeben wird. Außerdem muss die Möglichkeit vorhanden sein, es gegebenenfalls auch nicht zu tun. Oft ist dies gerade nicht der Fall, weil insgeheim mit der Forderung, altruistisch zu sein, Druck ausgeübt wird. Solange wir einander moralisierend begegnen, geben wir uns nur eines: Schuldgefühl. Angelernter oder aufgezwungener Altruismus macht sowohl den Gebenden als auch den Empfangenden weniger frei. Das gilt im Zwischenmenschlichen, aber auch für die Beziehung zwischen dem Individuum und seinem Gott. Solange wir unseren Gott als eine strafende und rächende Macht ansehen, ist auch unsere Verehrung aufgezwungen. In dem Maße, in dem ein Mensch reifer und freier seinem Gott gegenüber stehen kann, wird auch das Anbeten freier. Auf die Art kann das religiöse Erlebnis zum Opfer der höchsten Substanz werden, wozu ein Mensch fähig ist, zu *Dankbarkeit.* Auch im zwischenmenschlichen Umgang ist eines der schönsten Geschenke die wirklich dankbare Reaktion, die man von jemandem empfangen darf, dem man etwas geschenkt hat.

Das Gleichgewicht zwischen Geben und Nehmen

Die Spannung von Löwe und Wassermann hat also etwas mit dem paradoxen Verhältnis von Geben und Nehmen zu tun. Wenn man genug genommen hat, fällt das Geben leichter. Und das Nehmen fällt leichter, wenn man genug bekommt. Mitten dazwischen bewegt sich das Prinzip der Freiheit. Wie funktioniert das Geben und Nehmen bei Menschen, die zusammenarbeiten? Man kann vielleicht eine ganze Menge für andere tun. Aber beginnt man dann nicht, an diesen anderen zu saugen? Und geht man als Lehrer nicht lieber regelmäßig ins Kino, anstatt den Unterricht vorzubereiten? Oder gestattet man sich das nicht und unterrichtet solange, bis man umfällt? Und wirft man dann der Schule vor, man habe keine Zeit dazu, sich zu entspannen? Kann man als Therapeut außerhalb der Therapiearbeit Spaß am Leben haben? Oder lebt man so mit seinen Klienten mit, dass man dabei zugrundegeht? Das alles heißt, nicht in Freiheit geben.

Ich behaupte nicht, es sei hier eine erschöpfende Antwort möglich, denn wir sind als Menschen unvollkommen. Man muss damit auch nicht unbedingt bewusst umgehen und man kann sich nicht immer damit belasten. Man kann durchaus versuchen, einfach nur zu überleben und froh über jedes bisschen Liebe zu sein, das man gibt oder empfängt. Es ist einfach eine Tatsache, dass viele Menschen erschöpft sind von allem, was sie geben. Sei es nun in der Familie oder am Arbeitsplatz, immer ist Erschöpfung ein Zeichen für ein Schenken, das über die eigenen Grenzen hinausgeht. Damit gibt oder schenkt man aber letztlich nur Schuld, denn die Erschöpfung bewirkt, dass man an dem zu saugen beginnt, der etwas von einem empfangen hat.

Aber nicht nur das Schenken kann etwas Zwingendes haben. Auch das Empfangen kann unfrei machen. Es wird dann zu einem Zustand, in dem man vom anderen Aufmerksamkeit verlangt, zu einem Einfordern von Aufmerksamkeit, dem dieser sich nicht entziehen kann. Ein Mensch, der immer wieder neu Aufmerksamkeit einfordert, der immer wieder darum bittet, man möge ihn doch beachten, kann andere sehr unfrei machen. Das ist die andere Seite der Unfreiheit.

Hier landen wir in unlösbaren Problemen, wie wir ihnen auch bei den Fischen begegneten. Das Dilemma lässt sich etwa so formulieren: »Ich will von niemandem etwas. Ich will niemandem Schuldgefühle verschaffen. Ich will gar nicht mehr da sein.«

Es ist die Illusion, ohne Schuld bleiben zu können; dies ist im menschlichen Dasein jedoch unmöglich. Man kann nicht ohne

Schuld leben, also kann man auch nicht ohne Schuld aus dem Leben aussteigen. Es geht in diesem Leben gar nicht darum, fehlerlos und problemlos zu bleiben. Im Gegenteil: Es geht gerade darum, dass wir uns trauen, unsere Hände schmutzig zu machen und dass wir uns trauen, aus unseren Fehlern zu lernen. Was bauen wir mit den »Geschenken« auf, die wir verteilten, an denen wir aber vorher ein »Preisschild« befestigt hatten? Und was bewirken wir, wenn wir auf eine unfrei machende Weise Aufmerksamkeit von jemandem fordern?

Ich habe bereits dargestellt, dass man im Empfangen zum Schenkenden werden kann. Ein Mensch, der die Kunst des Empfangens versteht, ist ein Freudebringer. Empfangen wird dann zum Schenken von Freude. Die heilende Seite des Nehmens ist beispielsweise das Übernehmen von *Verantwortung*. Hier liegt eine Möglichkeit, auf einen bestimmten Bereich der menschlichen Realität so zu antworten, dass man sagt: »Ich mache das zu meinem Problem. Ich nehme hier das Steuer in die Hand. Ich übernehme dafür die Verantwortung«. Dann wandelt sich auch das Prinzip der Schuld in das freimachende Prinzip der Verantwortung.

Hier liegt auch die Entwicklung der entsprechenden Tugend beim Löwen. Aus der Schulung des Gefühlslebens entsteht die Möglichkeit zur Empathie, zum Mitleiden mit einem anderen Menschen. Eine Stufe höher gelangt man, wenn man das Ich zu einer Instanz wandelt, die Verantwortung übernimmt, zu einer Liebe gebenden Kraft. Um es im Sinne Nietzsches zu sagen: Eine Tat, die aus Liebe vollzogen wird, steht über Gut und Böse. – Die Tugenden, die im Bereich des Wassermanns entwickelt werden, hängen mit der inneren Reinheit dessen zusammen, was geschenkt wird. Nach der einen Seite bedeutet dies, dass man jemandem Vertrauen schenkt, nach der anderen, dass man zuverlässig und diskret ist. Wenn die Kräfte, die sich zwischen Quelle und Umkreis hin und her bewegen, auf die höchste Ebene gehoben werden, entsteht die *Meditationskraft*, in der Quelle und Ziel zusammenfallen.

Am Ende steht die Kunst des Vergebens und des Darreichens. Der Unterschied zwischen bloßem Geben und Darreichen liegt in den unterschiedlichen Haltungen. Ich kann jemandem etwas aufdrängen oder ihm die Möglichkeit zu etwas bieten. Beim Vergeben handelt es sich um einen langen Prozess der eigenen Entwicklung, in dessen Verlauf man seine Vorwürfe zum Erlöschen bringt. Dies ist keine einmalige Tat, es ist ein Schulungsweg. Sobald man dazu gezwungen wird, ist es kein Vergeben in Freiheit mehr – erzwungene Vergebung nagt innerlich immer weiter.

Eines der grundlegenden Prinzipien, die beim Arbeiten an der eigenen Biographie eine Rolle spielen, ist jenes, dass in der Seele eigentlich immer ein »unterirdisches Feuer« schwelt. Wenn man von sich selber verlangt, etwas zu vergeben und zu vergessen, so dass nichts mehr davon in der eigenen Persönlichkeit nagen kann, so hat man eine zu naive Haltung gegenüber dem Vergeben. Man sagt dann: »Das Vergeben ist eine einmalige Tat, und dann muss es auch vorbei sein.« Die Realität zeigt, dass es anders ist. Sie lehrt, dass die Persönlichkeit durch Fehler der Mitmenschen derartig verwundet wird, dass die Wunde bleibt. Nur wenn man sich diese Wunde ganz zu eigen macht, indem man sie als einen Teil seiner selbst erlebt und aus dieser Haltung heraus sich immer wieder mit ihr beschäftigt, entsteht ein Vergebungsprozess. Wenn man bemüht ist, sich sein Schicksal ganz zu eigen zu machen und den »Täter«, der dies Schicksal bewirkt hat, auf seinem Platz belässt, kann man diesem Täter vergeben. Ich meine damit nicht, dass man es beschönigen oder sich einbilden soll, es zähle nicht mehr, sondern dass man ganz allmählich seinen eigenen Weg mit der Wunde geht und den Täter auch seinen eigenen Weg gehen lässt. Eine typisch menschliche Eigenschaft ist es natürlich, dass uns das Vergeben leichter fällt, je mehr wir selber andern Menschen gegenüber auch Fehler begangen haben.

Ich möchte damit sagen, dass Menschen sich zwar gegenseitig verwunden, dass es aber von einem bestimmten Moment ab nicht mehr wichtig ist, wer die Wunde verursacht hat und wie sie verursacht worden ist. Es geht um den Heilungsprozess. Der kann immer mehr in den Bereich unserer eigenen Verantwortung kommen. Und dadurch können wir lernen zu vergeben. Die zwingende Forderung: »Ich muss das vergeben« kann man dann allmählich loslassen. Man lernt nun einsehen, dass alles, was uns angetan worden ist, auch mit unserer eigenen Entwicklung zusammenhängt. Und diese Einsicht erleichtert den Prozess der Vergebung. Oder um es mit den Worten des sterbenden Faust zu sagen:

> Nur der verdient sich Freiheit wie das Leben,
> Der täglich sie erobern muss.
>
> *Goethe*

II
Erscheinungsformen

Der Zusammenhang der Tierkreiskräfte mit der menschlichen Entwicklung

Der Zusammenhang der zwölf Bilder untereinander

Um den polaren Charakter der Thematik zum Ausdruck kommen zu lassen, habe ich immer die beiden im Tierkreis einander gegenüberliegenden Zeichen im Zusammenhang behandelt. In diesem Kapitel werde ich die Bilder in der Reihenfolge behandeln, in der sie in den Tierkreis aufgenommen worden sind. Dies ist zugleich die Reihenfolge, in der die einzelnen Tierkreisbereiche im Laufe der Entwicklung eines Menschen auf die verschiedenen Teile seines Körpers einwirken.

Unten (s. Abb. auf S. 228) ist der Kreis mit den Zeichen des Tierkreises abgebildet, und zwar in der Anordnung, wie ich persönlich mit ihnen arbeite. Kenner der Astrologie werden sich zunächst daran gewöhnen müssen, weil ich in umgekehrter Reihenfolge mit dem Kreis umgehe. Auf der horizontalen Achse steht Waage–Widder und dann geht es im Uhrzeigersinn weiter. Oben steht der Krebs und unten der Steinbock. Wenn man den Kreis auf die Weise betrachtet, kann man sich auch räumlich ein Bild der dominanten Zeichen im Sommer bzw. im Winter verschaffen. Beim Widder sieht man die Sonne durch das Tor des Frühlings aufsteigen, beim Krebs ihren Höhepunkt erreichen und bei der Waage wieder durch das Tor des Herbstes gehen und sich unten in der Erde mehr verinnerlichen.

Bevor ich die zwölf Bilder einzeln vorbeiziehen lasse, weise ich schon auf die zweite Abbildung hin: den Tierkreis mit einem darin eingezeichneten Embryo. Hier ist dargestellt, wie die Sternbilder von allen Seiten und in jedem Moment Einfluss auf die Entwicklung des Kindes nehmen. Auf der Zeichnung steht jedes Bild so nah wie möglich bei dem Teil des Körpers, auf den es primär seinen Einfluss ausübt.

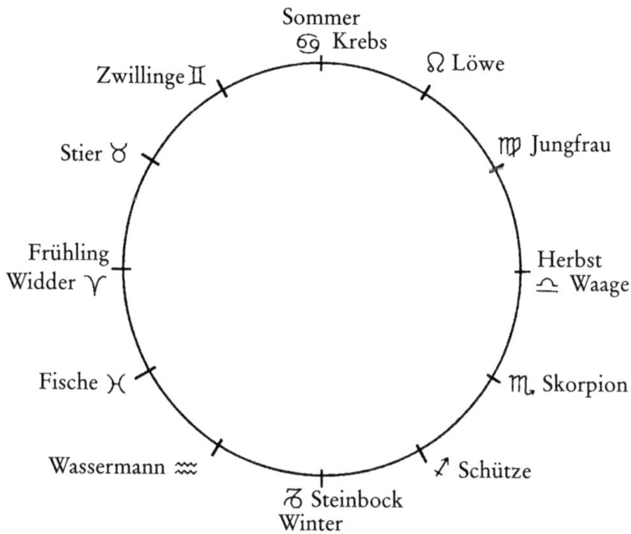

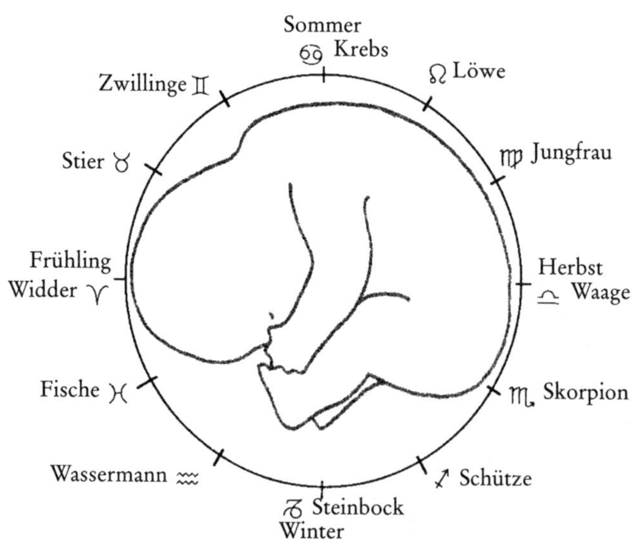

Wenn der Mensch erwachsen ist und sich vollständig »ent-wickelt« hat, fügen sich die Bilder »automatisch« in die entsprechenden Körperbereiche. Ich verwende die bekannte Zeichnung des aufgerichteten Menschen von Leonardo da Vinci, um anzugeben, welche Teile des Körpers mit den verschiedenen Sternbildern übereinstimmen. Der Mensch nimmt seinen Körper in *vertikaler* Reihenfolge in Besitz. Das Fische-Bild hat hierbei eine doppelte Funktion: es öffnet und es schließt ab. Wir beginnen unser Leben in der Gebärmutter, wir inkarnieren uns zuletzt in den Händen und Füßen, und nach dem Tode treten wir wieder in den Fischezustand ein.

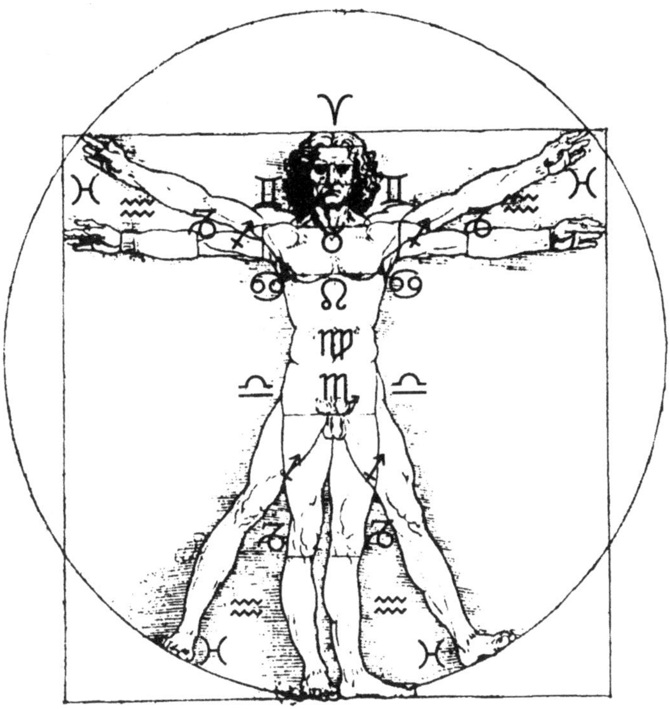

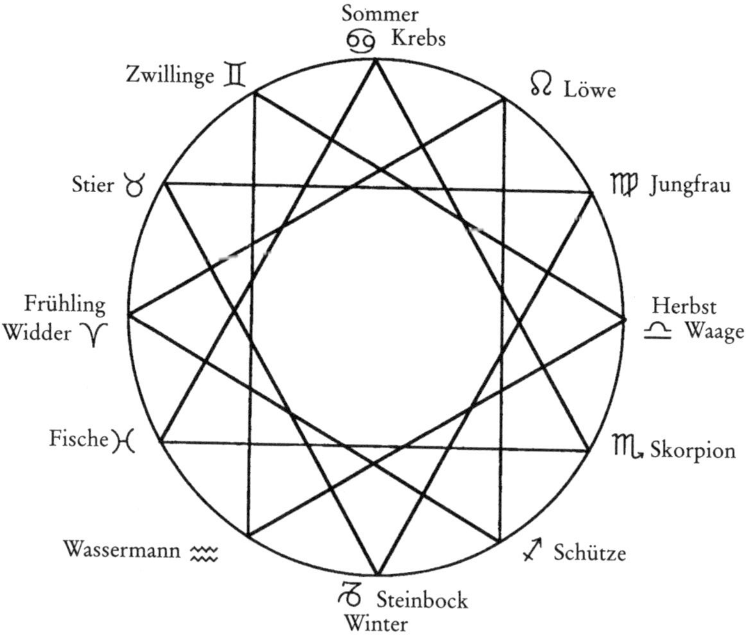

In der obigen Abbildung sehen wir vier Dreiecke in den Tierkreis eingezeichnet. Diese Dreiecke verbinden jeweils die Tierkreiszeichen, die aus der Sicht der vier Elemente Erde, Wasser, Luft und Feuer miteinander in Beziehung stehen.

Als erstes ist es das Dreieck, das durch die Fische, den Krebs und den Skorpion gebildet wird. Diese drei Zeichen sind die *Wasserzeichen*. Die Fische hängen mit dem Gebärmutterstadium zusammen. Das Wasserelement in den Fischen ist also etwas noch »Unirdisches«, es ist vorgeburtliches Wasser, das reine, saubere Fruchtwasser. Im Krebs ist dieses Wasser zur irdischen Wassersubstanz »verdichtet«. Und im Skorpion ist das Wasser so stark komprimiert, dass es zu Gift geworden ist – aber nicht nur zu Gift, sondern auch zu Samen. Und durch diesen Samen kann neues Leben erweckt werden, woraufhin wieder das Fischestadium eintritt. In diesem

Sinn bilden die Fische sowohl den Anfang als auch das Ende der Wassermetamorphose.

Das zweite Dreieck wird vom Widder, Löwen und Schützen gebildet. Dies sind *Feuerzeichen.* Im Widder begegneten wir dem ersten Wärmeimpuls, es ist das primitive Feuer der ersten Tat. Im Löwen hat sich diese Wärme zu Herzenswärme metamorphosiert, und im Schützen zum feurigen Wahrmachen der Ideale. Das Feuer metamorphosiert sich hier in doppelter Weise. Einerseits geht es um die Verfeinerung aus einer groben, explosiven Impulskraft zu einem gezielteren, innerlichen Feuer; andererseits handelt es sich auch um eine Differenzierung. Im Widder sind Tat und Gedanke noch eins, beim Löwen bekommt das Feuer Farbnuancen, beim Schützen leuchtet ein hohes geistiges Licht, das in die Wärme der Tat umgesetzt wird. Das Feuer ist somit in seine Essenz und seine Konsequenz auseinandergefallen.

Das dritte Dreieck liegt zwischen dem Stier, der Jungfrau und dem Steinbock. Dies sind die *Erdzeichen.* Im Stier treffen wir den noch ungeformten Willen an. Es ist das äußerst plastische Stadium des Erdelementes. Dann findet eine Transformation zum gestalteten Willen der Jungfrau statt. Und im Steinbock schließlich wandelt sich die Erdsubstanz bis zur Aufhebung der irdischen Form auf einer spirituellen Ebene und wird zur Askese. Die Form kann im Steinbock jedoch auch bis zur Erstarrung übertrieben werden. Wie sich das Wasser anstatt zur lebenspendenden Flüssigkeit – dem Samen – zu Gift wandeln und das Feuerelement, anstatt zu Idealismus zu werden, in Wut und Triebhaftigkeit verfallen kann, so kann das irdische Element im Steinbock auf materiellem Gebiet ins Extrem verfallen, und zwar in einen nichts und niemanden verschonenden Ehrgeiz.

Das letzte, vierte Dreieck verbindet die Zwillinge, die Waage und den Wassermann miteinander, die drei *Luftzeichen.* In diesen Zeichen findet die Transformation des Luftelementes statt. In den Zwillingen ist die Luft nur die Basis der spielerischen Beweglichkeit, des Flüchtigen, Luftigen. In der Waage wird es irdische Luft, in der wir atmen, in der wir uns im Gleichgewicht halten. Im Wassermann erscheinen die geistigen Aspekte des Luftelements. So wie wir in einem fortwährenden Atmungsaustausch mit der Pflanzenwelt stehen, so atmen wir auch einer des andern Luft ein und aus. Die Luft der Wassermannebene ist zu einer Kommunikationssubstanz geworden, zu etwas, womit wir einander inspirieren. Dazu gehört auch das Aushauchen des letzten Atems. Dann geben wir die Frucht unserer Erdenerfahrungen unserem Ausgangsquell zurück.

Diese kurze Charakteristik der Tierkreiszeichen in Beziehung zu den vier Elementen sind nur Hinweise auf eine Materie, über die Astrologen mehr sagen können. Ich wollte hier nur in einigen Bildern die Transformation der Elemente innerhalb des Tierkreises andeuten.

Fische: die Gebärmutterphase

Ich beginne wieder mit den Fischen, einerseits, weil wir uns momentan im Zeitalter der Fische befinden, andererseits, weil sich die Gebärmutter-Zeit unter dem Zeichen der Fischeweisheit abspielt. Die Grundbedeutung des Fischethemas ist die Suche nach einem festen Platz. Die Gebärmutter ist der »Urort« des Menschen. In der Psychotherapie begegnet man diesem Motiv, wenn ein Mensch sehr ängstlich wird, wenn er das Leben abstoßend findet oder wenn er sich mit dem Tod beschäftigt. Dann zieht sich der Leib in die embryonale Haltung zurück. Man beobachtet die Sehnsucht nach dem Vorgeburtlichen, nach einem nur geistigen Dasein. Diese Sehnsucht nach dem Urzustand und manchmal sogar danach, bis durchs Tor der Geburt zurückzugehen, ist eines der zentralen Themen des Menschenleben. Darauf basiert alles Heimweh.

Die Fische sind das Bild dafür, dass man immer in Bewegung ist und bleibt. Hier liegt ein Quellmotiv der Romantik: Das Glück ist da, wo man nicht ist. Es ist diejenige Kraft in uns, die es uns schwer macht, uns zu binden. Wenn man sich zu stark mit dem Fischethema identifiziert, kann man im Extremfall auch in generelle Bindungslosigkeit geraten. Bernard Lievegoed hat zwei mögliche Bewegungen beschrieben, wie dies aussehen kann. Er beschreibt zwei Tore, durch die der Mensch flüchtet, wenn er sich nicht im Leben auf der Erde verankern kann: das Tor der Geburt und das Tor des Todes. Der einen Seite (dem Pol der Geburt) ordnet er die Magersucht, das Anorexia-Bild zu: Man will immer dünner, gewichtsloser und fehlerloser werden, bis man so leicht wird, dass man fast wieder in der vorgeburtlichen Phase ankommt. Der anderen Seite (dem Todespol) ordnet er das zu, was er das Psychopathenbild nennt: Man sucht immer nach derartig gefährlichen Situationen, dass man auf einen Schlag seine gesamte Lebenskraft verlieren könnte, weil man beispielsweise Geschwindigkeitsfanatiker ist oder sich gern in gefährliche Gegenden begibt. Der Weg durch diese beiden Tore treffen auf der anderen Seite des irdischen Daseins zusammen, im zeitlosen Stadium des Vorgeburtlichen und des Nachtodlichen.

Die Bereiche des menschlichen Körpers, die zu den Fischen gehören, sind die Füße und die Hände. Mit unseren Füßen stehen wir auf der Erde. Aber wir können mit ihnen auch etwas von uns wegtreten, den Kontakt also abbrechen. Mit unseren Händen stellen wir den Kontakt zu anderen Menschen her, und wir halten Gegenstände mit ihnen fest. Aber wir können auch andere Menschen mit unseren Händen wegstoßen und Dinge wegwerfen. Es sind die Bereiche des Körpers, die primär mit physischem Binden und Lösen zu tun haben. Die Tugenden, die ebenfalls mit der Bindungsthematik zusammenhängen, sind große Flexibilität und Beweglichkeit, aber auch die *Großmut*. Wenn es uns gelingt, uns mit Menschen oder anderen Anschauungen der Welt zu verbinden und sie zugleich auf eine Art freizulassen, die sie nicht zwingend bindet, wird die Großmut zur *Liebe* erhöht.

Widder: der Augenblick der Geburt

Das Unbestimmte und Ambivalente der Fische verschwindet beim Widder. Dieser führt uns durch den Geburtskanal, und da gibt es keinen Weg zurück. Während der Geburt manifestiert sich erstmals Tatkraft, Initiative. Und in dem Augenblick, in dem man die erste Initiative ergreift, stößt man sich gewissermaßen mit dem Kopf in die Welt hinein. Der Kopf – und vor allem die Stirn – ist daher auch die Körperregion, die zum Widder gehört. Der Kopf ist in der ersten Zeit auch der einzige Teil des Körpers, den ein Baby steuern kann. Mit seinen Armen und Beinen macht es unkontrollierte Bewegungen. Und auch seine Ausscheidungsorgane hat es noch nicht unter Kontrolle. In der Wiege liegt ein Wesen, das eigentlich nur seinen Mund regieren kann.

Nach und nach lernt es dann auch gezielt sehen und hören: Die anderen Teile des Kopfes fangen an zu arbeiten. Erst nach einiger Zeit erlebt sich ein Kind auch tiefer in seinem Körper, inkarniert es sich tiefer. Der Widder hängt mit inkarnierender Tatkraft und Initiativkraft zusammen. In diesem Sinne hat der Widder auch eine Beziehung zum Sprechen: »Das Wort« war diese erste Tat des Schöpfers. »Im Urbeginne war das Wort.« Und der Mensch hat sich die Tatkraft zu eigen gemacht. Aber ein Mensch kann in seiner Tatkraft auch übers Ziel hinausschießen. Dann kann er nicht mehr auf das hören, was andere Menschen ihm zu sagen haben, er kann das Gefühl für Grenzen verlieren und will um jeden Preis seinen Eigenwillen durchsetzen. Das ist die negative Seite des Widders. Neben der stark ausgeprägten Fähigkeit Initiative zu ergreifen wird im Widder aber auch die der Ehrfurcht vor dem Größeren entwickelt. Wenn jemand nämlich gewohnt ist, bei den meisten Menschen keine Grenze zu respektieren und dann auf einen trifft, der den Expansionsdrang zügelt, kommt er zur Ruhe. Es bewirkt die Anerkennung der größeren Kraft des anderen, die sich als die seelische Fähigkeit von Zuneigung und Respekt äußert. Im Älterwerden kann diese Tugend sich zu einem immer stärkeren Zurücknehmen der eigenen Kräfte umwandeln, damit andere die Möglichkeit haben, die Initiative zu ergreifen. Dann entwickelt man die Tugend der *Opferkraft*.

Stier: erstes Atmen und erste Nahrung

Das Symbol des Stiers habe ich oben als einen Widder mit einem Mund beschrieben. Der Stier beherrscht tatsächlich den obersten Bereich des Stoffwechsel- und des Atmungsgebietes: den Kehlkopf, die Speiseröhre und die Luftröhre. Dem Stier begegnen wir mit dem ersten Atemzug. Im Zeichen des Stieres offenbart sich der Stoffwechsel. Zuerst ereignete sich die Tat der Geburt, und dann wirkt im Stier das tragende Prinzip, das diese Tat weiterentwickelt – so, wie jede Initiative gepflegt und genährt werden muss, damit sie nicht mit den ersten Anstrengungsversuchen bereits endet. Aber diese Tragekraft muss auf Verständnis stoßen. Traumata entstehen während der Kindheit dann, wenn ein Kind nicht verstanden wird und niemals genug bekommt – sei es Nahrung, sei es Beachtung der primitivsten Lebensbedürfnisse. In diesem Sinne ist das Ur-Thema des Stiers der Wille. Wieviel Willenskraft ist vorhanden, wieviel Willenskraft ist erlaubt? Darf man zeigen, wonach man ein Bedürfnis hat? Wie lange insistiert man? Die Stierdynamik beinhaltet schwieriges In-Gang-Kommen, aber vor allem auch schwieriges Enden.

Während der Widder das erste Feuerzeichen ist – das heftigste, das einfachste –, ist der Stier das erste Erdzeichen im Tierkreis. Der Stier repräsentiert die Umwandlungskraft, die sich in der Erde bei der Humusbildung zeigt, in der Umwandlung der toten Körper in fruchtbare Materie, in das Durchsetzungsvermögen, mit dem Bäume sich mit Hilfe von Wasser und Sonne aus diesem trocknen Staub erheben. Stierdynamik waltet auch in der erstaunlichen Kraft, mit der ein Kind sich in sehr kurzer Zeit mehrmals verdoppelt in Bezug auf sein Körpergewicht und auf seine Körpergröße. Auch das ist die Willenskraft, die zum Bild des Stieres gehört. Die Tugenden, die aus der Stierthematik entwickelt werden, sind Ausharrungsvermögen und seelisches *Gleichgewicht*. Diese Qualitäten kann man steigern, wenn man die vorhergehenden Urbilder integriert (d.h. Durchsetzungsvermögen mit Flexibilität und Initiative bereichert). Dann kommt man zum Urbild der wachen Meditation: die Fähigkeit stundenlang in ruhigem Sinnen zuzubringen und dann, wenn die Situation es verlangt, sofort zur Tat übergehen zu können.

Zwillinge: sich von der Umgebung lösen

Die Zwillinge sind das Urbild der Trennung. Das erste Mal geschieht dies, wenn die Nabelschnur durchtrennt wird. Aber auch in dem Moment, wenn das Kind seine Eltern anblickt, wird das Zwillingsgebiet aktiv. Es ist der Augenblick, an dem es anfängt, sich von seiner Umgebung zu unterscheiden. Und das geschieht immer wieder neu, wenn das Gehirn sich stärker differenziert. Da kommt es zur gespiegelten Differenzierung, die man zum Beispiel beim Lokalisieren der Sprache auf der einen Seite des Gehirns und der künstlerischen Intuition auf der anderen Seite beobachtet. Aber die Zwillingswirkung tritt auch in der Trennung von Rechts- und Linkshändigkeit auf und in der Aufteilung in die verschiedenen Persönlichkeitsaspekte wie etwa die männlichen und die weiblichen Elemente, in die sozialen und die antisozialen Eigenschaften. Auch entsteht hier die Trennung in das Bewusste und Unbewusste und ebenso in das Überbewusste und das Unterbewusste.

Die Zwillinge sind also tätig, wenn irgendwo eine Trennung, eine Ab-Teilung oder eine Spiegelung entsteht. Ein bedeutsamer Augenblick in der Entwicklung des Kindes ist das Stehen, das Aufrichten. Das Kind löst sich von der Erde, von der Umgebung. Zugleich setzt die Sprachentwicklung ein, und damit beginnt die Differenzierung der Welt und der Eigenschaften. Menschen, bei denen dieses Thema eine Rolle spielt, suchen eine Spiegelung an ihrer Umgebung: Bin ich sympathisch? Finden die anderen Leute mich lustig?

Auch die Arbeit am Gedächtnis gehört dazu. Habe ich das wirklich getan? Was ist damals über mich gekommen? Aus diesem Prozess heraus arbeiten wir daran, zu einer inneren Kontinuität zu gelangen, die oft – sei es aus Veranlagung, sei es durch das Schicksal der Erziehung – unter großen Mühen erworben werden muss. Und je mehr man zu einem Vertrauen in die eigene Kontinuität kommt, desto leichter kann man auch mit dem Auseinanderfallen von Welt und Selbst umgehen. Es kann sein, dass ein Teil von mir dies sagt, ein anderer Teil jenes – lässt sich beides miteinander kombinieren? Dieses Kombinieren scheinbar gegensätzlicher Aspekte führt zu Kreativität und Humor.

Auch die Körpergebiete, die in Beziehung zu den Zwillingen stehen, haben etwas mit der Spiegelung zu tun. Das sind in erster Linie die Schultern und das Rückgrat, aber auch die anderen Körperbereiche, in denen wir dem Symmetrieprinzip begegnen: die beiden Gehirnhälften, die Lungen und so weiter.

Die Tugend, die beim Zusammenhalten so vieler Fragmente entwickelt wird, ist *Durchsetzungsvermögen.* Je mehr Übersicht man erlangt, je mehr die Kraft der Entscheidung sich stärker in uns fundiert, entsteht *Treue* als die Tugend, die bei diesem Thema entwickelt wird. Gut ist es, wenn man erkennt, dass alles, was aus einer bestimmten Entwicklung heraus zur Tugend wird, andererseits etwas darstellt, was wir uns gerade abgewöhnen müssen. Ein zielgerichteter Monomane etwa tut dann besser daran, einmal seinen eigenen Idealen untreu zu werden.

Krebs: die ersten Angsterlebnisse

Nachdem man sich aus dem Impuls der Zwillinge heraus aufgerichtet und als Person der Welt gegenübergestellt hat, tritt das Bewusstsein der eigenen Verletzbarkeit auf. Am deutlichsten sieht man dies bei Kindern, die gerade laufen gelernt haben. Mit großer Freude laufen sie ihren Eltern davon, aber sobald sie den Augenkontakt verlieren, geraten sie in Panik. Zum ersten Mal entsteht dann die Angst davor, allein gelassen zu werden. Sie entsteht nicht nur dadurch, dass Trennung einsam macht, sondern auch, weil aus dem Zwillingsprinzip heraus sich das kreative Denken entfaltet. Das Kind beginnt zu reflektieren und überlegt sich abends im Bett, was alles schiefgehen, was beispielsweise unter seinem Bettchen liegen könnte. Durch das Auftreten der Phantasie, durch die Tatsache, dass das Kind laufen und stolpern und sich wehtun kann, entsteht der erste bewusste Schmerz. Die Reaktion darauf ist: Wie kann ich mich dagegen *vorsehen*? Das ist die Krebswirkung. Jetzt treten die ersten Rituale auf, kleine schlaue Einfälle, um sich zu schützen. Kinder bauen Hütten oder fertigen »Waffen« an.

Indem jetzt die Fähigkeiten entstehen, sich gegen die Welt zu schützen, kann ein Kind viel Geschicklichkeit und erstaunliche Fähigkeiten zum Ausdenken allerlei praktischer und nützlicher Hilfsmittel entwickeln. Jedoch kann auch eine zunehmende »Verhärtung« durch Angst entstehen. Und diese Angst kann in dem Körperbereich ihre Wirkung ausüben, der zum Krebszeichen gehört, dem Brustkorb mit den Lungen. Es können Asthma und

Hyperventilation auftreten, ebenso andere Beschwerden, die damit zusammenhängen, dass man den eigenen Raum als unsicher empfindet. Oft geht dies mit Todesangst einher. Es bedeutet nicht, dass hier automatisch ein kausaler Zusammenhang besteht, doch die Themen erscheinen oft parallel. Man kann das Bild also auch andersherum verstehen: Ein Kind, das stark asthmatisch veranlagt ist, erlebt nachts oft Todesängste. Die Angst entsteht dann durch die Krankheit, nicht die Krankheit durch die Angst.

Das Krebszeichen repräsentiert den zweiten Schritt im Wasserelement. Hier sehen wir, wie durch Angst Verhärtung auftritt. Man sieht sozusagen den seelischen »Überdruck«. Denn beim Gang durch Angst und seelischen Schmerz kommt man in eine seelische Schicht, die sich mit dem Boden des Ozeans vergleichen lässt. Es ist ein Ort, an dem die Lungen sich für das eigene Gefühl mit Wasser füllen. Man geht dann mit einem solchen Hochdruckgefühl durch diese Angst, dass man die Empfindung hat, als fiele man einerseits in sich zusammen und bräche andererseits auseinander. In solchen Situationen ist der Krebsimpuls, alles wie in einem Panzer zusammenzuhalten, auch tatsächlich notwendig, um gesund zu bleiben. Aber es ist genauso notwendig, sich zum Löwethema weiterzuentwickeln. Denn beim Krebs handelt es sich noch um einen Schutz, der sich an der Außenseite befindet, die Materie bietet von außen her Halt. Entwickelt man sich aber weiter, so verinnerlicht man die Mauer, die man um sich herum hat, und dadurch wird der Kern im Innern kräftiger.

Doch auch die Erfahrung der »Kernlosigkeit« kann zu einer Tugend umgewandelt werden. Es entsteht dann eine gewisse *Selbstlosigkeit*. Interessant ist, dass Rudolf Steiner bei seiner Neuformulierung der zwölf von Blavatsky genannten Tugenden beim Krebs keine Eigenschaft genannt hat, die eine Steigerung bedeutete, sondern einen Zustand: die *Katharsis*. Mit anderen Worten: Menschen, die erniedrigt, bedroht wurden, wachsen nicht auf eine Eigenschaft zu, die gleichsam als Belohnung auf sie wartet nach all ihren Entbehrungen. Nein, für diese Menschen ist der Prozess des Geprüftwerdens schon das Ziel in sich. Und wenn das Leben ihnen gnädig ist, sieht man dann gelegentlich in solchen Menschen jene goldene Glut aufleuchten, die entstanden ist aus der Läuterung durch Leiden.

Löwe: »ich« sagen

Der Übergang vom Krebs zum Löwen ist einer der entscheidenden Momente in der Erziehung. Es ist der Augenblick, in dem das Kind die Steuerkraft und die Sicherheit, die es um sich herum erlebt hat, verinnerlicht und »ich« sagt. Die Kultur, die bisher um das Kind herum gewesen ist, wird jetzt von innen her erlebt.

Das eigene Ego bildet den Mittelpunkt, und von diesem Mittelpunkt aus hat der Löwe ein großes Herz für die Welt – ein Herz, das für sie schlägt. Ich möchte dies das »Vaterprinzip« nennen. Je stärker man in Berührung mit diesem nährenden Vaterprinzip kommen durfte, desto strahlender kann man selbst in der Welt stehen. Das chronische Problem des modernen Menschen ist der Mangel an gesunder Väterlichkeit. Das heißt nicht, dass die meisten von uns schlechte Väter gehabt hätten, sondern dass das Väterliche in unserer Kultur immer mehr in einem technologisch verhärtenden Denken stehengeblieben ist. Das Väterliche, das lebensvoll-Tüchtige, das ruhig Atmende der menschlichen Psyche ist unterernährt. Das Herz vieler Menschen ist »angefressen«. Sie sind in ihrer väterlich beschützenden Kraft geschwächt. Und dadurch verhärten sie in dem Bemühen, das zu beschützen, was sie ihr Ego nennen. In Wirklichkeit aber ist dies nur eine starre Hülle für etwas, das viel größer und pulsierender sein könnte.

Wenn es uns gelingt, im wahrsten Sinne des Wortes immer weitherziger zu werden, entwickeln wir die Fähigkeit, unser Gefühlsleben in den Dienst des Mitmenschen zu stellen. Dieses Einfühlungsvermögen kann sich als *Mitleid* äußern. Die Steigerung dieser Tugend ist ein immer umfassender werdendes Erleben des Herzschlags. Dann entdeckt man die Rhythmen des Lebenslaufes, die kosmischen Gesetzmäßigkeiten sowie die Chancen und Beschränkungen, die durch das Karma auferlegt werden. Aus der Konfrontation dessen, was feststeht, mit dem, wo noch Veränderung möglich ist, kann die Qualität der Freiheit gebildet werden.

Jungfrau: die anale Phase

Wenn unser Bewusstsein sich vom Herzen aus in tieferliegende Schichten bewegt, kommt man in das Gebiet der Jungfrau, zum Thema von »Kontrolle und Form«. Im tiefen Dunkel des Unbewussten spielen sich heftige Stoffwechselprozesse ab. In den Organen des Unterbauchs wird Nahrung mit Hilfe ätzender Säfte und aktiver Bakterienkolonien »auseinandergerissen«; dort wird sortiert, getrennt, geknetet und ausgeschieden. Erst am Ende des Ausscheidungskanals können wir wieder mit unserem Bewusstsein in die Prozesse eingreifen. Gerade in diesem Grenzgebiet von Bewusst und Unbewusst, von Form und Chaos lebt die Wirkung der Jungfrau.

Die wichtigste Jungfrauphase in unserem Lebenslauf findet statt, wenn wir allmählich keine Windeln mehr brauchen. Freud nennt dies die anale Phase und lokalisiert sie zwischen anderthalb und vier Jahren. Es ist die Phase, in der das Kind lernt, seine eigenen Ausscheidungen schmutzig zu finden, wo es Kontrolle über den Schließmuskel bekommt. Es geht natürlich um sehr viel mehr als ums Toilettentraining, weil das Kind mit zunehmendem Bewusstsein auch immer mehr für sein Verhalten verantwortlich gemacht wird. Oft besteht daher auch die Gefahr, dass das Kind von Vater und Mutter mit Ge- und Verboten überschüttet wird. Daher wird in dieser Phase das Thema des Machtkampfes zum ersten Mal deutlich. Im weiteren Lebenslauf taucht das Jungfrauthema immer auf, wenn es Probleme gibt, die mit der Spontaneität zusammenhängen. Zuerst war es nur der Krampf des »Auf-die-Toilette-Müssens«. Später entsteht der Krampf, dass man das Gefühl hat, es würde etwas von einem erwartet. Zum Krampf des »Müssens« tritt jetzt auch das Ringen um die richtige Form.

Im Leben des Erwachsenen äußert sich dies im Wechsel zwischen dem Verlust der Form (zu viel reden, sich zu oberflächlich geben) oder dem Übertreiben der Form (sich zu sehr in ein Projekt verbeißen, sich in Details verlieren). Diese Bewusstseinsspezialisierung bezüglich der Formgebung führt als Tugend zu einer ästhetischen Fähigkeit. Diese kann sich im sozialen Umgang zunächst in leerer Förmlichkeit, bestenfalls in Höflichkeit äußern. Erst wenn ein Mensch, bei dem das Jungfrauthema eine Rolle spielt, die Welt des verborgenen »Darminhalts« kennengelernt hat, verliert diese Höflichkeit den formalen Beigeschmack von »weder Saft noch Kraft«. Die Höflichkeit bekommt dann eine tiefmenschliche Qualität. Steiner nennt dies den *Herzenstakt*.

Waage: Schulreife

Die Waagewirkung äußert sich, wenn man schulreif ist. Man kommt in die Phase, in der man sich in andere hineinversetzen und einem anderen zuhören kann. Wenn jemand einem eine Geschichte erzählt, kann man für einen Augenblick die Vorgänge in sich selbst und die eigenen Gedanken anhalten. Man ist jetzt meistens in der Lage, sich auf das zu konzentrieren, was der Lehrer oder die Lehrerin erzählt. Oder man folgt in Anlehnung an ihre Geschichten wie dahinschwebend seinen eigenen Assoziationen. Das heißt, dass man sich wie eine *Schale* öffnet und sich von dem anderen füllen lässt.

Die Waage herrscht über den Bereich des Beckens und hängt dadurch mit der Sexualität zusammen, und zwar mit der empfangenden Seite der Sexualität. Dort, wo man sich öffnet und sich verletzlich macht, dort, wo die Innenseite der Beine und die Geschlechtsteile berührt sind, ist der Bereich der Waage. In diesem empfangenden Prinzip der Waage kann man in eine zu starke Passivität geraten, ja aus dem Gleichgewicht geworfen werden. Es ist sogar möglich, dass man missbraucht wird, vor allem, wenn man unbeherrschter Widderkraft begegnet. Im Empfangen und Zuhören der Waagequalität kommt es also darauf an, aktiv und wachsam zu bleiben, während man sich dem andern öffnet: Wie bewahrt man sein eigenes Gleichgewicht? Wie schafft man es, dass man sich nicht ganz in dem anderen verliert?

Während der Widder mit dem erwachenden Bewusstsein verbunden ist, wirkt die Waage aus der Kraft des Einschlafens. Einer der Aspekte des Schulungsweges ist es, dass man sich darin übt, bis zu einem gewissen Grade Bewusstsein ins eigene Traumleben hineinzubekommen. Dann bringt man in sich selbst den Widder in die Waage. Hinsichtlich der zu entwickelnden Tugenden bedeutet es, dass diese ursprüngliche zufriedene Offenheit sich in die Fähigkeit des innerlich *aktiven Zuhörens* verwandelt.

Skorpion: Geschlechtsreife

Dieses Thema tritt besonders hervor in der Zeit der Pubertät. Die Sexualität ist, wie bereits ausgeführt, während der Kindheit schlafend als Sensualität vorhanden, wenn das Kind es genießt, mit dem eigenen Körper zu spielen. Das ist jedoch noch unbewusst und nicht sexuell orientiert in der »erwachsenen« Bedeutung des Wortes. Während der Pubertät erwacht dieses vorher zutiefst unbewusste Gebiet, und zugleich erwacht auch das Ungestüm des ganzen Gefühlslebens. Wo Bewusstsein herrscht, herrscht der Tod; auf der einen Ebene, weil Bewusstsein immer Vitalität kostet, auf einer anderen, weil sich Sexualität an der Grenze zwischen Leben und Tod abspielt. Im unschuldigsten Sinne ist es der Tod der Kindheit, weil mit der Geschlechtsreife das Erwachsensein beginnt. Weniger unschuldig aber schleichen sich Risiken wie ungewünschte Schwangerschaft, Abtreibung, Geschlechtskrankheiten und Aids als tödliches Gift in das Leben ein, und der junge Mensch wird sich seinen Weg in diesem Irrgarten anziehender, aber gefährlicher Energien bahnen müssen.

Die Skorpionwirkung metamorphosiert sich im weiteren Leben zum Erleben und Genießen von Intensität. Wir genießen die Lust, wenn wir ein Problem lösen oder den Finger auf eine wunde Stelle legen. Gerade durch den damit verbundenen Todestrieb kann die Skorpionthematik leicht in Richtung starker Destruktivität und in Sadismus abgleiten. Als häufigste Erscheinungsform zeigt sich der Skorpion im Ertappen und Demaskieren seiner Mitmenschen. Das Bewusstsein wird dann quasi als Stichwaffe benutzt. In der menschlichen Entwicklung kommt es nun darauf an, dass man eine Zeit lang ausgiebig die eigene Schärfe genießt, dann aber diesen Bereich auch wieder einschlafen lässt, so dass Geduld, Weisheit und Milde aus der übermäßigen Bewusstseinskraft des Skorpion geboren werden können. Diese Aussöhnung mit der Unvollkommenheit der Welt bietet die Basis für wahre Erkenntnis und *Einsicht*.

Schütze: nach der Pubertät

Der Schütze tritt nach der Pubertät auf. Er herrscht über die Muskeln der Oberschenkel und Oberarme, daneben aber auch über alle andern Muskelbereiche des Körpers. Mit Hilfe der Muskeln können wir unseren Willen in Taten umsetzen. Durch die Kraft des Schützen lernen wir, unsere Ziele zu bestimmen. Wir lernen, die Pfeile gezielt anzulegen, zu denen auch der giftige Pfeil des Skorpions zählt. Im Schützen erleben wir die erste Sublimierung der Sexualität. Man erlebt dann, dass die Anziehungskraft der Menschen untereinander nicht nur eine körperliche ist. Nach der Pubertät erfährt man bewusster, dass man sich zu anderen auch hingezogen fühlen kann durch eine Verbundenheit in den Idealen, eine Verbundenheit, die dadurch entsteht, dass man denselben Zielen nachstrebt.

Die Gefahr des Schützen liegt darin, dass er übers Ziel hinaus schießt. Das findet statt, wenn der Zweck die Mittel heiligt und man Menschen benutzt oder ausschaltet, um seine Ideale zu verwirklichen. Dann stirbt das Ideal, gerade weil es auf eine unrichtige Weise verwirklicht werden soll. Der Schütze als dritte Feuermetamorphose im Tierkreis verlangt also die richtige Zeiteinteilung und Dosierung der Tat. Wie im Physischen eine vorzeitige Ejakulation auftreten kann, wird im Seelischen oft zu früh alles »Pulver verschossen«. Für die Schützethematik bedeutet dies, dass die Betroffenen allmählich lernen, zu schweigen, auch wenn sie recht haben. Wenn man sparsam mit seinen Pfeilen umgeht, kann dann eine mit dem Skorpion vergleichbare Umwandlung stattfinden, weil aus dieser Zurückhaltung eine Transformation auf eine höhere Ebene möglich wird. Wenn die monomanische Fixierung auf ein einziges Ziel überwunden ist, kann sich *Wahrheit* in vielfältiger Weise in der Seele offenbaren.

Steinbock: Beginn des Erwachsenseins

Beim Steinbock ist man noch tiefer in den eigenen Körper eingetaucht. Dieses Zeichen beherrscht Knie und Ellenbogen. Es tritt in der Lebensphase auf, in der man im übertragenen Sinne »auf den eigenen Beinen stehen« kann und das elterliche Haus verlässt.

Durch die Steinbockfähigkeit ist man in der Lage, sich in große geistige Höhen zu begeben. Der Steinbock führt uns zum Spirituellen, aber auch zum Rückzug aus der Wirklichkeit, z.B. zum Bedürfnis, ins Kloster zu gehen. Im Steinbock geht es darum, wie nahe man an die anderen Menschen herankommen oder wie dicht man die anderen an sich herankommen lassen will, aber auch darum, wie weit man andere von sich wegstößt.

Wie stark sind die Knie, wenn man auf eigenen Beinen steht, und wie sehr benutzt man die Ellbogen, um weiter und höher zu gelangen? Wird man ein Mensch, der alles und jeden hinter sich lässt und der die ganze Welt von sich weist und auf sie herabsieht? Oder wird man ein Eremit, der sich gar nicht mehr um die Welt kümmert? Oder steht man so fest auf seinen Beinen, dass man sich auch unter anderen Menschen, z.B. in der Zusammenarbeit mit ihnen, aufrecht erhalten kann? Dies alles sind Steinbockqualitäten.

Die Tugend, die man durch den Schritt in die Einsamkeit und in die Risiken des Lebens erwirbt, ist der *Mut*. Diese Qualität kann in einer solchen Weise verinnerlicht werden, dass die würdig getragene Einsamkeit dazu führt, seinen Mitmenschen ohne Vorurteil entgegenzutreten. Man hat dann zwar eine innere Höhe erreicht, da diese aber im Kontakt zum andern nicht missbraucht wird, wirkt sie erlösend.

Wassermann: das Erwachsenenalter

Das Zeichen des Wassermanns herrscht über den Bereich der Unterarme und Unterschenkel. Der Wassermann ist das Urbild des Schenkens. Die eigentliche Wirkung des Wassermanns tritt folglich auch erst beim Erwachsenen auf, weil man erst als Erwachsener frei schenken kann. Man kann beispielsweise einem Kind das Leben schenken, man kann Blut als Blutspender schenken oder vielleicht sogar sein Leben für ein Ideal hingeben. Die Substanz des Löwen – das Ich-tragende Blut – wird anderen geschenkt, um Leben zu retten. Auch das Bild Faustens gehört hierher, wie er mit seinem Blut den Vertrag mit dem Teufel unterzeichnet und damit seine Seele an ihn verkauft.

Beim Wassermann handelt es sich darum, wieviel Blut man wörtlich und im übertragenen Sinne wegschenken kann und will. Wieviel gibt man dem andern von der eigenen Kraft? Diesem Thema begegnet man in jeder Partnerbeziehung. Wieviel gibt man von sich selbst, ohne in einen Zustand der Erschöpfung zu geraten? Und wieviel verlangt man für sich? Wieviel schenkt man freiwillig, wieviel aus einem Schuldgefühl heraus? Wie frei ist man im Schenken?

Die Wassermanngebärde zeigt sich auch im Sterben. Was schenken wir der Welt im Tode? Was können wir von dem, was wir uns in der Welt zu eigen gemacht haben, im Sterben wieder zurückschenken? Wieviel Leiden und Leidenschaft sind wir begegnet, und wieviel durchlebtes Leid und durchlebte Leidenschaft können wir loslassen und wegschenken? Denn darum geht es letztlich: Können wir wegschenken, was uns gehört hat?

Die Tugend, die im Zeichen des Wassermanns entwickelt wird, hängt vor allem mit der Entwicklung zur Spiritualität zusammen. Im Zwischenmenschlichen wird sie sichtbar, wenn wir dankbar ein Geschenk annehmen können, aber auch, wenn wir das Vertrauen, das uns entgegengebracht wird, nicht enttäuschen. Es ist die Tugend der *Diskretion*, und im Spirituellen ist diese Fähigkeit des Schweigenkönnens die Basis für die meditative Lebenshaltung des Mystikers. Die im Zeichen des Steinbocks erworbene Kraft der Askese verwandelt sich hier zu der Kraft, die Verbindung zum Quell unseres Daseins herstellen zu können.

Der Partner als Prüfung

Why should I love you?

This chapter says: »Put it out of your mind.«
Mmm, give it time ...
The fine purple
The purest gold
The red of the Sacred Heart
The grey of a ghost
The »L« of the lips are open
To the »O« of the Host
The »V« of the velvet

Refrain:
Of all the people in the world
Why should I love you?
There's just something about you.

Have you ever seen a picture of Jesus laughing?
Mmm, do you think he had a beautifull smile?
A smile that healed.

(Refrain)

The fine purple
The purest gold
The red of the Sacred Heart
The grey of a ghost
The »L« of the lips are open
To the »O« of the Host
The »V« of the Velvet
The »E« of my eye
The eye in wonder
The eye that sees
The »I« that loves you.

(Refrain)

Kate Bush

Warum sollte ich gerade dich lieben?

Jetzt heißt es: Schlag dir's aus dem Kopf!
Hmm, gib der Sache noch ein wenig Zeit!
Das zarte Purpur,
das reinste Gold,
das Rot des Heiligen Herzens,
das Grau eines Gespensts,
das »L« der Lippen, geöffnet für
das »O« des Gastgebers*,
das »V« von Velours

(Refrain:)
Warum, von allen Menschen auf der Welt,
sollte ich gerade dich lieben?
Du hast eben etwas Besonderes.

Hast du je ein Bild von Jesus gesehen, auf dem er lachte?
Hm, glaubst du, dass er ein schönes Lächeln hatte?
Ein Lächeln, das heilt?

Das zarte Purpur,
das reinste Gold,
das Rot des Heiligen Herzens,
das Grau eines Gespensts,
Das »L« geöffneter Lippen,
das »O« des Gastgeber
das »V« von Velours
das »E« meines sehenden Auges**
des staunend schauenden Auges
des Ich, das dich liebt.

* *englisch »host«*
** *Die im englischen Text hervorgehobenen Buchstaben ergeben das Wort LOVE (Liebe), ein Wortspiel, das sich in der deutschen Übersetzung nur annähernd wiedergeben lässt; nicht übertragbar ins Deutsche war der lautliche Gleichklang von »eye« (Auge) und »I« (Ich).*

Die karmische Ebene einer Beziehung

Dieses Kapitel handelt von Partnerbeziehungen im allgemeinen und der heterosexuellen Beziehung im Besonderen, weil darin außer allen übrigen Polaritäten auch die der Geschlechter enthalten ist. Nach meiner Erfahrung kann man die Darstellung leicht auf homosexuelle Beziehungen übertragen, weil die Polarisationen, die normalerweise zwischen Mann und Frau erscheinen, sich meist auch bei Partnern gleichen Geschlechts zeigen.

Es gibt unterschiedliche Arten, wie man eine Partnerbeziehung betrachten kann. Man kann sie in Stufen einteilen. Die oberste Stufe könnte man die *rein geistige* Ebene nennen. Auf dieser Ebene geht man davon aus, dass zwei Geistwesen im Voraus wissen, dass sie eine Beziehung auf der Erde miteinander eingehen und dadurch neue Fähigkeiten entwickeln werden. Die unterste Stufe ist die *rein biologische*, triebhafte Perspektive. Man sieht den Menschen dann als eine Zellansammlung, die sich in der Zeit fortpflanzen will. Zwischen diesen beiden Ebenen befindet sich ein weiter Mittelbereich, der vor allem deshalb so interessant ist, weil der Mensch hier »nein« sagen kann – »nein« zu der vorgeburtlichen Absicht und »nein« zur biologischen Fortpflanzung. Dieser Mittelbereich, die eigentliche *seelische* Ebene, macht den Menschen zu dem originellen, dramatischen und nicht selten komischen Wesen, das er ist.

Das rein Geistige und das rein Körperliche haben ein seltsames Verhältnis zueinander. Auf der einen Ebene sind sie Gegensätze, auf einer anderen Ebene stimmen sie weitgehend überein. Das Körperliche kann manchmal das Geistige verdunkeln, oder umgekehrt: das rein Geistige kann das Körperliche leugnen oder sich darüber erheben. Irdische Umstände, wie äußere Schönheit, Reichtum und Erziehung zählen plötzlich nicht mehr für das geistige Band zwischen zwei Menschen. Der Geist transzendiert das rein Körperliche. Dies gilt ebenso für die Sexualität, die mit mindestens ebenso großer Gewalt Altersunterschiede, äußerliche Reizlosigkeit, soziale Klassen etc. überspringt.

Da lauert schon ein neues Paradox: das Paradox der Freiheit. Wenn wir erleben, dass eine bestimmte Begegnung *karmisch* bestimmt ist, so ist dies mit dem Gefühl verbunden, es seien vorgeburtliche oder übersinnliche Wirkungen vorhanden, die sich zum größten Teil unserem Bewusstsein entziehen, aber als eine Art unsichtbarer Kuppler uns und den Partner zusammenbringen. Auf einer bestimmten Ebene erzeugt das ein Gefühl der Unfreiheit (»es musste so sein«), aber auf einer anderen Ebene schafft es das Gefühl intensiver Freiheit, hier auf der Erde die Gnade zu erleben, sein Schicksal erfüllen zu können.

Dasselbe kann uns in Bezug auf die *biologischen* Gesetzmäßigkeiten widerfahren. Im Älterwerden entdecken wir, dass Veränderungen im Körper auftreten, die unmittelbar auf die psychische Verfassung einwirken. Das Triebhafte nimmt ab, der Verlust an Vitalität lässt uns mehr nach dem Wesentlichen streben, und das Vorhandensein von Kindern sowie Enkelkindern bewirkt, dass wir uns als Teil eines größeren Zusammenhangs erleben. Wenn wir bewusst an dem Lebenszyklus des Geborenwerdens, Reifens und Sterbens teilnehmen, vermittelt dies auf einer bestimmten Ebene das Gefühl, dass wir einer erbarmungslosen Gesetzmäßigkeit nicht entkommen können; auf einer anderen Ebene kann es uns dankbar stimmen, dass wir auf diese Weise an einem so überwältigend großen Geschehen teilhaben dürfen.

Und noch etwas haben das rein Geistige und das rein Physische gemeinsam: Wir können sehr schnell in eine gewisse bequeme Oberflächlichkeit verfallen, wenn wir nicht sorgfältig mit diesen Dingen umgehen. Das karmische Denken kann schnell zur Entschuldigung oder Erklärung für alles pervertieren: Man *musste* heiraten, weil es vorbestimmt war; man *musste* sich scheiden lassen, weil das Karma abgearbeitet war; man *musste* fremdgehen, weil man noch etwas miteinander zu erledigen hatte. Obwohl in dieser Art von Begründungen natürlich ein Wahrheitskern verborgen sein kann, besteht das Risiko, dass man mit dieser Art des Denkens den Freiheitsaspekt, der so kennzeichnend für den Menschen ist, wegargumentiert. Dasselbe gilt für das rein Physische: Man *musste* schwanger werden, man *musste* fremdgehen, weil die Hormone so stark waren usw.

Wir können mit dem ersten besten Partner ins Bett gehen und dennoch sagen, dass wir »Liebe machen«. Die Liebe auf dieser Ebene wird oft als ein biologischer Bindungsmechanismus bezeichnet, der dafür sorgt, dass ein Mann und eine Frau, die ein Kind »gemacht« haben, lange genug zusammenbleiben, um es großzuziehen. Wenn man es so betrachtet, ist die physische Erklärung der Liebe eher von geringerem Wert im Vergleich zur geistigen Anschauungsweise. Die physische Liebe scheint sich nur für das Tier im Menschen zu interessieren, die geistige Anschauungsweise dagegen betont die unsichtbare Individualität.

Und doch gibt es einen Moment, an dem die beiden sich begegnen, und das ist dann der Fall, wenn wir davon ausgehen, dass die unsichtbare Individualität sich sehr wohl im physischen Körper ausdrückt. Wenn wir uns in das Äußere eines Menschen verlieben, braucht das nicht wegen der biologischen Merkmale zu sein, sondern deshalb, weil man an dem Gebäude den Architekten erkennt. »Liebe auf den ersten Blick« bedeutet dann eine Mischung aus biologischen, psychologischen und geistigen Faktoren.

Am Anfang des altindischen Epos *Mahabharata* wird erzählt, wie der Brahmane Drona Lehrer der Pandavas wird, der »guten« Partei der Geschichte. Drona ist ein Meister der Fechtkunst und erzieht die Pandavas und andere Prinzen zu vollendeten Kriegern. Ein Prinz aber, Ekalavya, kann den Unterricht des Drona nicht bezahlen. Er zieht sich in die Wälder zurück und modelliert dort den Körper Dronas aus Ton. Dieses Bildnis verehrt er als seinen Lehrmeister. Er verneigt sich ehrerbietig davor und meditiert vor dem Bild. Nach einiger Zeit ist er ein ebenso großer Bogenschütze und Schwertkämpfer wie Drona. Er zeigt Drona seine Fechtkünste, und dieser ist sehr davon beeindruckt. Da er seinen eigenen Stil erkennt, fragt er: »Bei wem hast du Unterricht gehabt?«, worauf Ekalavya stolz und ehrfürchtig antwortet: »Bei Euch. Ich habe mir ein Bildnis von Euch gemacht, und das, was ich an Eurem Körper ablas, wurde für mich zur Fechtkunst.« Da sagt Drona. »Wenn du mein Schüler bist, gib mir als Lehrmeister dann den Lohn.« Erfreut fragt Ekalavya: »Meister, was wollt Ihr haben?«, worauf er zur Antwort bekommt: »Ich will deinen rechten Daumen.« Ohne zu zögern hackt Ekalavya seinen Daumen ab und gibt ihn Drona. Danach merkt er, dass er seine Fähigkeit im Bogenschießen für immer verloren hat. Es sollen keine anderen Schüler vorhanden sein als die, denen Drona persönlich Unterricht erteilt hat.

Ich erzähle diese Geschichte als Gegenargument zu der Auffassung, die heutige Körperkultur und das Streben nach physischer Schönheit sei nur oberflächlich. Der physische Körper kann sehr wohl einen Zugangsweg zum Geist darstellen. Wenn wir uns also für die physische Schönheit eines anderen interessieren, kann es sich bei uns auch um eine gewisse Art von Intuition der unbewussten Absichten und Intentionen des andern handeln; unsere unbewusste Schicht »liest« diese dann an der körperlichen Erscheinung des andern ab. Vielleicht ist es dieses »Ablesen«, das uns den Entschluss zu näherem Kontakt schon in den ersten Sekunden einer Begegnung fassen lässt. Was ist es, das man sich gemeinsam vorgenommen hat? Welche gemeinsamen Aufgaben hat man sich gestellt? Ist es der gemeinsame Freundeskreis? Oder ist es ein gemeinsamer Arbeitsumkreis? Oder teilt man nur das Bett miteinander? Sexuelle Anziehungskraft kann durchaus die Basis für eine geistige Anziehungskraft abgeben.

Konstruktive, instruktive und destruktive Aspekte

Damit sind wir in der Mitte zwischen rein Geistigem und rein Physischem angekommen, beim Seelischen. Ich sagte schon, dass dieses für mich das interessanteste Gebiet ist, weil wir hier um die Grenzen unserer Vorbestimmung feilschen können. Hier können wir »nein« sagen, sowohl zu unseren göttlichen Eingebungen als auch gegenüber dem Trieb unserer Hormone.

Dieses Gebiet selbst können wir in drei Teile teilen. In einem Teil streben wir nur nach der Verwirklichung des rein Geistigen. Diesen auf Ideale gerichteten Teil unserer Seele nenne ich *konstruktiv*. Der mittlere Teil ist das praktische Gebiet, wo Bedürfnisse erfüllt werden und man voneinander lernt. Es ist der *instruktive* Teil der

Seele. Im dritten Bereich zerstören wir Dinge, sagen wir »nein« zu Idealen. Viele psychologische Theorien bezeichnen diesen Teil der menschlichen Seele als den neurotischen. Ich finde das schade, weil man damit einen sehr großen und sehr häufig in Erscheinung tretenden Teil des menschlichen Handelns für krank erklärt. Ich nenne diesen Teil der Seele das *destruktive* Gebiet.

Jeder der drei Bereiche hat seine Funktion. Man kann nun nicht einfach den auf Ideale gerichteten Teil als »gut« bezeichnen und den destruktiven als »schlecht«. Beispielsweise kann jemand so auf Ideale gerichtet sein, dass er die Wirklichkeit aus den Augen verliert. Und auf der anderen Seite ist eine destruktive Tendenz in der Natur – also auch im Menschen – eine notwendige Voraussetzung für Veränderungen. Oft muss das Alte sterben oder zerstört werden, bevor Neues geboren werden kann. Wenn man die Sache auf diese Weise ansieht, kann man auch nicht behaupten, das Aggressiv-Destruktive im Menschen sei »schlecht« – schlecht ist allenfalls das, was er damit tut.

In jeder Partnerbeziehung findet man diese drei Aspekte wieder. Wenn beispielsweise einer der beiden Partner unsicher über sein Aussehen ist, kann der andere ihn beruhigen, indem er ihm Informationen gibt und ihm seine Einschätzung übermittelt: »Nein, du siehst nicht komisch aus. Der oder die hatte auf dem Fest etwas Ähnliches an.« Die »Idealorientierung« eines solchen Austauschs besteht darin, dass auf dem Hintergrund die Norm zu erkennen ist: »Ich zeige dir meine verletzliche, unsichere Seite, und du machst dich nicht über mich lustig.« Das ist der konstruktive Teil des Austauschs. Der instruktive Aspekt ist, dass Information und Beruhigung vermittelt wird. Destruktiv wird es, wenn ein Muster verhärtet. Wenn der eine Partner fünfmal am Tag diese Beruhigung verlangt, unterhöhlt er damit die konstruktiven und instruktiven Aspekte der Beziehung. Er sagt dann nämlich auf verborgene Weise: »Deine Beruhigungen nützen mir gar nichts.« Oft eskaliert ein solches Verhaltensmuster dahin, dass der andere sagt: »Du bist aber auch nie zufrieden.« Dann kann der erste ausrufen: »Siehst du, jetzt sagst du selbst, dass mit mir nichts los ist!«

In dieser Art Interaktionen fällt auf, wie jeder Mensch auf seine

Art durch bestimmte Seiten seines Wesens in einem Kreis gefangen ist, in dem sich nichts zu verändern scheint und der ihm große Sorgen bereitet. Und doch macht dieser Kampf gegen die Unfreiheit zugleich einen wesentlichen Teil der menschlichen Befindlichkeit aus.

Aus diesem Gesichtswinkel entwickelt sich das Konstruktive direkt aus dem Destruktiven. Vielleicht entwickelt man nämlich viel mehr Willenskraft, wenn man erst nach sieben Versuchen das Rauchen aufgibt, als wenn man schon nach dem ersten Mal für immer damit aufhört. In Partnerbeziehungen gilt dies oft ebenfalls: ein Ehemann, der täglich mit seiner Neigung fremdzugehen ringt, entwickelt vielleicht mehr Treue als ein Ehemann, der nie auf den Gedanken käme, eine fremde Frau anzusehen.

Dieser Tanz zwischen konstruktiven, instruktiven und destruktiven Seiten findet in einer Partnerbeziehung unvermeidlich statt. Wir regen uns gegenseitig zum Höchsten an, wir lernen voneinander, aber wir saugen uns auch gegenseitig das Blut unter den Nägeln hervor. Das eine lebt oft vom andern. In jedem Fall lernt man sich erst dann wirklich kennen, wenn man die gegenseitigen Grenzen erkennt. Und diese Grenzen erkennt man erst, wenn man sie dann und wann überschreitet.

Karmisches Denken im Gegensatz zum psychoanalytischen Denken

Eines der Standardprobleme zwischen Partnern ist, dass man denkt, man sei zu kurz gekommen. Ein sehr oft vorkommendes Muster ist folgendes: Der Mann hat das Gefühl, dass er nicht genug Wärme und vor allem Sexualität bei seiner Frau bekommt. Und die Frau hat das Gefühl, dass sie in ihrem Bedürfnis nach einem emotional gereiften Wesen an ihrer Seite nicht befriedigt wird. Der konstruktive, idealorientierte Teil in ihr wird versuchen, den Wünschen des Mannes so weit wie möglich entgegenzukommen, aber auf der instruktiven Ebene wird sie feststellen, dass ihre eigenen Bedürfnisse auf diesem Gebiet nicht so weit gehen wie die ihres Mannes. Das Destruktive in ihr kann sie dazu bringen, die Macht, die ihr Mann ihr zugesteht, indem er sich so abhängig und anklagend verhält, auszunutzen und ihn zu strafen. »Nein, wenn du dich so verhältst, dann überhaupt nicht.« Oder: »Tut mir leid, aber heute habe ich Kopfschmerzen.« Oder: »Du bist nicht gut genug im Bett, du erregst mich nicht genug.«

Der Mann seinerseits kann einer Reihe von Idealen nachstreben, zum Beispiel dem konstruktiven Ideal eines gemeinsamen Orgasmus. Auf instruktiver Ebene kann er dabei entdecken, dass ein gutes Liebesspiel sehr viel komplexer sein kann als es ihm in den Sexratgebern vorgegaukelt wurde. Destruktives kann sich ausdrücken, wenn er sich so abstoßend verhält, dass seine Frau ihn immer weniger begehrt.

Vom karmischen Gesichtspunkt aus betrachtet kann man nun behaupten, dass dieser Mann und diese Frau an einem Menschheitsthema tätig sind. Das Problem, an dem sie arbeiten, ist größer als ihr spezielles Problem. Es sind biologische, soziologische und psychologische Faktoren beteiligt, und die beiden Menschen können aus ihrer Individualität heraus nach *ihren* Lösungen suchen. Eine solche Betrachtungsweise bezieht auch die mythische Seite solcher Probleme mit ein und gibt nicht vor, dass der Zustand völlig verschwände, »wenn man nur …«

Das traditionell-psychoanalytische Denken legt den Akzent auf die unerfüllten Bedürfnisse aus der Kindheit. Der Mann hätte *eigentlich* seine Mutter heiraten wollen und schafft durch sein Verhalten jetzt wieder eine unerreichbare Frau, da er sich seiner Bedürfnisse *eigentlich* schämt. Die Frau hat unbewusst das Verlangen danach, ihren Mann zu kastrieren, weil sie *eigentlich* eifersüchtig darauf ist, dass er einen Penis hat und sie nicht. Oder man kann die beschriebene Situation aus dem Gedanken heraus erklären, dass der Mann *eigentlich* zu wenig Brustnahrung bekommen hat und nun ein Drama inszeniert: »Nie bekomme ich genug« und seine Frau damit in die Rolle der ihn unzureichend stillenden Mutter stößt.

Das Problem bei dieser Art von Theorien ist, dass man nie mit Sicherheit weiß, ob es wahr ist, dass jemand, der an seinem Partner hängt und an ihm saugt, als Baby auch wirklich vernachlässigt worden ist. Man begegnet diesem Verhaltensmuster nämlich sowohl bei

Menschen, die offensichtlich eine ziemlich glückliche Kindheit gehabt haben, als auch bei solchen, die als Kind früh in ein Heim gekommen sind. Natürlich variieren Umfang und Art der Problematik, aber es ist auch ein universeller Faktor darin enthalten.

Eine weitere Frage, die sich beim psychoanalytischen Zurückfolgern bis in die Kindheit aufdrängt ist die nach den Unterschieden zwischen den einzelnen Kindern. Hat wirklich das eine Kind weniger Wärme gehabt als das andere, oder waren die Bedürfnisse unterschiedlich?

Bemerkenswert ist, dass psychoanalytisches Denken und karmisches Denken sich überschneiden, wenn man die Psychoanalyse dazu anregt, ihre Überlegungen über den Moment der Konzeption hinaus zu erstrecken; dadurch wird für vorgeburtliche Zielsetzungen Raum geschaffen. Unter dieser Perspektive erscheint es denkbar, dass jemand sich vornimmt, bestimmte Erfahrungen der Entbehrung durchzumachen, dann durch das Tor eines ganz bestimmten Geburtshoroskops, das oft ebenfalls etwas über diesen Vorsatz aussagt, auf der Erde erscheint und danach eine dazu passende Kindheit durchmacht, in der die verschiedenen Traumata – die so gut wie möglich ins Ganze passen – erlebt werden. Schließlich wird dann der Partner gefunden, mit dem dieses Thema weiter ausgearbeitet wird.

Von diesem Standpunkt aus kann man also nach zwei Seiten hin argumentieren. Das klassische psychoanalytische Denken suggeriert, dass jemand eine sparsame Ehefrau gefunden hat, *weil* diese ihn unbewusst an seine sparsame Mutter erinnerte. Das karmische Denken erklärt es umgekehrt: Er hat eine sparsame Mutter gehabt, *damit* er sensibel wird für diese Frau als Ehefrau.

Bei der Schulung der Seele ist es daher von äußerster Wichtigkeit sich darüber klar zu werden, welche Bedürfnisse man an seinem Partner (oder seinen Partnern) erlebt. Gleichzeitig sollte man hinhören, wie das Leben selbst spricht in Bezug auf die Frage, welche dieser Bedürfnisse wirklich befriedigt werden können und welche wir zunächst wie eine Sehnsucht nach einem imaginären Ideal akzeptieren müssen.

In einer Partnerbeziehung arbeiten wir also an einer fortschreitenden Menschwerdung und am Erwerb neuer Fähigkeiten. Das, was die beiden Partner miteinander anstreben, orientiert sich auf eine Drei(ein)heit des menschlichen Seins. Wir sind dazu gemacht, »Weisheit, Liebe und Freiheit« zu entwickeln. Nüchterner formuliert würde man sagen, wir sind auf der Suche nach »Erkenntnis, Leidenschaft und Steuerkraft«.

Diese drei Fähigkeiten ergänzen sich gegenseitig, stoßen aber auch aufeinander. Man kann zu sehr nach Erkenntnis streben, dadurch fehlt die Leidenschaft. Man kann durch seine Leidenschaft die Erkenntnis und die Fähigkeit zu steuern vermindern. Man kann die Steuerkraft zu sehr unter Kontrolle halten und dadurch blutleer werden. Jede Beziehung kann man danach beurteilen, wie stark Erkenntnis, Leidenschaft und Steuerkraft darin entwickelt werden. Hinter diesem Buch steht als einer der wesentlichen Gedanken, dass irgendwo in der geistigen Welt eine Art Blaupause des idealen Menschen vorhanden ist, reich an Erkenntnis, Leidenschaft und Steuerkraft. All unser Streben lässt sich auf das Bestreben zurückführen, etwas mehr von diesem Menschen auf der Erde zu verwirklichen. Es liegt auf der Hand, dass wir dieses Ziel nicht hier und jetzt schon erreichen können. Es liegt auch auf der Hand, dass wir oft unzufrieden mit uns sind. Oft sind wir unzufriedener mit unserem Partner als mit uns. Diese Eigentümlichkeit gleicht sich glücklicherweise aus, wenn zwei Menschen sich gegenseitig auf ihre Unzulänglichkeiten aufmerksam machen. Dies hat, wie jede Interaktion, einen konstruktiven, einen instruktiven und einen destruktiven Aspekt. Wenn man sich nämlich immer besser kennenlernt und einander auf Unzulänglichkeiten hinweist, kann das einen instruktiven Charakter tragen, es kann aber auch lähmen und blockieren. Die Leidenschaft wird dann einseitig, und die steuernde Fähigkeit innerhalb der Beziehung nimmt ab.

Wenn man einander besser kennenlernt, lernt man zugleich auch sich selber besser kennen. In einer Partnerschaft ist es erfahrungsgemäß oft so, dass man den andern anhand der eigenen Projektionen sieht. Der klassische solide, selbstsichere Mann hat offenbar auch brüchige Seiten in seiner Persönlichkeit. Die Frau wird noch eine Zeitlang mit ihrer Projektion vom Ritter auf dem weißen Pferd versuchen durchzukommen, aber nach und nach fallen ihr im Laufe der Beziehung die Schuppen von den Augen. Mit einer gewissen Berechtigung kann man behaupten, dass der Mann sich ursprünglich anders zeigte als er war. Zum andern kann man genauso behaupten, dass die Frau ihre eigenen Bedürfnisse projizierte. Aus der Perspektive des Dreiecks: konstruktiv – instruktiv – destruktiv lässt sich sagen, dass die Frau sich bemühte, das Ideal des Ritters auf dem weißen Pferd zu verwirklichen. Je reifer sie wird, umso mehr kann sie feststellen, dass diese Gestalt ein Teil ihrer eigenen Persönlichkeit werden kann (konstruktiv). Das Instruktive liegt darin, dass sie sich selbst und ihren Mann besser kennenlernen kann, das Destruktive lebt im Absterben des Ideals oder vielleicht auch in ihrem Versuch, den Mann weiterhin in ihrer Projektion zu belassen.

Aus Sicht der anderen Triade: Erkenntnis – Leidenschaft – Steuerkraft könnte man sagen, dass mit wachsender Erkenntnis das Leiden der Enttäuschung Hand in Hand ging und der Frau letztlich eine stärkere Steuerkraft beschert hat.

Es wäre natürlich herrlich, wenn die Partner im Laufe ihrer Ehe nüchtern feststellen würden: »Also, ich hatte falsche Erwartungen; mein Partner ist anders. Nun ja, gut dass ich es weiß, dann passe ich meine Erwartungen an.« Die Erfahrung lehrt jedoch, dass wir unsere Erwartungen und unsere Meinungen über uns selbst nicht so einfach preisgeben. Um bei dem Beispiel zu bleiben: Sehr oft geschieht es, dass die Frau alles daransetzt, um »den Ritter« weiterhin auf ihren Mann zu projizieren. Mit anderen Worten, die Frau sträubt sich dagegen, den Ritter auf dem weißen Pferd zu verinnerlichen und gibt sich große Mühe, diesen Aspekt außen vor zu lassen. Das habe ich als »Abschieben« bzw. Delegieren bezeichnet. In den Kapiteln über Widder–Waage und Zwillinge–Schütze habe ich dies anhand der entsprechenden Beispiele beschrieben. Hier beziehe ich es auf das Allgemeinmenschliche in der Partnerschaft.

Delegieren

Das Delegieren ist ein üblicher menschlicher Prozess: Man überträgt das Reparieren der Schuhe dem Schuhmacher, das Brotbacken dem Bäcker, aber auch die Erziehung der Kinder zu einem Teil dem Lehrer (und manchmal dem Babysitter). Auch in der Partnerbeziehung ist dieser Vorgang normal: »Rufst du mal eben bei der Behörde an, du kannst diese Dinge viel besser als ich.«

In Partnerbeziehungen wird das Delegieren zum Problem, wenn die Partner einander emotionale Prozesse übertragen, die sie eigentlich selber verarbeiten müssten. Oft kommt es vor, dass die Frau die tatkräftige, aggressive Seite auf den Mann überträgt, so dass sie lieb und freundlich bleiben kann. Umgekehrt gibt es das Klischee, nach dem er sich in entscheidenden Augenblicken zu gefühllos zeigt, wodurch seine Frau dann an seiner Stelle traurig wird. Wenn sich dieser Prozess polarisiert, bekommt man eine Verschmelzung, bei der beide einander nötig haben, um sich heil und ganz zu fühlen. Das hat einen romantischen liebevollen Aspekt, aber auch eine unfrei-machende Seite. Denn man hindert einander daran, ein *selbständiger* vollständiger Mensch zu werden. In diesem Zusammenhang kann jener Konflikt zwischen den Partnern auftreten, dass der Mann sagt: »Du solltest einmal sehen, wie hart ich arbeiten muss und auf was ich alles verzichte, um für dich und die Kinder zu sorgen«, und die Frau sagt: »Du solltest einmal etwas an deinem Gefühlsleben tun.«

Gewisse Beziehungs-Theorien sprechen in diesem Zusammenhang von der sozial-emotionalen Spezialisierung der Frau gegenüber der instrumentalen Entwicklung des Mannes. Es ist eine der Polaritäten, die in fast jeder Partnerbeziehung auftritt, und es ist natürlich spannend, dazwischen ein Gleichgewicht zu finden, das beiden Partnern gerecht wird und beiden gleichermaßen Entwicklungsmöglichkeiten bietet. Folgt ein Mann, der problemlos das

Nötige verdienen kann, wirklich seinem Schicksal, wenn er immer härter arbeitet und immer mehr verdient? Kann man behaupten, dass eine Frau, die an alle Geburtstage denkt und immer Blumen auf den Tisch stellt, ihrer Natur folgt? Und inwieweit gelingt es ihnen, über ihre Natur hinauszuwachsen? Was ist hieran gut oder schlecht? Und in welchem Grade fällt die Antwort anders aus, wenn sie hinsichtlich des Individuums oder wenn sie hinsichtlich der Beziehung gegeben wird? Dies sind Fragen der individuellen Freiheit, die jeder persönlich beantworten muss, weil das Maß an Freiheit zusammenhängt mit dem Maß an Zufriedenheit, welches man innerhalb der individuellen Situation findet.

Doch ist das Problem auch durch die Kultur bestimmt. Viele Menschen, die mit der Rollenverteilung in ihrer Familie höchst zufrieden waren, mussten plötzlich im Gefolge einer neuen gesellschaftlichen Ordnung ihre sichere Welt über Bord werfen. Beide Partner mussten jetzt außer Haus arbeiten, beide mussten Haushalt und Familie versorgen. Wie frei waren diese Menschen, und inwieweit ist es ihre eigene Entscheidung gewesen? Oder haben sie doch etwas Neues in sich selbst entwickelt?

Unbewusstes Delegieren

Mit etwas gutem Willen erkennen wir die eben besprochenen Prozesse ohne Weiteres wieder und können sie auch unter den Nenner der bewussten Verantwortlichkeit einordnen. Denn wenn auch die Frau nicht so starke Muskeln wie der Mann hat, kann sie doch den Mülleimer hinausbringen; und wenn auch der Mann keine Milchdrüsen hat, kann er dem Kind doch liebevoll das Fläschchen geben.

Die Besprechung weniger deutlich erkennbarer und weniger bewusster Kräfte will ich mit folgendem Phänomen einleiten, das manchem vielleicht bekannt vorkommt: Man ist durch irgendetwas gereizt – vielleicht durch das Verhalten des Partners, das Auftreten des Chefs, oder vielleicht auch ohne triftigen Grund –, und verhält sich seinem Partner gegenüber unangenehm, der eigentlich in dem Moment guter Laune war. In dem Augenblick, da dieser seinerseits gereizt reagiert, kann man oft bei sich selber eine gewisse Entspannung erleben. Bei einigen Menschen tritt dies nicht in dieser Form auf; sie sind erst erleichtert, wenn es Streit gegeben hat. Bei vielen Menschen ist es jedoch der Fall; sie beschreiben das Phänomen, dass ein »Funke« auf den Partner überspringt. Dieser bekommt schlechte Laune, und die eigene Nervosität ist verschwunden.

So oder ähnlich geht es mit einer Reihe von destruktiven Emotionen. Es ist kein Zufall, dass ängstliche Kinder sich manchmal gegenseitig die schrecklichsten Geschichten erzählen, weil sie damit die Angst wechselweise auf den andern übertragen. So kann es uns erleichtern, wenn jemand noch schmerzlicheren Kummer erlebt als wir selbst. Es kann aber auch übertrieben werden. Wir erzählen dem Partner, dass wir über eine bestimmte Ungerechtigkeit wütend sind, und wenn dieser dann außer sich gerät vor Wut auf den Übeltäter, können wir das Gefühl haben, dass uns etwas *abgenommen* worden ist; es war unsere Wut, und die sitzt jetzt im Partner – wir können gar nicht mehr so schön fühlen, wie wütend wir waren. Diese besondere Erscheinung, die ihre Wurzeln in der psychischen, vielleicht auch in der energetischen Ebene hat, ist die Basis einer Gesetzmäßigkeit, die in jeder Partnerbeziehung auftreten kann.

Wir nehmen einmal an, ein Kind sei unerwünscht gewesen und seine Mutter hätte es stets voller Abneigung angeblickt. Ein solcher Mensch muss – wenn er psychisch überleben will – den Teil seiner Seele, der vor Kummer und Schmerz aufschreit, abkapseln und sogar von sich abstoßen. In einer Metapher ausgedrückt lässt dieser Mensch einen Teil seines Kindseins in sich sterben oder er bezeichnet ihn seinerseits als lästig und unerwünscht. Auf energetischer Ebene bleibt eine Wirkung zurück, die nicht verdaut ist und die in eine Form gebracht werden möchte. Wenn ein solcher Mensch später einen Partner findet, der mit einem ähnlich gearteten Schmerz durchs Leben geht, kann in dieser Partnerbeziehung ein seltsamer Kreislauf entstehen, bei dem die Partner sich gegenseitig das Gefühl vermitteln, nicht gut genug zu sein. Derjenige, der gerade nicht in der Verliererrolle ist, entwickelt auf der einen Seite Kontrolle – er ist ja nun der abstoßende Teil –, und zugleich entsteht Erleichterung, weil der andere einen Schmerz zum Ausdruck bringt, den er selbst nicht mehr fähig ist zu erleben. Eine Woche später kann es gerade umgekehrt sein, und das gibt ein Gefühl des Ausgleichs und der Erleichterung. Dieser Vorgang ist vergleichbar damit, dass man sich gegenseitig Angst macht, um sich grausen zu können und außerdem einmal nicht selbst der Ängstliche zu sein. In verhältnismäßig unschuldiger Form tritt dies Phänomen auf, wenn einer der beiden Partner seine Nonchalance zu sehr übertreibt. Dann wird der andere überbesorgt und penibel. Dann ist es fast eine Erleichterung, wenn das Schema einmal wechselt.

Eine der dramatischsten Formen des unbewussten Delegierens tritt auf, wenn extreme Gewalt verarbeitet wird. Meist gelingt es dem Mann ohnehin schon schwerer, an sein Gefühlsleben heranzukommen. Daher reagiert er sich leichter durch Schläge ab als die Frau. Das heißt, auch wenn beide, Mann und Frau, in ihrer Kindheit geschlagen worden sind, ist es meist so, dass der Mann seine Opferrolle auf seine Frau überträgt und die Frau die Täterschaft auf ihren Mann. Die Frau sucht sich dann einen Mann, der sie auch misshandelt, und zwar wegen der konstruktiven Seiten seiner geballten Ladung: Sie erlebt den Beschützer an ihm. Sie macht sich selbst blind für die Bedrohung, die in seinem aggressiven Verhalten der Außenwelt gegenüber liegt. Der Mann sucht sich seine Frau wegen ihrer Empfindlichkeit und ihrem verletzbaren Bedürfnis nach Schutz und macht sich zunächst noch blind für die destruktive Seite ihrer saugenden, unbefriedigten Bereitschaft. Wenn die Verbindung intensiver und die gegenseitige Abhängigkeit größer wird, nimmt das Drama seinen Lauf. Der Mann teilt die ersten Schläge aus, und die Frau schaut erschrocken und empört. Damit zieht sie ein Stück des entsetzten und empörten Kindes, das der Mann in sich trägt, auf sich. Andererseits überträgt sie die Seite in sich, die niederträchtig und gemein ist, auf ihren Mann und sieht in den Augen ihres aggressiv geladenen Mannes einen Hass, der eigentlich auch zu ihr gehört. Wenn die Frau beschließt, dass das Maß voll ist, schlägt die Polarität um. Sie wird die Kräftige und verlässt ihn, und er wird zum weinenden, bedauernswerten Opfer.

Das ist dann oft der Moment, an dem die Frau beschließt, zu

dem Mann, der sie kurz zuvor noch misshandelt hat, zurückzukehren. Die Ursachen für einen solchen Ablauf sind äußerst komplex, aber eine Reihe von Faktoren kann man doch nennen. Meist kann die Frau ihre eigene Opferrolle nicht recht mit der Seite ihres Wesens verbinden, in der sie sich selber schützt. Ebensowenig kann der Mann seine schuldbewusste in seine aggressive Seite integrieren. Manchmal spielt auch das Problem eine Rolle, dass ein derartig intensives Schreien und Schlagen eine fast süchtig machende Kraft hat, weil man gegenüber subtileren Reizen relativ abgestumpft ist.

Schuld zuweisen und Verantwortung übernehmen

Damit kommen wir zu den Begriffen Schuld und Verantwortung. Was kann man dem anderen anrechnen, was nicht? Eines der Dinge, für die wir alle lernen können, Verantwortung zu übernehmen, ist Gewalt. Gewalt bedeutet eine überwältigende Kraft, mit der wir ins Reine kommen müssen. Es ist etwas von einer unergründlichen Schöpfungskraft und zugleich eine unermessliche Vernichtungskraft darin enthalten. In diesem Sinne hat sie etwas Göttliches. Sie ist schön und hässlich zugleich und dadurch in gewisser Weise mit der Liebe verbunden. Es kann eine überwältigende, »gewaltige« Erfahrung sein, diese Gewalt zu zügeln und diese Macht beherrschen und steuern zu können.

Das Problem bei Partnerbeziehungen ist, dass nicht nur Abweisung, sondern oft auch Abhängigkeit entsteht. Wenn man von seinem Partner einen Schlag bekommt, ist das eine so überwältigende Erfahrung, dass man keine Antwort darauf finden kann. Auf der einen Ebene erlebt man moralische Entrüstung, aber auf einer anderen Ebene entsteht eine so gewaltige Erlösung, eine so überwältigende Erregung – die auf beinahe keine andere Art zu erleben ist –, dass das Risiko besteht, dieses Gefühl aufs Neue zu suchen. Man will das Unbegreifliche begreifen.

Gewalt ist unvermeidlich, da in einer Begegnung per definitionem eine Form der Gewalt – man ist voneinander überwältigt –, stattfindet. Wo man selbst steht, kann der andere nicht stehen, und was der eine isst, kann der andere nicht essen. Kurz, außer den gemeinsamen

Interessen gibt es auch viele Interessen, die sich stoßen. Wann aber wird Gewalt amoralisch? Wie geht man mit Gewalt um? Gewalt ist eine aufweckende Kraft, während die gewaltlose Erfahrung einschläfernd sein kann. Maß und Qualität der Gewalt bestimmen, ob sie dazu verhilft, Freiheit zu entwickeln. Das ist ein Standardproblem zwischen Mann und Frau. Dadurch dass der Mann mittels seiner großen Muskelkraft mehr physische Gewalt einsetzen kann und die Frau besser dazu in der Lage ist, ihr Gefühlsleben als Vermittler von Gewalt zu benutzen, gehen sie oft mit Arten von Gewalt um, die man nicht miteinander vergleichen kann. Frauen klagen dann über die Schläge, die sie von ihrem Mann bekommen, und die Männer verteidigen sich etwa mit den Worten: »Wenn du wüsstest, wie sie mir das Blut unter den Nägeln hervorsaugt.« Und es ist bestimmt keine Ausnahme, wenn Frauen hinzufügen: »Ich kann wahnsinnig quengeln und triezen. Vielleicht provoziere ich ihn dadurch auch selbst.«

Doch bleibt die Frage, wie man erkennen kann, dass ein Unterschied zwischen physischer und psychischer Gewalt existiert. Und wie kann man gemeinsam dafür sorgen, dass die Gewalt beherrschbar wird? Wenn die Würde einer der beiden Partner verletzt wird, muss eine Korrektur stattfinden.

Stellvertretung

In dem Augenblick, in dem man sich des Mechanismus des Delegierens (Abschiebens) bewusst geworden ist, steht man seinem Partner freier gegenüber. Das heißt zugleich, dass man die ganz spezifischen Seiten, die man an den andern delegiert hat, so weit wie möglich wieder zurücknimmt. Es kann aber auch bedeuten, dass man die Emotionen, die der andere bei einem hervorruft, selber stillschweigend verarbeitet. Dadurch kann eine verhängnisvolle Kette unterbrochen werden. Einfach ausgedrückt heißt das folgendes: Wenn A beispielsweise B schlägt, bei B eine Unzufriedenheit entsteht, die dazu führt, dass C geschlagen wird, kann C den Impuls haben, D zu schlagen. Wenn C aber fühlt, wie schlimm es ist, geschlagen zu werden und zugleich spürt, wie groß der Impuls, selber zu schlagen, ist, ihn aber nicht ausführt, handelt es sich um *Stellvertreten.* Die Sprache kennt den Ausdruck »sich für jemanden schämen«; diese Regung tritt auf, wenn ein Mensch sich so ungeniert aufführt, dass es bei einem oder mehreren anderen Menschen ein Gefühl der Scham weckt. Auch das ist »Stellvertreten«.

Wieweit dieses Stellvertreten eine konstruktive Wirkung hat, hängt davon ab, ob der andere wirklich nicht dazu in der Lage ist, sein Verhalten unter Kontrolle zu bringen. Oft kommt es am Ende eines Entwicklungszyklus zu einem Stellvertreten. Beispielsweise ärgert man sich darüber, dass die eigene Frau so wenig gastfreundlich ist, wenn Besuch kommt. Zu Anfang hat man sich darüber geärgert, sich dann gestritten und danach erkannt, wie sehr sie sich bemühte, es ihr aber nicht gelang. Und schließlich tat man weiterhin das, was man immer getan hatte, jetzt aber aus einem Gefühl der großen Liebe und Freiheit heraus. Dann handelt es sich um eine *konstruktive Form* des Stellvertretens. Natürlich muss man sich davor hüten, dass man den Partner jetzt nicht bevormundet, aber meist sind sich beide Seiten bewusst, wie heilsam es ist, wenn – aus einer gegenseitigen Akzeptanz heraus – einer der beiden Partner etwas für beide tut.

Manchmal kann es auch ein ganz einsamer Prozess sein, beispielsweise wenn man das Gefühl hat, dass der Partner aggressiv und verletzend ist, ohne sich dessen bewusst zu sein. Am Ertragen dieses Schmerzes wächst man selber. Auch hier lauert allerdings das Risiko, dass man seine eigene Entwicklung gerade dadurch torpediert, dass man »um des lieben Friedens willen« den Partner nicht auf eine Reihe von Dingen aufmerksam macht.

Ein letztes Beispiel für eine Möglichkeit des Stellvertretens: Einer der beiden Partner durchlebt eine Phase geistigen Wachstums und interessiert sich für alles, was mit geistiger Entwicklung zu tun hat; der andere empfindet bislang nur Ablehnung dagegen. Das kann zunächst einmal daher kommen, dass der eine sich mit einem derartigen Fanatismus in Spirituelles stürzt; die Zweifel, die ja immer dazugehören, überträgt er aber auf den Partner. Der Partner vertritt dann de facto den »gesunden Menschenverstand«. Wenn man sich nach der fanatischen Anfangsphase selbst auch

Zweifel zugesteht, kann man sich dennoch für die spirituelle Sache entscheiden. Dann kann ein Punkt kommen, wo einer das spirituelle Interesse für beide wahrnimmt. Vielleicht ist es so, dass der Partner später dazustößt oder einen anderen Weg wählt, aber vielleicht bleibt es beim anfänglichen Stadium und man trägt in Einsamkeit eine Schönheit, die man eigentlich lieber geteilt hätte. Man kommt dann unausweichlich zu der Frage: »Geht es mit uns beiden noch gemeinsam weiter? Müssen wir nun auseinandergehen oder nicht?«

Diese Frage stellt man sich auch, wenn man einen stürmischen Prozess in der Psychotherapie durchmacht und der Partner kein Bedürfnis danach hat, die tieferen Schichten in sich zu erkennen, wenn er sich für einen ganz anderen Weg entschieden hat oder auch ganz schlicht die Lektüre eines Boulevardblattes vorzieht. In all den Fällen ist es die Frage, ob man den Prozess für beide tragen will: »Kann ich das, was ich bei dem andern als Angst vor der eigenen Wahrheit erkenne, respektieren? Kann ich den andern in seinem eigenen Rhythmus belassen?« Und wenn man meint, es zu können, bleibt die Frage bestehen, ob das *immer* möglich sein wird, denn auch der andere wird Forderungen an uns haben. Die Frage ist dann, wie man dies aushalten kann und ob es nicht zu stark polarisiert. Die Antwort hierauf lautet für jeden anders und wird immer individuell bestimmt sein.

Polaritäten in der Beziehung

Eine Reise durch die Polaritäten

Man kann als individueller Mensch seinen Lebenslauf betrachten und dabei entdecken, wie bestimmte Themen wiederkehren. Auch auf die eigene Partnerbeziehung kann man blicken und dort untersuchen, welche der beschriebenen Aspekte von einem selbst und vom Partner ergriffen werden. Die zwölf Hauptthemen, die ich hinsichtlich des individuellen Lebenslaufs behandelt habe, kann man auch in der Thematik für Partnerbeziehungen wiederfinden. Gerade weil es sich dort so oft um Polarisationen handelt, habe ich mich dafür entschieden, eine kurze Übersicht über die sechs grundlegenden Polaritäten zu geben, die wir als einen Aufgabenbereich in den zwischenmenschlichen Beziehungen erkennen können. Dabei muss beachtet werden, dass alle sechs Polaritäten Teile des menschlichen Verhaltens sind und dass nie etwa eine einzelne gar nicht anwesend wäre. Eher sind es Gewichtungen, die je nach dem Charakter der menschlichen Beziehung anders gesetzt werden.

Tun versus Erleben

Die erste Polarität ist die von Widder und Waage, das Tun gegenüber dem Erleben. Die große Schönheit der Integration Widder–Waage verbirgt sich hinter der Fragestellung: »Ist derjenige, zu dem ich spreche, noch in der Lage, mir zuzuhören, oder überschütte ich ihn mit meinen Worten? Verkrafte ich es, dass jemand mir sagt, er fände mich so aggressiv, dass es sehr schwer sei, mir zuzuhören? Kann ich aus meinen eigenen Taten lernen, oder handle ich nur, um mich abzureagieren?« Das ist eines der Probleme in Partnerbeziehungen. Die Partner können in einer Spirale landen, in der sie immer übellauniger und unfreundlicher miteinander umgehen. Dann entsteht ein handfester Streit, wonach sie wieder eine Weile zur Ruhe kommen. Die währt so lange, bis wieder neuer Ärger entsteht, weil die Probleme selbst nicht gelöst sind. Und so geht es immer weiter: Ärger, Streit, gelegentliche Gewalt, Ruhe, Verdruss, gelegentliche Gewalt, Ruhe. Es gelingt irgendwie nicht, die Intensität, die das Erleben von Gewalt mit sich bringt, innerhalb einer solchen Beziehung zu kanalisieren und Entwicklungsmöglichkeiten zu erkennen.

Wir haben es hier mit einem der Standardprobleme in unserer Gesellschaft zu tun. In unserer Kultur ist das Männliche – die Tatkraft, der Wert der Quantität – sehr überbetont, während das Weibliche – aus Erfahrung lernen, den richtigen Blick für Qualität haben – unterbewertet wird. In diesem Sinne ist unsere Gesellschaft als Ganze sehr tatkräftig und gewalttätig geprägt. Wir alle kennen die sozialen Zwänge und traditionellen Indoktrinationen, nach denen Männer eigentlich nicht weinen und Frauen nicht kämpfen dürfen. Kleine Jungen, die auf dem Schulhof miteinander kämpfen, werden oft weniger schnell getrennt als Mädchen, die miteinander kämpfen. Den Mädchen wird dagegen viel öfter gesagt, es sei schön, hübsch auszusehen. Ein Loch in einer Jungenhose ist ein Zeichen von Robustheit, ein Riss in einer Mädchenbluse dagegen eine Katastrophe. Jedenfalls wird gesellschaftlich noch immer betont, dass Mann und Frau polare Wesen sind, die außerdem auch noch weiter polarisiert werden müssen. Oder, was noch schlimmer ist: Die Frauen übernehmen die Normen der Männer und nennen es Emanzipation.

Glücklicherweise gibt es zur Zeit Tendenzen, dass viele Menschen sich darum bemühen, nicht in dieser Einseitigkeit zu verbleiben. Manche Männer schaffen in sich eine neue Erlebnisbereitschaft, ziehen kleine Kinder auf und entwickeln ihr Gefühlsleben. Und immer mehr Frauen entdecken ihre Tatkraft wieder. Sie sind mehr in der Außenwelt tätig, und mehr noch: Sie lernen es auch, die Kraft ihres Gefühlslebens zu würdigen. Man kann den Eindruck haben, dass der wirkliche Feminismus nicht den Mann nachahmt, sondern eine selbständige spirituelle Strömung darstellt, die die weibliche Kraft des Erlebens zu einer bedeutenden menschlichen Fähigkeit macht. Und eine entsprechende Entwicklung bei den Männern liegt nicht in der Nachahmung der Frau im Handeln und Reagieren, sondern das Umgestalten der männlichen Tatkraft zur Erlebniskraft: dass man fühlen kann, was man tut.

Die Polarität Widder–Waage hängt mit dem Gleichgewicht zwischen Sprechen und Zuhören zusammen. In gewissem Sinne ist es leicht, dieses Gleichgewicht in einer Beziehung zu finden, weil Ideenwelt und Intellekt geschlechtslos sind. Was Männer und Frauen einander zu sagen haben, ist also gleich wichtig. Es ist ein Irrtum, wenn ein Mann meint, dass seine Mitteilung: »Ich habe gerade einen Auftrag über fünf Millionen hereingeholt« interessanter sei als die Schilderung seiner Frau über die ersten Schritte ihres Kindes. Die meisten Beziehungstherapien fangen daher auch schlicht und einfach mit Sprech- und Zuhörübungen an. Dann muss die Frau nach dem Abendessen fünf Minuten lang etwas über den Verlauf ihres Tages erzählen, ohne dass ihr Mann ihr in die Rede fällt, und der Mann muss es dann zusammenfassen, weil er lernen muss zuzuhören. Danach erzählt der Mann fünf Minuten lang etwas über seinen Tag, und seine Frau fasst es zusammen.

Ein wichtiges Element in einer Partnerbeziehung ist also: Wann spreche ich, wann höre ich zu? Aber auch: Wer ergreift die Initiative? Wer plant die Ferien? Wer sagt, dass die Wohnung zu klein wird? Wer stellt fest, dass das Gras gemäht werden muss? Wer achtet darauf, dass die Kinder rechtzeitig ins Bett gehen? Diese Art Haus-Garten-und-Küchen-Angelegenheiten bestimmen die Atmosphäre des gegenseitigen Respekts der Partner. Diese Dinge muss man wach beobachten, weil sich einfach feste Muster einschleifen. Wer ist fähig, gut zuzuhören? Und gibt es noch genügend Dinge, hinter denen beide Partner stehen können? Können die Partner behaupten: »Wir finden uns beide in unserer Aufgabenverteilung wieder«? Und dürfen die Verhältnisse sich auch ändern? Oder gibt es Dinge, aus denen der eine soviel Selbstbewusstsein zieht, dass der andere nicht daran rühren darf? Wie erhält man sich das Interesse füreinander? In einer Partnerbeziehung, die sich weiter entwickeln soll, muss man sich diesen Fragen unbedingt widmen.

Ernährung versus Bewusstsein

Der Stier repräsentiert die aufbauende Kraft des Stoffwechsels und hängt von daher mit dem Bedürfnis nach Ernährung zusammen. In der Partnerbeziehung treffen wir wieder auf dieses Motiv, wenn wir sehen, in welchem Maße Partner sich buchstäblich und im übertragenen Sinne gegenseitig ernähren. Buchstäblich: Wer kocht für wen, und was tut der andere zum Ausgleich dafür? Im übertragenen Sinn hat es etwas damit zu tun, wie die beiden Partner sich gegenseitig mit aufbauenden Erlebnissen versorgen. Ein wichtiger Aspekt ist hierbei das Streicheln, weil es neben dem Hunger des Mundes auch einen Hunger der Haut gibt. Hierhin gehören dann z.B. folgende Fragen: Wer streichelt wen am meisten? Massieren die Partner sich gegenseitig? Können die beiden zärtlich miteinander sein, ohne dass es zu heftiger Sexualität kommt? Damit ist man natürlich schon am Randgebiet des Gegenpols, des Skorpions angelangt. Denn wenn man sich gegenseitig in aufbauender Weise stimuliert, wird der Reiz in einem bestimmten Moment so groß, dass er wieder Energie weckt. Leise Musik wird dann laute Musik. Streicheln wird Zupacken, Schmusen orgasmusorientierte Sexualität.

Zum Stier gehört der Prozess, dass ein Stoff in einen anderen aufgenommen wird: Gras z.B. wird dann ein Teil des Stierkörpers. Dieser Prozess kann sich auch bei Menschen abspielen, die prinzipiell das starke Bedürfnis nach Ernährung haben. Vielleicht gab es Defizite in der Babyzeit, vielleicht ist es anlagebedingt, wahrscheinlich ist es eine Kombination mehrerer Faktoren. In jedem Fall aber treten in einer solchen Beziehung derartig viele sanfte Momente auf, dass die Partner vor dem Gefühl erschrecken, sich selbst zu verlieren. Es ist dann, als gingen die beiden Persönlichkeiten ineinander über. Das kann sowohl angenehm als auch beängstigend sein. In der Babyzeit nennt man dies »Symbiose mit der Mutter«, weil noch soviel Übereinstimmung zwischen dem Körper der Mutter und dem des Kindes besteht. In der Partnerbeziehung kann dieses Bedürfnis durchaus gut befriedigt werden, aber ein sehr intensives Erleben von Wärme und Streicheln kann die Beziehung plötzlich in den Gegenpol umschlagen lassen. Einer der beiden fühlt sich bedrängt von der drohenden Verschmelzung, oder einer der beiden fühlt sich zu sehr ausgesaugt. Auch da entsteht das Gegenbild Skorpion: Das milchsaugende Baby wird als blutsaugender Vampir erlebt. Derartiges kann durchaus als realer Gedanke bei der Mutter aufgetaucht sein, als sie das Kind nährte. Es ist auch nicht wenig, was von einer Frau verlangt wird, die ihr Kind selbst stillt, und viele Mütter fühlen, wie ihr Körper während der Zeit der Brustnahrung merklich altert. Mit anderen Worten: Wenn eine Mutter für solche drohenden Gefahren empfindlich ist und sich erschöpft fühlt, erfolgt leicht ein vorwurfsvoller Blick zum Kind: »Du wirst noch mein Tod.« Der Betreffende kann in seiner weiteren Entwicklung ein solches Bild von sich selbst verborgen mit sich herumtragen und sich durch sein starkes Verhalten, am Partner saugen zu wollen, dessen bewusst werden.

Ein Symptom der Menschen, die mit diesem Thema zu tun haben, ist die häufig gestellte Frage: »Verstehst du? Findest du nicht auch? Das ist doch so, sag selbst?« In Wirklichkeit sagen sie: »Ich kann es nicht vertragen, dass es einen Menschen gibt, der nicht weiß, was in mir vorgeht, und noch weniger, dass mein Partner mich nicht versteht oder nicht einer Meinung mit mir ist.« Es ist jedoch einfach eine Tatsache, dass niemand einen anderen Menschen vollständig verstehen kann. Man kann sich dem anderen annähern, etwas vermuten: »Dir tritt jemand auf die Füße, das schmerzt, nicht wahr?« Aber dass jemand diese Frage stellt: »Verstehst du?«, verrät schon etwas. Wenn Menschen so etwas häufig fragen, weist es darauf hin, dass sie Sehnsucht nach jemandem haben, der sie versteht, ohne dass sie es zu erklären brauchen. Dieses Erlebnis kann man jedoch nur in seinen ersten beiden Lebensjahren haben, wenn Mutter oder Vater ständig nach einem sehen: »Hat er Durst? Liegt sie auch gemütlich? Ist es warm genug?« Das bedeutet, dass sich immer jemand damit beschäftigt, unsere Gedanken zu lesen. Denn man kann ja noch nicht reden, also *muss* man wortlos verstanden werden. Danach ist das vorbei. Dann muss man in die Einsamkeit hinein, immer tiefer.

Doch dies gelingt erst, wenn man durchschaut hat, dass es im Prinzip ein legitimes Bedürfnis ist, verstanden zu werden, das in diesem Fall jedoch am falschen Ort und im falschen Augenblick geäußert wird. Erst wenn beide Partner dies durchschauen, kann man beginnen zu sortieren: »Worin kann ich dir entgegenkommen, trotz der Tatsache, dass ich dich niemals ganz verstehen werde? Kannst du es aushalten, dass wir eine Beziehung haben, in der wir uns nie ganz verstehen werden? Kannst du auf die Illusion der vollständigen Übereinstimmung verzichten? Und kannst du dann doch noch mit mir über das kommunizieren, was du wichtig findest?« Wie kann man die Ängste auf eine erträgliche Ebene zurückschrauben, auf eine Ebene, die auch für den Partner erträglich ist? Und kann man einsehen, dass hinter den Extremen, in denen man gelandet ist, unglaubliche Schmerzen vorhanden sind? Dann begreift man, dass man diesen Schmerz gemeinsam erleiden kann, wenn ein bestimmter gegenseitiger Respekt vorhanden ist.

Der Kombination der Stierthematik mit der Skorpionthematik begegnen wir in der Verwirrung, die dadurch entsteht, dass man einerseits auf Ernährung und Wärme ausgerichtet ist und andererseits nach sexueller Befriedigung sucht. Die Stiersensualität und die Skorpionsexualität laufen im körperlichen Erleben sehr durcheinander. Es gibt sogar eine Verwandtschaft zwischen der schaffenden Kraft der Stierorgane (Kehle und Stimmbänder) und der Schöpfungskraft der Skorpionorgane (den Geschlechtsteilen). Viele sexuelle Probleme, vor allem bei geschlechtlicher Unersättlichkeit, sind mit einer oralen Problematik verbunden. In der Partnerbeziehung kann einer der beiden Partner – und das ist meistens der Mann – die Rolle desjenigen vertreten, der immer meint: »Wir gehen nicht oft genug miteinander ins Bett.« Dadurch entsteht eine ähnliche Art Kreislauf wie bei dem Bedürfnis nach Ernährung, da die Frau das Gefühl bekommt: »Ich werde getrieben. Mir wird meine Spontaneität genommen, weil immer einer hinter mir herjagt. Dadurch habe ich immer weniger Lust, und mein Partner macht mir immer mehr Vorwürfe.« Und im Bett hat die Frau das Gefühl, dass ihr etwas aufgezwungen wird, und das ist für sie absolut nicht befriedigend.

Oft löst man sich als Paar nur aus diesem Kreislauf, wenn man verabredet, für einen längeren Zeitraum ganz auf die Geschlechtsgemeinschaft zu verzichten. Wenn man sich gemeinsam ganz bewusst dafür entscheidet, stirbt bei dem Mann die Illusion, dass er an einen Punkt hätte kommen können, an dem er völlige »Sättigung« erreicht hätte. Die Unersättlichkeit auf sexuellem Gebiet stammt bei vielen Männern aus einer unbewussten frühkindlichen Sehnsucht nach Brustnahrung. Nicht zufällig lautet das Sprichwort: »Die Liebe geht durch den Magen.« Wenn ein Mann die Liebe an erster Stelle physisch, in Form der Sexualität erlebt, wird er eine Hölle durchmachen, wenn er sich mit seinem Partner für eine so lange andauernde Enthaltsamkeit entscheidet. Für sein Gefühl ist dann niemand mehr da, der ihn liebt. Doch er kann geläutert daraus hervorgehen, wenn er es durchhält. Zugleich kann seine Frau entdecken, wie ihr eigenes Bedürfnismuster aussieht, da sie nicht mehr unter dem ständigen Druck des Mannes steht: »Hast du schon Lust? Was ist eigentlich los mit dir?« Wenn es dem Mann gelingt, den Rhythmus und die Bedürfnisse seiner Partnerin mehr zu respektieren, kann es sein, dass sie zu einem weniger komplizierten sexuellen Verhältnis gelangen.

Als einen wesentlichen Punkt werden sie dabei erkennen, dass es nicht einmal so sehr um den Sex an sich geht. Das Problem ist, dass es für den Mann unbewusst sehr schwierig ist, dass seine Frau Brüste hat, die für zwei Zwecke geeignet sind: zum daran nuckeln und zur sexuellen Stimulation. Das ist auch für Frauen verwirrend. Bis zu welchem Punkt ist ein Mann, der an den Brüsten seiner Frau saugt, noch ein Liebhaber? Wann sinkt er in ein Babygefühl zurück? Oder umgekehrt: Bis zu welchem Punkt fühlt sich eine Frau noch angenehm stimuliert? Und wann denkt sie: »O je, es ist, als würde eins der Kinder nuckeln.« Auch umgekehrt kann dieselbe Verwirrung entstehen. Die gerade eben noch sexuell erregte Frau kann beim oralen Sex auf einmal in ein passives Babygefühl zurückfallen wollen.

Dieses sind Kräfte, die man langsam und allmählich entwirren lernen kann. Möglicherweise kommt man mit einer frühkindlichen Schicht in Kontakt, die durch ein dabei unbefriedigtes Sichüberlassenwerden in dieser frühen Lebensphase jetzt sehr schmerzhaft ist. Es ist wichtig, den Schmerz bei sich richtig zu lokalisieren und die Verantwortung dafür nicht dem Partner zuzuschieben. Doch auch wenn man dies bewältigt, wird man als Mann und Frau doch zwischen diesen unterschiedlichen Bedürfnissen lavieren müssen. Für den Mann besteht die Aufgabe darin, die einseitig »auf einen Punkt« orientierte Skorpionkraft in seiner Sexualität sterben zu lassen und eine mehr »sphärische« Sexualität zu entwickeln. Das bedeutet, er muss die Fixierung auf seinen Penis in ein erweitertes erogenes Erleben des ganzen Körpers verwandeln. Die Herausforderung für den Mann heißt daher vor allem: »Wie kann ich ein stärker integriertes Körpergefühl bekommen?«

Für die Frau, die durch eine sexuelle Wandlung gegangen ist, geht es darum, wie sie ihre eigene elementare Sexualität erleben kann. Es kann sein, dass infolge ihrer eigenen Wandlung diese sexuelle Kraft jetzt frei geworden ist – aber ist dann auch Raum dafür? Männer können gewaltig erschrecken, wenn die weibliche Sexualität hervorbricht. Solange der Mann noch das Bild von der Frau als eines leicht frigiden Wesens pflegt, das nur mühsam sexuell erregbar ist, braucht er keine Sorge zu haben, dass er ihre sexuellen Bedürfnisse nicht befriedigen kann. Wenn die Frau jedoch Zugang findet zur schwingenden, wogenden Kraft ihres Beckens, kann ein Mann Schwierigkeiten mit seiner Potenz bekommen. Er phantasiert zwar von der verführerischen, supersexuellen Frau als idealem Partner – aber kann er sie wirklich befriedigen?

Was ist überhaupt ein idealer Partner? Männer wie Frauen äußern darüber oft: »Jemand, der keine Forderungen stellt.« Aber das ist kein idealer Partner, das ist der ideale Vater oder die ideale Mutter. In den ersten beiden Lebensjahren stellen Eltern keine Forderungen. Danach ist es damit vorbei, weil das Leben selbst immer mehr Forderungen stellt. Auch der Partner hat das Recht, Forderungen zu stellen, zum Beispiel die, dass man sich an Absprachen hält, dass beide sich gleichermaßen um den Haushalt kümmern oder dass man sich für die Partnerbeziehung interessiert; oder dass man nicht nur aufeinander baut, sondern auch auf Freunde und so weiter. Natürlich braucht man nicht in alle Forderungen einzuwilligen, man kann über die gegenseitigen Forderungen verhandeln, bis man zu Absprachen kommt, denen beide zustimmen können. Ein Partner aber, der keine Forderungen stellt, ist jemand, der den andern eigentlich als sein Kind adoptiert. Das kann manchmal angenehm sein, man kann manchmal »Nachholbeziehungen« haben, beispielsweise eine Beziehung mit einem älteren Mann oder einer älteren Frau, die vieles schon »hinter sich« haben und sagen: »Experimentiere ruhig ein bisschen. Ich sorge schon für dich.«

Auch unabhängig von der Sexualität spielt bei der Polarität Stier–Skorpion die Frage eine Rolle: Wieviel *Information* kann eine Beziehung vertragen? Es ist eine vielsagende Wortwahl, wenn wir vom »Feedback« sprechen. Dieses »Zurück-Ernähren« mittels des Verhaltens des Partners kann konstruktive Wirkung haben, solange der andere die Information verdauen kann. Sie kann beispielsweise lauten: »Wusstest du, dass du auf Festen schon nach dem zweiten Glas Wein anfängst zu lallen? Wusstest du, dass du immer vergisst, meine Mutter zu begrüßen, wenn wir sie besuchen? Meiner Meinung nach hast du das absichtlich vergessen.« In dem Augenblick, in dem die Information zuviel Energie einfordert, wird das Feedback »giftig« und man landet im Skorpiongebiet. An sich kann es außerordentlich förderlich sein, wenn der eine Partner den anderen auf dunkle und peinliche Aspekte seiner Persönlichkeit aufmerksam macht, aber wenn es zu viele sind oder wenn es zu häufig geschieht, hat es auf die Beziehung eine vernichtende Wirkung. Wenn das aber zu selten geschieht, bekommt man ein geruhsames Wolldeckengefühl, mit dem beide Partner in der Empfindung der gegenseitigen Wertschätzung einschlafen können. Im Idealfall wird der Partner aus einer prinzipiellen Nachsicht heraus akzeptiert und dann vorsichtig auf merkwürdige oder abstoßende Verhaltensweisen hingewiesen.

Zersplitterung versus Zielstrebigkeit

Durch die Zersplitterung des einheitlichen Erlebens, der geistigen Welt in viele individuelle Menschenseelen wurde es möglich, dass sich das Göttliche in vielfältiger Form manifestiert. Dies ist das konstruktive Ideal, das der Wirkung der Zwillinge zugrunde liegt.

Und so sind denn auch die Zwillinge in ihrem konstruktiven Aspekt wirksam: Man steht sich als unterschiedliche Personen gegenüber. Man bemüht sich darum, sich trotz und gerade wegen der Vielfältigkeit der Eigenschaften zu lieben, die im Laufe einer Beziehung zum Vorschein kommen.

Auf dem instruktiv-praktischen Niveau der Beziehung ist man sich gegenseitig *Spiegel* und *Gedächtnis*. Folgende Äußerungen sind typisch für die Wirksamkeit der Zwillinge innerhalb einer Partnerbeziehung: »Weißt du, dass du heute seit genau einem Jahr nicht mehr rauchst?« – »Dies ist nun schon das dritte Mal, dass du dich über den Straßenverkehr aufregst, was liegt dir im Magen?«

Ein anderer Aspekt ist die »vergleichende« Fähigkeit, die aus den Zwillingen entsteht. Dadurch kann der Partner bestimmte Verhaltensweisen oder bestimmte Dramen *relativieren*. Der Mann verliert seine Stellung, und die Frau sagt: »Du kannst es auch so sehen: Du bist endlich dieses Ekel von Chef los.«

Damit geraten wir bereits in die Gefahrenzone, da die *destruktive* Wirkung der Zwillinge dazu führen kann, dass die Leiden und die Leistungen des Partners nicht gewürdigt werden. Das kann sich in unterschiedlichen Formen äußern; einer der beiden Partner sagt z.B. allzu schnell: »Worüber regst du dich eigentlich auf?«, oder: »Stell dich nicht so an.« Das sind zweifellos Echowirkungen der Eltern-Kind-Beziehung, in denen jemand als Kind etwa Unangenehmes erlebte und dann merkte, dass die Eltern es nicht ernstnahmen. In schwerwiegenden Fällen entsteht in einer Partnerbeziehung, in der jemand misshandelt wird, Gedächtnisverlust. Dann kann man als Außenstehender mit Grausen beobachten, dass eine Frau immer wieder zu dem Gewaltmenschen zurückkehrt, der sie misshandelte, da sie immer wieder vergisst, wie schlimm es war.

Der Gegenpol, also der *Schütze*, zeichnet sich durch einen *Mangel* an Relativierung aus. Ein Mensch kann dermaßen von seinem Ideal besessen sein, dass er dadurch nicht mehr in der Lage ist, sich ablenken zu lassen. Dadurch entsteht die Situation, dass der eine Partner monoman nur mit einer Sache befasst ist und der andere fortwährend versucht, auf die Bremse zu treten – das Bild des

Workaholic, für den es eine Zeitverschwendung ist, eine Runde Karten zu spielen. Interessant ist es, wenn ein solcher Mensch sich ein Hobby sucht. Es wird sofort wieder zum fanatisch betriebenen Objekt. Das *konstruktive* Ideal des Schützen ist die große *Begeisterungsfähigkeit*; er scheint zu fast übermenschlichen Leistungen in der Lage zu sein. Das Ideal schafft Leben, regt die Umgebung an, und auf diese Weise können Partner sich gegenseitig inspirieren.

Destruktiv wird das Schützethema, wenn durch die große Zielstrebigkeit der Mitmensch fast zur Schachfigur wird, die man notfalls auch aufopfert. Alles wird dann Teil eines großen Planes, selbst der Partner muss in das Bild passen. Andernfalls wird er von den Pferdehufen des Kentauren zertreten. Wenn das Zwillingsprinzip auf ideale Weise mit dem Schützeprinzip zusammenwirkt, entsteht ein kreativer Tanz zwischen Relativierung und Fanatismus. In diesem Sinne kann man Partner beobachten, die beispielsweise wunderbar gegeneinander Tennis spielen; auf dem Platz sind sie fanatisch, aber in den Spielpausen schütten sie sich aus vor Lachen und relativieren das Ganze damit.

Bescheidenheit versus Hochmut

In der Polarität Krebs-Steinbock geht es um eine Aufgabenverteilung: Sicherheit suchen einerseits, Risiken wagen andererseits. Bei Partnern, wo diese Thematik eine Rolle spielt, sehen wir, dass einer der beiden alles möglichst gesichert haben möchte, während der andere als Gegenreaktion alles in Frage stellt. Möglicherweise sagt der eine: »Müssen wir nicht eine Reiseversicherung abschließen?« worauf der andere antwortet: »Welch ein Unsinn, wir gehen überhaupt kein Risiko ein«, um daraufhin eine gefährliche Bergtour ohne jede Absicherung zu unternehmen. Oder der eine will jedes Mal umziehen, wenn das Haus renoviert ist, während der andere gerade froh darüber ist, dass man endlich eine gemütliche Umgebung hat. Dieser Prozess polarisiert ebenfalls sehr leicht. Der eine schließt alle möglichen Versicherungen ab, während der andere großsprecherisch behauptet, dass ihm alles egal sei, womit er die Angst und die Sorgen auf den Partner ablädt.

Auch bei dieser Thematik geht es wieder darum, ob die Partner dabei noch atmen können. Können und dürfen sie in einem bestimmten Moment Angst haben, während der jeweils andere im selben Moment Sicherheit empfindet? Oft erlebt man in solchen Partnerbeziehungen, dass erst etwas Ernstes geschehen muss, bevor dem Sicheren unter den beiden einmal der Boden unter den Füßen schwindet und er Unsicherheit empfindet. Wenn der Mann, der sehr häufig die Seite der Sicherheit repräsentiert, einmal zusammenbricht, weil dem Kind etwas passiert ist oder er einen Totalschaden an seinem Auto bekommen hat, ist oft seine sonst immer so besorgte Frau zu Dingen fähig, die sie früher nicht gewagt hätte. Das Muster ihrer Beziehung dreht sich dann um. Im Laufe der Zeit wird vielleicht bei beiden Partnern ein Gleichgewicht zwischen Krebs und Steinbock entstehen.

Krebs bedeutet Bedürfnis nach Selbsterhaltung, guter Atmosphäre, Harmonie und Sicherheit. Steinbock dagegen bedeutet Bedürfnis nach Risiko, Einsamkeit und Überblick. Im Prinzip ist der Steinbock das Urbild eines Wesens, das sich über den Rest der Welt erhebt, während der Krebs gerade die Sicherheit der Tiefe sucht. Auf die Weise entsteht in einer Partnerbeziehung oft die Polarisation zwischen Hoch und Tief, zwischen Verachten und Sich-erniedrigt-Fühlen. Es ist jener Aspekt innerhalb einer Beziehung, in dem der eine Partner dem andern das Gefühl gibt, dass er eigentlich den Anforderungen nicht genügt. Ein Bild für dieses Problem ist das Paar, bei dem der eine Partner aus einer reichen Familie und der andere aus einer Arbeiterfamilie stammt. Das braucht natürlich überhaupt kein Problem darzustellen – es kann sogar gegenseitig anregend wirken –, aber allzu leicht wird es Teil eines Musters, in dem der eine Partner sich zu geringwertig für den andern fühlt und sich immer besonders anstrengen muss, um akzeptiert oder jedenfalls toleriert zu werden. Die Rollen können dann vertauscht werden, indem der »Underdog« den Hochmut des andern zur Strecke bringt und für eine Weile die »Topdog-Position« einnimmt.

Manchmal erniedrigt einer den andern, indem er auf das unterschiedliche Einkommen für die Familie hinweist, manchmal wird aufgetrumpft oder damit gedroht, dass man fremdgehen würde:

»Für dich kriege ich leicht zehn andere«. Die Aufgabe, die hier liegt, besteht darin, sein Selbstwertgefühl zu verstärken, indem man versucht, sich vor der allzu schädigenden Wirkung dieses Spiels zu schützen. Manchmal ist dies nur möglich, indem man eine Weile getrennt wohnt. Das Problem dabei ist jedoch, dass ein solches Spiel abhängig macht, einerseits, weil es durchaus Spaß macht, böse zu werden und sich in seine Verletztheit oder Verachtung zurückzuziehen, andererseits, weil die jeweiligen Kindertraumata gegeneinander ausgespielt werden können. Jemand, der beispielsweise selber von seiner Mutter nicht erwünscht war, sucht sich vielleicht einen Partner aus, der den gequälten Teil der eigenen Seele darstellt. Mit anderen Worten: Der Schmerz, den man unbewusst mit sich herumträgt, wird auf den Partner übertragen. Der bekommt unsere Botschaft: »Du bist nicht gut genug, eigentlich bist du mir zuwider« und reagiert sofort mit Schmerz darauf. Dieser Schmerz ruft Schuldgefühle bei einem selbst hervor, und nun tröstet man das »verletzte Kind« in seinem Partner, das zum Teil auch das (nicht bewusste) Kind in einem selber ist. Nun ruft der verletzte Partner wieder aus: »Sieh doch selber, wie gestört du bist, mit dir kann doch kein normaler Mensch leben!« Diese letzte Bemerkung ist wieder der Keim für eine nächste Runde, weil der andere sich selbst jetzt für nicht normal hält. Eine solche Wechselwirkung kann ein Leben lang andauern.

Die Lösung gibt es hier nicht. Es gibt nur ein langwieriges Suchen nach dem richtigen Verhältnis zur Erde: Manchmal erhebt man sich über das Mittelmaß hinaus, dann wieder versinkt man in den Boden vor Scham und Elend. Jedes Menschenleben wird charakterisiert durch das Suchen nach dem richtigen Verhältnis zwischen dem »irdischen Tränental« und der »sonnigen Bergweide«. Man kann aber nach dem in sich selbst suchen, was man aus der Kindheit her wiederholt und wodurch man wachsen kann. Oft geht es darum, einen anderen Blick zu bekommen: Ein Partner, der dir die Befriedigung verweigert, kann als erniedrigend erlebt werden, dieselbe Situation kann man aber auch dazu benutzen, sich von seinen Erwartungen zu lösen. Wenn man bei einem gefährlichen Partner immer Bestätigung und Sicherheit sucht, führt das zu einem endlosen

Ringen. Manchmal endet dies in einer Ekstase der Gewalt, manchmal laviert man sich durch, manchmal führt der Beziehungsschmerz zu einer weiteren Differenzierung von Bedürfnissen. Manchmal verlässt jemand seinen Partner und wird glücklicher, manchmal bleibt er und wird dabei glücklicher, und manchmal ändert sich auch gar nichts. Keiner dieser Abläufe ist von vornherein besser oder schlechter. Sie sind alle gleich menschlich, gleichermaßen hässlich und schön. Oft besitzen sie die Kraft eines Mythos: Prometheus, der an einen Felsen gekettet ist, Sisyphus, der immer wieder vergebens seinen Felsbrocken den Abhang hinaufrollt, Psyche, die sich davor fürchtet mit einem Ungeheuer das Lager teilen zu müssen und dadurch gerade die Schönheit verjagt, Daphne, die sich in einen Baum verwandelt, und so weiter. Immer enthält bei diesem Lebensthema der Prozess an sich die Läuterung. Das Finden des Auswegs wird oft gerade dadurch erschwert, dass man ihn sucht. Das Schwierigste in der Psychotherapie ist es oft nicht so sehr, die Menschen dorthin zu bringen, wohin sie gern möchten, sondern ihnen zu dem Gefühl zu verhelfen, dass sie da schon sind und dass dies das Leben ist.

Egozentrik versus Altruismus

Diese Polarität wird durch die Frage charakterisiert: »Wo kommen wir zur Erfahrung unserer selbst?« Damit will ich sagen, dass ein Mensch sein Dasein als sinnvoll erleben kann, wenn er der Mittelpunkt der Ereignisse ist, während andere dies Gefühl nur bekommen, wenn sie ihren Mitmenschen dienen können. Der *konstruktive* Aspekt dieser Entwicklung ist, dass die Menschen ihren eigenen Lebenslauf und ihre eigene Lebenserfahrung immer mehr in den Dienst der Gemeinschaft stellen können. Ein gutes Beispiel ist in diesem Zusammenhang der pensionierte Manager, der unbezahlt in einem Entwicklungsland arbeitet. – Es kann uns manchmal wehtun, wenn wir sehen, dass der eigene Vater, der seinerzeit so mit seinen eigenen Angelegenheiten absorbiert war, dass er keine Zeit für uns hatte, jetzt für unsere Kinder diese Zeit sehr wohl freimacht. Die Entwicklung geht in die Richtung, dass man sich nicht über jede Kleinigkeit aufregt und Vertrauen in eine

Welt hat, die sich immer weiter drehen wird, auch wenn sie sich nicht um uns dreht.

Auf der *instruktiven* Ebene entwickeln die Partner sich mit Hilfe der Frage: »Wer steht im Mittelpunkt des Interesses, und wer ist das Publikum? Wie viel Bestätigung braucht der andere, und wie viel Raum bleibt dabei für dich übrig?« Da es für den Löwen so wichtig ist, das Gefühlsleben voll einzusetzen, gehört zu diesem Aspekt der Partnerbeziehung, dass man die Übertreibungen des andern aushält. Denn es ist doch ganz angenehm, manchmal so zu tun, als wäre man noch etwas kranker, als man in Wirklichkeit ist, oder die Geschichte etwas spannender zu machen, indem man einige Details hinzufügt. Das bedeutet, dass man es auch ertragen lernt, wenn der Partner ein wenig flirtet oder auf einem Fest das große Wort führt. Man lernt es, sich gegenseitig zuzugestehen, dass man Aufmerksamkeit haben möchte, aber auch, dass man Aufmerksamkeit schenkt. Manche Menschen genießen sich selbst, wenn sie außergewöhnliche Aufmerksamkeit schenken können, indem sie beispielsweise jeden bemuttern. Solche Menschen kann man erleben, wenn man mit seinen Kindern spazierengeht. Sie sagen dann: »Paß auf, dass die Kinder nicht einfach über die Straße laufen.« Jetzt kommt es darauf an, dass man nicht ironisch reagiert, sondern sie ernst nimmt und etwa folgendermaßen antwortet: »Gut, dass du das sagst.« Übrigens ist diese Art, Aufmerksamkeit zu schenken oft sehr der Gebärde verwandt, mit der man Aufmerksamkeit verlangt: »Sieh einmal, wie vernünftig ich bin!«

Bei Partnern, die mit dieser Thematik ringen, erlebt man oft, dass der eine sich ganz auf den Erfolg des anderen einstellt und der andere stark in der Haltung aufgeht: »Sieh dir an, was ich geleistet habe!« So erlebt man Männer, die im Blickpunkt des Interesses stehen, während ihre Frau beinahe unsichtbar ist. In einigen Partnerbeziehungen gilt stillschweigend oder sogar explizit die Verabredung: »Ich opfere meine Karriere deinen Entwicklungsmöglichkeiten, wenn wir später – wenn du Erfolg hast – nur gemeinsam damit protzen können.« In der Praxis aber erweist sich oft die Redensart als wahr: »Die erste hilft dem Mann aufs Pferd, die zweite reitet damit fort.« Es ist die Tragik, die auftritt, wenn eine Frau jahrelang arbeitet, damit der Mann zu Ende studieren oder promovieren kann. Wenn er dann fertig ist und – dank ihrer Hilfe – einen guten Posten hat, verlässt er sie, weil er jetzt findet, dass sie ein Arbeitstier sei und nicht zu seinem jetzigen Entwicklungsniveau passt. Aber man begegnet diesem Phänomen auch, wenn Männer jahrelang allein für den Unterhalt sorgen und ihre Partnerinnen diverse Kurse und Weiterbildungsveranstaltungen besuchen. Wenn die Frauen nach einiger Zeit den Geschmack der Selbständigkeit gekostet haben, lassen sie ihren Mann mit einer Hypothekschuld zurück. Oft hat er kaum Freunde, weil er sich als Alleinverdiener darum nicht kümmern konnte. In beiden Fällen kommt der Vorwurf: »Ich habe dir all meine Zeit gegeben, und was bekomme ich dafür zurück?« Wenn dann die Scheidung geregelt und die Höhe der Unterhaltszahlungen festgelegt wird, zeigt sich, wie frei damals das Schenken in Wirklichkeit war. Wieviel will der verlassene Partner von dem Geschenkten zurückhaben? Denn ein freies Geschenk ist nicht eines, das man vom Partner zurückverlangt.

Jede Beziehung trägt eine hohe Dosis an Risiko in sich. Wie groß ist das Risiko, das wir auf uns nehmen, wenn wir unseren Partner studieren lassen, während wir arbeiten? Betrachten wir es als ein Glücksspiel, dessen Hauptgewinn ein gemeinsames Glückserlebnis in der Zukunft ist? Oder genießen wir es schon jetzt, weil wir die Entscheidung in Freiheit treffen können? Kann man erleben, dass diese Entscheidung einem selbst auch etwas schenkt, weil es eine gemeinsame freie Entscheidung ist? Erleben wir, dass das Aufsichnehmen von Risiken sehr verwandt mit der Erfahrung der Freiheit ist?

Das Leben ist nicht möglich, ohne dass man Einsätze wagt. Hierhin gehört auch die Frage der Manipulation mit der Schuld. Bemerkungen wie: »Aber ich bin doch deine Frau« haben etwas sehr Zwingendes an sich, und dadurch manipuliert man den anderen mit der Schuldfrage. Indem man mit den Schuldgefühlen des andern spielt, versucht man in zwingender Form etwas bei ihm zu erreichen. Das hat etwas mit Moral zu tun. Man kann sich gegenseitig bis zu einem gewissen Grade Aufmerksamkeit schenken. Dann hört es auf. Und genau darum dreht es sich in einer Partnerbeziehung: Wieviel nimmst du, und wieviel schenkst du? Aber auch: Wieviel bist du fähig zu empfangen? Kannst du dem Partner die Gelegenheit geben, einen Teil von sich zu opfern, wenn er es bewusst tut: »Es schmerzt, aber ich gebe es gern.« Das größte Geschenk, das du dann zurückgeben kannst, besteht darin, dies Geschenk möglich zu machen, indem du sagst: »Ich nehme es aus ganzem Herzen von dir an.«

Hinter jeder Türe, die ich öffne,
machst du wieder eine andere zu.
So bleibst du verborgen; niemals wird
mehr als ein Zipfel des Schleiers gehoben ...

Boudewijn de Groot & Lennaert Nigh

Chaos versus Ordnung

Der Gegensatz von Fische und Jungfrau hängt mit der Frage zusammen, wie Form lebendig bleiben kann. In der Natur beobachten wir das Paradox, dass der konstanteste Faktor gerade die Veränderung ist. Ein Baum ist dadurch ein Baum, dass er wächst, Blüten trägt, Blätter bekommt, Früchte abwirft, teilweise abstirbt und im Frühjahr wieder aufs Neue Leben hervorbringt. Im Leben des Menschen drückt sich dies darin aus, bis zu welchem Grade wir unserem Dasein eine Form geben. Von den Fischen aus wirkt eine Kraft, die uns immer wieder die Form verlieren lässt, während aus der Jungfrau eine Kraft wirkt, durch die wir immer wieder in der Form steckenbleiben. Von den Fischen aus sind wir nur unzureichend an das Leben gebunden, von der Jungfrau aus können wir es nicht loslassen.

Dadurch kommt aus dem idealgerichteten, *konstruktiven* Aspekt heraus bei Partnerbeziehungen eine Wechselwirkung zwischen dem großen Ganzen und dem Detail zustande: Man lässt sich beispielsweise irgendwo nieder und zieht irgendwann wieder fort.

Auf der *instruktiven* Ebene ist es möglich, voneinander zu lernen. Der Partner, der den Fische-Pol repräsentiert, lehrt den andern die großen Linien und das großmütige Loslösen, während er selbst von ihm, der aus der Jungfrau-Seite heraus wirkt, die Bedeutung des Details kennenlernt. Wenn beide Partner zum Formellen neigen, entsteht die Neigung zur gegenseitigen Kontrolle und zum Machtstreit.

Wer bestimmt welches Detail? Und schafft man es als Partner, sich davon auch wieder zu lösen? Folgendes Gespräch zwischen zwei Partnern, in dem die Spannung, wer was bestimmen darf, sich steigert, ist denkbar: »Sollen wir ausgehen?« – »Ja, gut.« – »Wohin gehen wir?« – »Ins Kino.« – »Welchen Film sehen wir uns an?« – »Lass uns in einen traurigen Film gehen.« »Ach, nein, ich hab eher ein starkes Bedürfnis zu lachen.« – »Einverstanden, gehen wir in einen Lachfilm.« – »Zieh' schnell den Mantel an, der Film fängt gleich an.« »Nur noch eben zur Toilette.« – »Oh, wo sind bloß meine Handschuhe?«

Hier sehen wir eine Art Kleinkrieg. Wer lässt wen warten? Wer bestimmt, wann man weggeht? Wer wird gleich bestimmen, wo das Auto geparkt wird? Und wer bestimmt im Kino, wohin man sich setzt? Im Prinzip kann man das gemeinsam mit einem Lächeln betrachten, solange man das Gefühl hat, dass ein reelles Gleichgewicht besteht. Man kann darüber lachen und sich damit über die Details erheben. Andernfalls bleibt man im Streit um die Details stecken. Dann folgt als nächstes, dass man nachrechnet, wer zuletzt abgewaschen und wer letzte Woche die Mülleimer hinausgebracht hat. Und das geht solange weiter, bis ein Todesaugenblick in der Beziehung entsteht. Menschen, die mit diesem Thema zu ringen haben, müssen in ihrer Beziehung erst einmal völlig in eine Sackgasse geraten sein, um von solchen rigiden Formen wieder loszukommen.

Außerdem spielt die Haut und die Verbindung zur Welt eine entscheidende Rolle in dieser Polarisation. Das Naturbild der Fische enthält ein Paradox: Der Fisch wird fortwährend vom Wasser gestreichelt. Doch die Schuppen sind oft von einer schützenden Schleimschicht umgeben, deren Verletzung zu bakterieller

Infektion und damit zum Tod führen kann. Die Haut ist durchlässig und verletzlich. Beim Menschen kommt dies am deutlichsten bei Brutkastenbabys zum Ausdruck: Sie müssen noch eine Weile ins »Aquarium«, damit irdische Kälte und Roheit sie nicht berühren.

Das Bild der Jungfrau enthält das umgekehrte Paradox. Es werden so viele Schleier vorgezogen, dass eine Berührung unmöglich scheint. Zugleich widerspiegelt diese Haltung eine außerordentliche Solidität im menschlichen Kontakt, weil der Kontakt niemals den Kern selbst verunreinigt. In der Partnerbeziehung drückt diese Polarität sich im Kampf zwischen physischer und seelischer Haut aus. Wie wird das Haus gepflegt? Wer bestimmt die Farbe der Tapete? Ist für den einen der beiden vor allem Sauberkeit wichtig, der andere aber ist darin gerade nachlässig? Kommt es darauf an, sehr sorgfältig auszuwählen, wer ins Haus kommt, oder ist das nicht so entscheidend? Nicht selten lädt ein Partner, der den Fische-Pol vertritt, großzügig Gäste ein und geht in seiner Beweglichkeit geradezu auf in allerlei anderen chaotischen Aktivitäten. Hierdurch zwingt er seinen Partner, für das Essen zu sorgen, das Gespräch in Gang zu halten und so weiter.

Während in der individuellen Psyche diese Polarität zu einer »Hure/Madonna-Schwankung« führen kann, drückt sie sich in der Partnerbeziehung manchmal in sehr bezeichnenden Auffassungen zum »Fremdgehen« aus. Ein oft gehörter Vorwurf bei Partnern, die mit dieser Thematik ringen, ist daher auch: »Du gehst mit jedem mit, der nett zu dir ist!« Im Kern liegt hier das Problem vor, dass man nach einem Platz sucht, wo man willkommen ist. Die frühkindliche Sehnsucht nach völliger Akzeptanz – wer du auch seist, was du auch tust, ich liebe dich – stößt mit den gesunden Rahmenbedingungen zusammen, die der Partner stellt. Immer gehört dann die Frage dazu, wieviel Risiken ein Mensch aushält. Das ist für jeden verschieden. Wenn man eine empfindliche Haut hat, schmerzt jede Berührung, und doch sehnt man sich nach Trost und Kontakt. Es gehört schon Lebenskunst dazu, dies bei sich selbst als Kernproblem zu erkennen und zu akzeptieren. Dann entwickelt man Liebe zum eigenen Schicksal. Und damit schafft man etwas aus dem Nichts heraus: Man lernt etwas zu geben, was man selbst nicht erfahren hat. Doch kommt diese Liebe natürlich auch nicht ganz aus dem luftleerem Raum. Als Keim ist sie in all den Situationen vorhanden, in denen man Liebe zu einem anderen, ebenfalls verletzlichen Menschen empfand oder in denen ein anderer einen selbst wahrnahm und akzeptierte.

Hiermit erhebt man sich über die inhaltliche Thematik. Man kommt zu einem universellen Streben nach Akzeptanz und Entwicklung. Und mit wem sollte man das besser üben können als mit einem Mitmenschen, der einen immer besser kennenlernt, mit wie vielen Enttäuschungen, Hinfallen und Aufstehen, Weinen und Lachen das auch verbunden sein mag.

Sometimes the wrong person is the only right for you.
Mister Wonderful

Anhang:

Übersicht über die Tierkreiszeichen

Fische ♓

Hauptthema
Chaos; Bewegung; Flexibilität; Zyklizität

Mythologie
Unruhe und Irrfahrten des Helden; die Suche nach dem eigenen Land (Odysseus)

Geistiger Aspekt
Opferung des Willens, der Grundsubstanz für die Schöpfung; Bereitschaft, sich aus der Bindungslosigkeit heraus zu binden

Naturbild
Fische, die zu ihrem Geburtsgrund zurückkehren und ihre Brut nicht versorgen

Bereich im menschlichen Körper
während der Zeit in der Gebärmutter: Häute/Hüllen und Nabelschnur; auf der Erde: Hände und Füße

Bedürfnis
nach einem eigenen Platz; in den Zeitenstrom zu kommen

Psychologie
Bindung an die Welt: zuerst an die Gebärmutter, später an Gegenstände, Mitmenschen und Partner/Kinder; Neigung, herumzuirren; Heimweh und Romantik

Trauma
nicht wirklich willkommen zu sein; Bindungsprobleme, im Physischen schon während der Embryonalzeit in Bezug auf die Plazenta; Zwilling zu sein; häufig umzuziehen; häufig wechselnde Partner; Borderline-Syndrom

Partnerbeziehung
konstruktiv: Leichtigkeit, mit der ein Partner sich dem andern anpasst; *destruktiv*: im Prinzip chaotisch; sich nicht binden können durch das romantische Gefühl, woanders etwas Besseres zu finden; durch das Chaos wenig Veränderung

Entwicklung
durch eine geradezu angeborene Flexibilität entsteht Großzügigkeit, da man nicht am Besitz hängt

Transzendenz
erst nachdem man es gelernt hat, sich zu binden, entsteht die Fähigkeit, jemanden in seinem Herzen festzuhalten und zugleich loszulassen: Liebe

Jungfrau ♍

Hauptthema
Ordnung; Formkraft; Geradlinigkeit

Mythologie
die unbefleckt empfangende Jungfrau; die geraubte Jungfrau: Demeter gegenüber Persephone

Spiritueller Aspekt
Kristallisation und Formprinzip; Trennung von Ich und Welt; Bereitschaft, Raum zu bieten; Materialisierung des Schönen

Naturbild
das Ernten; Häuser bauen; das Plastizieren

Bereich im menschlichen Körper
Darm; Blase und alle anderen Hohlorgane; die Gebärmutter

Bedürfnis
nach Kontrolle über chaotische Prozesse

Psychologie
Phasen von Starrköpfigkeit; Sinn fürs Detail, Ästhetik und Beherrschung bekommen

Trauma
man ist zu viel kontrolliert worden; hat mit den Eltern Machtkämpfe gehabt; aktiver oder passiver Widerstand; sich in Details mit dahinterliegendem Chaos verbeißen; Zwangshandlungen

Partnerbeziehung
konstruktiv: guter Blick fürs Detail und für Ästhetik;
destruktiv: Dinge nicht zuende bringen, weil man entweder krampfhaft am Detail festhängt; Machtkampf; nicht zu großen Taten kommen

Entwicklung
Ästhetik; charmante Förmlichkeit

Transzendenz
nach der Erfahrung mit dem Chaos entsteht die tiefe Wärme der erfüllten Zuwendung; den andern durch grundlegendes Akzeptieren sich entwickeln lassen

Widder ♈

Hauptthema
Kraft; Kunst der Tat; Sprechen

Mythologie
überall, wo Initiative gezeigt wird: Tore aufstoßen, Unternehmungen wie die Eroberung des Goldenen Vlieses

Spiritueller Aspekt
Lichtwirkung des Gedankens; das Wort wird Fleisch

Naturbild
Tier, das durch Mauern hindurchbrechen kann, aber auch geopfert wird

Bereich im menschlichen Körper
Kopf, vor allem die Stirn und »frontaler Neocortex«

Bedürfnis
die eigene Kraft zu genießen; Grenzen zu durchbrechen; zu sprechen

Psychologie
Initiative ergreifen; eigene Initiativen oft wieder abbrechen; Eindruck machen wollen; Taten verrichten

Trauma
zu viel Kraft für die Eltern haben; zerbrechen, weil die Eltern die eigene Initiative mit Gewalt brechen

Partnerbeziehung
konstruktiv: Leichtigkeit, mit der Initiative ergriffen wird
destruktiv: Leichtigkeit, mit der die Grenzen zum andern überschritten werden

Entwicklung
angeborene Ehrfurcht vor Menschen oder Geistern, die es besser können

Transzendenz
indem das Lauschen auf das, was vom andern kommt, gelernt wird, entsteht Zurückhaltung der eigenen Initiativkraft und damit Opferkraft

Waage ♎

Hauptthema
Verletzbarkeit; Kunst des Erfahrens und Erlebens; Zuhören

Mythologie
Göttin Ma-at, die die Seelen wägt; Erzengel Michael mit Schwert und Waage

Spiritueller Aspekt
sich dem Kosmos gegenüber öffnen; im Schoß der Götter einschlafen; den Leib zum Gral umbilden

Naturbild
überall wo Gleichgewicht zwischen Tag und Nacht herrscht; wo Stille herrscht; unberührte Natur

Bereich im menschlichen Körper
Becken, mit der Funktion, sich zu öffnen; Ohren als Sinneswerkzeug, das man nicht schließen kann

Bedürfnis
dem andern zuzuhören; sich dem anderen zu öffnen; sich der Welt zu öffnen, um Erfahrungen machen zu können

Psychologie
Identifikation mit dem anderen, Neigung, dessen Bedürfnisse in sich aufzunehmen

Trauma
in seiner Offenheit missbraucht zu werden, sei es narzistisch, sei es gewalttätig, sei es sexuell; nicht geistesgegenwärtig sein; außerhalb seines Körpers sein

Partnerbeziehung
konstruktiv: den andern wirklich in sich aufnehmen
destruktiv: ungenügende Entwicklung der eigenen Identität

Entwicklung
angeborene Fähigkeit zur Ruhe; Zufriedenheit

Transzendenz
Offenheit wird nach dem Durchleben der eigenen Initiativkraft zum aktiven Hinhören; reiches Innenleben

Stier ♉

Hauptthema

Stoffwechsel; Aufbaumetabolismus

Mythologie

der durch Mithras geopferte Stier; Zeus, der Europa als Stier entführt; alle anderen Fruchtbarkeitsmythen

Spiritueller Aspekt

Klangharmonien, die schöpferische Wirkung haben

Naturbild

der Wiederkäuer, der sogar im Liegen noch isst, der rohes Gras zu Fleisch, zu Milch oder Sperma umwandelt

Bereich im menschlichen Körper

Mund und die Teile des Gehirns, die mit dem Metabolismus zusammenhängen

Bedürfnis

nach Stoffwechsel; Nahrungsaufnahme; Streicheln; Harmonie (sowohl in der Musik als auch im Umgang)

Psychologie

Neigung, zu verschmelzen, sich zu assimilieren; Symbiose; vitale Funktionslust

Trauma

ungenügende Symbiose in der Kindheit; ungenügende Ernährung leitet das Thema der Abhängigkeit ein: Das Saugen wird zum skorpionartigen Sich-Festbeißen

Partnerbeziehung

Neigung, zu verschmelzen; Notwendigkeit der Dissonanz, um hiervon loszukommen;
konstruktiv: die Beziehung tragen, sich in den anderen hineinversetzen
destruktiv: Behäbigkeit, Symbiose oder Abhängigkeit

Entwicklung

angeborene Tugend: Durchsetzungsvermögen; harmonisierende Wirkung auf die Umgebung

Transzendenz

auf dem Wege über das Gegenbild der Schärfe zu einer wirklich neuen Entwicklung kommen

Skorpion ♏

Haupttthema
Bewusstsein; Konzentration; Abbaumetabolismus

Mythologie
der Fall Luzifers; der Fall von Adler und Skorpion; die Schlange als Symbol der Weisheit und des Bösen

Spiritueller Aspekt
Fähigkeit, Schuld zu begehen; Dissonanz weckt das Bewusstsein; Fähigkeit fürs Wesentliche

Naturbild
lichtscheues Tier, das kaum Fleisch an sich hat, das tödlich stechen kann, das andere Tiere aussaugt; gleichfalls andere spinnenartige Parasiten wie Mücken, Blutsauger, aber auch stechende Insekten wie Wespen

Bereich im menschlichen Körper
Punkte, in denen sich Nerven konzentrieren, vor allem die Geschlechtsorgane, aber auch andere erogene Zonen: Brustwarzen, Ohren usw.

Bedürfnis
den eigenen Körper zu genießen; erregt zu werden; die Schmerzgrenze zu erfahren

Psychologie
Interesse an der Sexualität; Schmerz suchen; Grausamkeit erforschen; intellektuelle Funktionslust

Trauma
unnötigerweise Schuldgefühl aufgezwungen bekommen; missbraucht werden; das Bewusstsein wird nicht weit genug ausgeweitet und kann sich auf Sexualität oder böse Gedanken fixieren

Partnerbeziehung
konstruktiv: einander auf Fehler aufmerksam machen, Lebenserfahrungen machen;
destruktiv: den Finger zu tief in die Wunde legen; die Entstehung von Sadomasochismus

Entwicklung
Spinne im Netz; Abwarten wird zu weniger nervöser Geduld

Transzendenz
auf dem Wege über »Selbstverbrennung« und Erkenntnis zur Milde gelangen

Zwillinge ♊

Hauptthema
Aufspaltung; Symmetrie; Differenzierung

Mythologie
Kastor und Pollux; der eine ist sterblich, der andere unsterblich; andere Bilder von männlichen und weiblichen Zwillingen

Spiritueller Aspekt
Differenzierung verschiedener Ich-Formen; das Allgemein-Göttliche differenziert sich in Qualitäten (Archetypen) und schließlich in die Ich-Erscheinung des Menschen

Naturbild
identische Zwillinge und überall, wo im Tierreich Mehrlinge auftreten

Bereich im menschlichen Körper
Lungen und alle Organe, die spiegelsymmetrisch aufgebaut sind, auch die symmetrischen Aspekte des Rückgrats und des Gehirns

Bedürfnis
benannt zu werden; zu differenzieren; zu relativieren; nach Humor; nach Kreativität

Psychologie
benannt werden bringt Selbsterkenntnis; Gedächtnisfunktion; was praktisch ist, bleibt bewusst, der Rest fast unbewusst; Links- Rechtshändigkeit, Sprache entwickelt sich; Reflexion, Projektion, Introjektion; Dissoziation

Trauma
nicht entsprechend benannt zu werden oder Eltern, die auf verborgene Weise gewalttätig sind; sich lächerlich zu machen; zu wenig menschliche Beziehungen: Autismus, autonome Stimmen, Gedächtnisverlust

Partnerbeziehung
konstruktiv: kreative und spielerische Differenzierung und Kombination von Verhaltensweisen;
destruktiv: geheimes Doppelleben, plötzlich auftauchende dunkle Seiten

Entwicklung
grundsätzlich ist bereits viel Spielerisches und viel Kreativität vorhanden; als erstes wird Durchsetzungsfähigkeit erworben

Transzendenz
wenn es gelingt, die Neigung zu Unzuverlässigkeit und Untreue zu überwinden, entsteht echte Treue

Schütze ♐

Hauptthema
Einswerden; Integration; Zielstrebigkeit

Mythologie
Herakles, der zielstrebige, aber selbstzerstörerische Idealist; Chiron, der Kentaur, der zur Selbsterlösung kommt: die Unterweisung Arjunas, des Bogenschützen durch Krishna

Spiritueller Aspekt
Verschmelzung von Gut und Böse; die Aufgabe, die Triebe zu beherrschen ohne sie zu vernichten; die Treffsicherheit des Wortes

Naturbild
Pferdekraft und alle überwältigend starken Tiere

Bereich im menschlichen Körper
Oberarme, Oberschenkel und im Ganzen alle Gebiete, wo viele Muskeln sind

Bedürfnis
nach Idealen; nach Ernsthaftigkeit; nach Leidenschaft und Ehrlichkeit; die Lebenskraft aus dem Stier steuern zu können; zu verabsolutieren

Psychologie
durch die Zwillinge erkennen, dass auch andere begeistert sind und sich daran selbst entzünden; sprechen, um zu überzeugen, zu manipulieren; den eigenen Willen bekommen

Trauma
vorhergehende Generation oder Umgebung hat zu wenig Ideale oder zieht die Ideale in den kriminellen oder faschistischen Bereich hinein; völlige Besessenheit; über Leichen gehen

Partnerbeziehung
konstruktiv: gemeinsam zielgerichtet an einem Ideal arbeiten verstärkt Lebenskraft und Vitalität
destruktiv: Monomanie; Workaholic, nicht zwanglos spielen und herumtollen können

Entwicklung
angeborener Idealismus; nicht zuviel missionieren; lernen, den Mund zu halten

Transzendenz
über das Erleben von Relativität entsteht eine Erhöhung der Tugend: Wahrheitsgefühl; sowohl in den Zwillingen wie auch im Schützen wird Respekt entwickelt

Krebs ♋

Hauptthema
Verdichtung in die Materie hinein; Festigkeit; Erdung

Mythologie
der ungeschickte Krebs wird von Herakles vernichtet; alle Ritterbilder, in denen einer sich zu sehr schützt und dadurch ungeschickt wird; Kämpfe, bei denen die gut geschützten Ritter gegen die ungepanzerten Bürger verlieren

Spiritueller Aspekt
das Geheimnis von der Verdichtung bis in die Materie hinein, mit der dahinterliegenden Zerstörungskraft, die auch in der Mitte der Erde zu erleben ist

Naturbild
der Krebs, der mit vielen »Instrumenten« ausgestattet ist, der unverletzbar erscheint, aber zugleich auf grausame Weise vom Menschen getötet wird

Bereich im menschlichen Körper
Brustkorb als Panzer für Herz und Lungen

Bedürfnis
nach Sicherheit und Schutz; nach Vorhersehbarkeit und Regeln; nach ruhiger Umgebung, guter Atmosphäre

Psychologie
Versuch, eine Welt abzugrenzen, in der die erhaltenden Kräfte, die Abwehr und die Überlebensstrategien, die überwältigende Drohung der Welt nicht zu spüren sind

Trauma
erniedrigt, diskriminiert, geschlagen werden; in der Schule geärgert werden. Dadurch ängstlich: Bedürfnis nach Absicherung und Macht

Partnerbeziehung
konstruktiv: realistische Einschätzung von Risiken, die Familie schützen
destruktiv: Angst und asthmatische Einstellung, Platzangst, Klaustrophobie

Entwicklung
sich in den Dienst anderer stellen; Empfänglichkeit für die Umgebung, Selbstlosigkeit

Transzendenz
dauernder Leidensprozess aufgrund der Unvorhersehbarkeit des Lebens; das Leiden kennt kein Endstadium, nur einen Prozess der Läuterung

Steinbock ♑

Hauptthema
Geist als nicht-sinnliches Licht; Auflösung; Erdflüchtigkeit

Mythologie
alle religiösen Bilder, in denen ein geistiger Führer auf einen Berg steigt, um sich einer asketischen Prüfung zu unterziehen, unter einem Baum meditiert oder einsam in der Wüste bleibt

Spiritueller Aspekt
Anlage der Sinnesorgane; die »partnerschaftliche« Beziehung zu Gott

Naturbild
Steinbock als ein Tier, das in höchste Höhen emporklimmt, Konstitution für Risiken

Bereich im menschlichen Körper
Knie und Ellbogen, d.h. Bereiche, die dazu dienen, nach oben oder nach unten zu gelangen oder horizontal voranzukommen

Bedürfnis
nach Risiken, Einsamkeit und hochgelegenen Gebieten

Psychologie
sich von der Vergangenheit lösen; der eigenen Situation entsteigen wollen; Ehrgeiz; transzendieren

Trauma
Verachtung als Abwehr und sich zu Unrecht über andere stellen; kontraphobische Reaktionen; Übermut und Flucht nach vorn

Partnerbeziehung
konstruktiv: beide haben eigenes Leben, beide können Einsamkeit genießen
destruktiv: sich einander und der Welt entfremden oder gerade miteinander konkurrieren

Entwicklung
Bereitschaft, Risiken einzugehen, wird zu Mut; wird vertieft durch die Bekanntschaft mit der Angst

Transzendenz
indem man durch die eigene asketische Phase die Einsamkeit bis zur Neige durchlitten hat, kann man andere aus der Verhärtung erlösen

Löwe ♌

Hauptthema
Erlebnis des Mittelpunkts; Ich-Erfahrung; Emotionalität

Mythologie
alle Bilder von Königen, die geprüft werden, die ein Land regieren müssen; typische Äußerung: »l'état, c'est moi«

Spiritueller Aspekt
das Herz als pulsierendes Zentrum der Welt; aus zwei entsteht drei

Naturbild
Löwe als König der Tiere; Glucke

Bereich im menschlichen Körper
Herz als Zentrum der Selbstwahrnehmung und alle Organe, die mit dem emotionalen Prozess zusammenwirken; Blut als Träger des Ich

Bedürfnis
Mittelpunkt der Aufmerksamkeit zu sein; Aufmerksamkeit verlangen; Aufmerksamkeit in Anspruch nehmen

Psychologie
Gefühlsleben ausleben; sich in Ausdruckskraft üben; sich manchmal theatralisch hervortun, dominieren

Trauma
nicht genug üben zu können oder in tyrannisches Verhalten verfallen mit emotionalen Anfällen: Unechtheit des Gefühls; Schuld, Manipulation, innere Leere

Partnerbeziehung
konstruktiv: Eltern als Kern der Familie; sich gegenseitig unterstützende Beziehung (der eine stimuliert, der andere hält die Mitte);
destruktiv: schreien und kämpfen; Emotionalität; Krokodilstränen; Dominanz des einen Partners, der den anderen für sein Selbstgefühl braucht

Entwicklung
reiches Gefühlsleben; Möglichkeit zur Empathie; emotionale Ehrlichkeit; Mitleid

Transzendenz
Indem das Ich und die Umgebung eins werden, entsteht Freiheit, im Leben zu handeln; freiwillig die Ordnung befolgen

Wassermann ≈

HAUPTTHEMA
die Umgebung: der andere; das Periphere; überlegene Ruhe

MYTHOLOGIE
Ganymed, der Weinschenk der Götter; alle freiwilligen Opfer

SPIRITUELLER ASPEKT
das Opfern der Dankbarkeit als größtes Geschenk an den Quell

NATURBILD
Kreislauf des Wassers: vom Quell zum Meer, Verdampfung, Regen, und wieder zurück zur Quelle; Brutversorgung

BEREICH IM MENSCHLICHEN KÖRPER
Unterarme und Unterschenkel; Puls, bei dem das Gegenbild des Herzschlags noch fühlbar ist; das Blutgefäßsystem

BEDÜRFNIS
Dinge wegzugeben, wie die Zellen ans größere Ganze; Vertrauen schenken, vergeben

PSYCHOLOGIE
Interesse daran, durch Dienen sich selbst zu erleben; zuerst schlafend als Teil einer Familie, später als Erwachsener kraftvoll als Eltern oder darin, der Gemeinschaft zu dienen

TRAUMA
Missbrauch der Gutmütigkeit; Kind wird ausgesaugt; Transaktion durch Schuldgefühl; zu früh entfaltete Tugenden; burn-out-Empfindungen

PARTNERBEZIEHUNG
konstruktiv: sich in den Dienst der Beziehung stellen; dem anderen Aufmerksamkeit schenken können; Verantwortung übernehmen;
destruktiv: sich selbst völlig hingeben und dem anderen Schuldgefühle vermitteln

ENTWICKLUNG
Aufmerksamkeit aufbringen können führt von selbst zur Kraft der Hingabe

TRANSZENDENZ
wenn ein persönliches Verhältnis zum Höheren entsteht, wird Liebe zum andern entwickelt; Meditationskraft zwischen dem Ich und dem Ganzen

Danksagung

Meiner Frau Sylvia, meinen Kindern Viktor und Rowena und allen Freunden, die mir halfen.
Roel den Dulk für das liebevolle und engagierte Bearbeiten des gesprochenen Textes.
Meinem Assistenten Ronald van Es für seine scharfsinnigen Kommentare und seinen großen Einsatz und seine Unterstützung bei der Bearbeitung der Korrekturen.
Ad Kammerer, Ronald Kooij, Frieda Aelen, Fouke Jansen, Roel Ottens und Antoinette Verbrugge für ihre wertvollen Kommentare und Ergänzungen zu diesem Buch.
Den Menschen, die meinen Vorträgen zugehört haben und mit ihrem Interesse, ihrem guten Willen, ihrem Mitdenken und Mitfühlen zu Qualität und Inhalt dieses Buches beigetragen haben.
Den Vielen – bekannt und unbekannt –, die mich unterrichtet haben.
Den vielen Unsichtbaren, die so fühlbar waren.

Quellen und Bibliographie

Baudelaire, Charles: *Die Blumen des Bösen* (übertragen von Carlo Schmid), Frankfurt/Main [12]1992

Beatles: CD *The Beatles 1967-1970* (1993)

Berendt, Joachim-Ernst: CDs *Urtöne 1-3*, Freiburg 1994

Bishop, Elisabeth: *The Complete Poems 1927-1977*, London 1983

Bly, Robert: *Eisenhans. Ein Buch über Männer*, München 1995

Bush, Kate: CD *The Red Shoes* (1993)

Campbell, Joseph: *Der Heros in tausend Gestalten*, Frankfurt/Main 1978

– ders: *Die Kraft der Mythen. Bilder der Seele im Leben des Menschen*, Zürich/München 1994

Canetti, Elias: *Masse und Macht*, Hannover 1992

Hesse, Hermann: *Stufen. Ausgewählte Gedichte*, Frankfurt/Main 1970

Keats, John: *Endymion*, Harmondsworth 1988

Lievegoed, Bernard C. J.: *Lebenskrisen – Lebenschancen*, München [10]1994

– ders.: *Der Mensch an der Schwelle*, Stuttgart [4]1994

Miller, Alice: *Am Anfang war Erziehung*, Frankfurt/Main 1983

Page, Jimmy & Plant, Robert (Led Zeppelin): CD *Best of Led Zeppelin*, 1990

Prince: CD *Graffiti Bridge*, 1990

Ranke-Graves, Robert von: *Griechische Mythologie. Quellen und Deutung*, Reinbek 1995

Steiner, Rudolf: *Kosmogonie (GA 94), Dornach 1997*

– ders.: *Anweisungen für eine esoterische Schulung* (GA 42/245), Dornach [4]1976

– ders.: *Die Geheimwissenschaft im Umriss* (GA 13), Dornach [30]1989

Sucher, Willi O.: *Isis-Sophia: An outline of a new star wisdom*, Meadow Vista 1951

Süskind, Patrick: *Das Parfüm. Die Geschichte eines Mörders*, Zürich 1985

Vasalis, Maarten: *Parken en woestijnen*, Amsterdam 1991

A Compass Error

You see, when one's young one does not
Feel part of it yet, the human condition.
One does things because they are not for good.
Everything is a rehearsal. To be repeated ad lib.
To be put right when the final curtain goes up in earnest.
One day you know that the curtain was up all the time.
That was the performance

Sibylle Bedford

Ein Kompassfehler

Weißt du, wenn man jung ist, fühlt man sich noch nicht so sehr
als Teil all der Bedingungen, denen wir Menschen unterworfen sind.
Manches tut man, weil man meint, es wäre nicht endgültig,
als wäre alles eine Probe, beliebig oft zu wiederholen;
als könnte man es immer noch recht machen, wenn dann der Vorhang im Ernst aufgeht.
Eines Tages begreifst du, dass der Vorhang die ganze Zeit hochgezogen war. –
Das *war* schon die Vorstellung.

Mathias Wais

Biographiearbeit und Lebensberatung

Krisen und Entwicklungschancen des Erwachsenen

390 Seiten, gb.

Dieser umfassende Ratgeber ist eine Hilfe für den schöpferischen Umgang mit Lebensfragen, von Alltagsproblemen bis zu schweren Schicksalsschlägen. Ein auf anthroposophischer Grundlage arbeitender Biographie-Berater macht in diesem Buch den reichen Erfahrungsschatz seiner langjährigen Beratungspraxis fruchtbar.

»Das Buch zeichnet sich durch eine große Lebensnähe aus, es ist knapp gehalten und verständlich in einer wohltuend schlichten Ausdrucksweise geschrieben. Sein größter Vorzug besteht aber darin, dass es durchgehend in allen Teilen den Blick auf den werdenden, zukünftigen Menschen richtet.«

STIL

Markus Treichler

Sprechstunde Psychotherapie

Krisen – Krankheiten an Leib und Seele – Wege zur Bewältigung

496 Seiten, gb.

Die erste umfassende Zusammenschau von Psychosomatik und Psychotherapie mit den anthroposophischen Erkenntnissen vom Menschen und seiner Biographie.